Bases e conceitos para pensar e planejar mídia e comunicação

Alexandre Correia dos Santos

SÉRIE MUNDO DA PUBLICIDADE E PROPAGANDA

intersaberes

inter saberes

Rua Clara Vendramin, 58 | Mossunguê
CEP 81200-170 | Curitiba | PR | Brasil
Fone: (41) 2106-4170
www.intersaberes.com
editora@intersaberes.com

Conselho editorial | Dr. Alexandre Coutinho Pagliarini | Dr.ª Elena Godoy | Dr. Neri dos Santos | M.ª Maria Lúcia Prado Sabatella
Editora-chefe | Lindsay Azambuja
Gerente editorial | Ariadne Nunes Wenger
Assistente editorial | Daniela Viroli Pereira Pinto
Preparação de originais | Floresval Moreira Junior
Edição de texto | Monique Francis Fagundes Gonçalves | Palavra do Editor
Capa | Charles L. da Silva (design) | I Believe I Can Fly/Shutterstock (imagens)
Projeto gráfico | Sílvio Gabriel Spannenberg (design) | Worawee Meepian/Shutterstock (imagens)
Diagramação | Fabrício Tacahashi
Designer **responsável** | Sílvio Gabriel Spannenberg
Iconografia | Sandra Lopis da Silveira | Regina Claudia Cruz Prestes

Dados Internacionais de Catalogação na Publicação (CIP)
(Câmara Brasileira do Livro, SP, Brasil)

Santos, Alexandre Correia dos
   Bases e conceitos para pensar e planejar mídia e comunicação / Alexandre Correia dos Santos. -- Curitiba, PR : InterSaberes, 2024. -- (Série mundo da publicidade e propaganda)

   Bibliografia.
   ISBN 978-85-227-1342-4

   1. Comunicação de massa - Aspectos sociais 2. Comunicação de massa e propaganda 3. Mídia (Publicidade) - Planejamento I. Título. II. Série.

24-204517   CDD-659.111

Índices para catálogo sistemático:
1. Comunicação e mídia : Publicidade   659.111

Cibele Maria Dias - Bibliotecária - CRB-8/9427

1ª edição, 2014.

Foi feito o depósito legal.

Informamos que é de inteira responsabilidade do autor a emissão de conceitos.

Nenhuma parte desta publicação poderá ser reproduzida por qualquer meio ou forma sem a prévia autorização da Editora InterSaberes.

A violação dos direitos autorais é crime estabelecido na Lei n. 9.610/1998 e punido pelo art. 184 do Código Penal.

Sumário

9 Prefácio
12 Prefácio
15 Apresentação
19 Como aproveitar ao máximo este livro
22 Introdução

---

25 **1 Introdução ao planejamento de mídia**
27 1.1 O papel social da comunicação e da mídia
30 1.2 O espaço ocupado na agência
35 1.3 Os protagonistas da área
40 1.4 As diferentes áreas da profissão
49 1.5 Os profissionais do digital

---

69 **2 Os mercados e os meios de comunicação**
71 2.1 Os mercados e os meios de comunicação
79 2.2 Os principais meios de comunicação

---

105 **3 Conceitos básicos de mídia**
107 3.1 Mídia, meios e veículos
109 3.2 Conceitos de alcance e cobertura
110 3.3 Cálculo da audiência
113 3.4 Coleta de dados do audiovisual
114 3.5 Coleta de dados na mídia impressa
115 3.6 Mídia de *performance*

129	**4 Campanhas publicitárias**
131	4.1 Simulação de uma sequência lógica de mídia
138	4.2 O *brief* e o *briefing*
144	4.3 Tipos de campanhas publicitárias
146	4.4 Remuneração e negociação de mídia
155	4.5 Modelo de roteiro para *brief*
167	**5 Planejamento de mídia**
169	5.1 Plano de mídia
173	5.2 Objetivos de mídia
173	5.3 Elementos de um plano de mídia
176	5.4 Ferramentas de diagnóstico: 4 Ps, SWOT, ciclo de vida e BCG
195	5.5 Negociação com os clientes
196	5.6 Programação e cronograma
201	5.7 O fim das eras mágicas
215	**6 Glossário atualizado de mídia**
	Considerações finais
	Referências
	Respostas
	Sobre o autor

Dedico este livro aos meus pais, Marilda e Airton, verdadeiros professores (de vida e formação), que me ensinaram os passos necessários para que eu me envolvesse de coração e com dedicação em tudo o que realizasse. Por ter dois professores em casa, eu não tinha como objetivo exercer a docência, mas a vida está aí para provar que podemos mudar de opinião e de atitude.

Dedico também às Annas: Anna Lúcia e o grande amor da minha vida, a melhor das minhas criações – minha filha Anna Victória Gradella dos Santos, a quem direciono todos os meus esforços diários. É a melhor parte de mim, sempre.

A docência em Comunicação Social foi algo que me conquistou há muitos anos – e está integralmente presente em minha vida. Mesmo tendo passado por grandes organizações – sempre da área da comunicação –, é na lida diária com os cursos, com as matérias e com as pessoas que pensam a comunicação na academia que realmente encontrei os meus verdadeiros caminhos.

Essa conexão que desde sempre criei com a área que escolhi fez de mim um profissional completo e, principalmente, realizado com tudo o que produzi ao longo de tantos anos de dedicação.

Meus agradecimentos aos milhares de alunos com quem já tive contato, que de alguma forma inspirei, com os quais contribuí ou que auxiliei nas áreas às quais sempre me dediquei como docente ou como coordenador. Nessa brincadeira, já se passaram mais de 24 anos de aprendizado, alegrias e conquistas.

Não posso deixar de agradecer aqui também a todas as equipes de apoio técnico e aos grupos de professores com os quais tive o privilégio de contribuir ou que coordenei em diferentes instituições de ensino e que me ombrearam neste caminho da docência.

Agradeço aos parceiros de trincheira e de profissão, professor doutor Guilherme Gonçalves de Carvalho e professor doutor Clóvis Teixeira Filho, por terem aceitado escrever os prefácios e por estarem ao meu lado na jornada docente.

Por fim, agradeço especialmente à Editora InterSaberes: à pessoa de sua diretora, Lindsay Azambuja da Silva Sperry, pela compreensão e pelo carinho durante a caminhada, à Daniela Viroli Pereira Pinto, à Ariadne Patrícia Nunes Wenger e, especialmente, ao Floresval Nunes Moreira Junior, pela paciência, pela retidão e pelo cuidado no trabalho como revisor de conteúdo e editorial.

De coração, minha gratidão.

A tecnologia de mídia é apenas uma ferramenta. Em termos de se comunicar com outros seres humanos, a profundidade da sua comunicação é muito mais importante do que a tecnologia que você usa para fazê-lo.

Clay Shirky

Prefácio

Bases e conceitos para pensar e planejar mídia e comunicação trata de um tema extremamente necessário para a área. Afinal, além de sermos reconhecidos pelos termos diferentes, em língua inglesa, ou mesmo excessivos para uma mesma finalidade, ainda contamos com aceleradas transformações digitais e analógicas que nos movem para a criação de uma linguagem comum.

Ainda que para leigos possa parecer que a comunicação é um processo natural ou um dom hermético, é preciso reiterar a importância do conhecimento técnico e científico, mas também das práticas laborais, sem nos esquecermos das relações interpessoais. O próprio conceito de comunicação exalta os vínculos por aquilo que há em comum entre sujeitos. Neste caso, é o que nos une como profissionais midiáticos, inseridos em uma linguagem própria, mas principalmente imersos na utilização das nossas competências para estabelecer afinidades, produzir significações.

Acompanhamos em tempo real o movimento de midiatização, que estende a lógica midiática para outras instituições da sociedade, como família, religião, educação, política, entre outras. Não falamos aqui apenas do uso de dispositivos tecnológicos, mas de uma efetiva transformação dessas áreas pela comunicação. Não há como pensar o sujeito contemporâneo sem a mediação midiática. Por isso a necessidade crescente da alfabetização e da literacia voltada a esse campo. Por meio da mídia transformamos processos em grandes projetos; convertemos o cotidiano em rituais. Assim, acompanhamos os mais diferentes sentidos serem potencializados para cidadãos e consumidores.

Neste livro, a importância da comunicação é trabalhada de forma didática desde sua relevância social, passando pela organização dos processos de comunicação mercadológica, até a complexidade do planejamento de mídia na atualidade. O autor ainda conclui com um necessário glossário da área, que direciona os leitores e evita ruídos comuns nesse segmento de atuação. Esse percurso evidencia como a comunicação realmente está integrada às demais áreas da organização e como seu planejamento depende do conhecimento administrativo amplo, mas também de informações do ambiente em que cada negócio ou propósito está inserido. Ressalta, enfim, os distintos conhecimentos que englobam o planejamento de comunicação.

Refletir sobre mídia e comunicação na complexidade atual exige aprofundamento teórico e vivência dos processos em diferentes organizações. Por essa razão, alenta ter como autor dessa obra o professor Alexandre Correia dos Santos. Com experiência também na prática comunicacional, está ciente de que, na cadeia de valor, clientes, agências e fornecedores, além de veículos, têm características únicas, que tornam o nosso trabalho desafiador e apaixonante. Como coordenador de curso de graduação em Publicidade e Propaganda e professor na área de negócios, acompanha diferentes aportes teóricos que elevam a área para sua dimensão estratégica, envolvendo produção e consumo.

Com a perspectiva de que esta obra seja uma fonte de inspiração e de consulta, uma vez que a prática da comunicação mercadológica nem sempre é apresentada de forma satisfatória e unificada, desejo uma excelente leitura. Tenho a certeza de que ela facilitará a jornada de estudantes e profissionais, imersos em uma linguagem única e nos mágicos rituais de consumo que envolvem diferentes gerações.

Clóvis Teixeira Filho
Doutor em Ciências da Comunicação pela Universidade de São Paulo (USP)

Prefácio

Uma das questões que me fiz lendo o original de *Bases e conceitos para pensar e planejar mídia e comunicação* é sobre quanto vale um livro para além de seus custos de revisão, edição, impressão e distribuição. É claro que o trabalho editorial é muito relevante para que um livro cumpra com seus propósitos, mas fica difícil responder a essa pergunta quando nos deparamos com estas páginas.

Alexandre Correia dos Santos reúne nesta obra sua *expertise* acumulada durante anos de atividade profissional e docência na área de comunicação e *marketing*. Traduzido em palavras, frases e parágrafos, cada capítulo deste livro de valor inestimável é uma orientação generosa que ajuda profissionais da área, sejam iniciantes, sejam aqueles com uma longa trajetória de atuação, a planejar ações considerando o contexto particular e universal.

O aspecto fundamental e que torna este livro diferente de outros que tratam do mesmo tema está na capacidade de reunir conhecimento prático e teórico para que o planejamento de mídia e comunicação seja realizado de forma assertiva, eficiente e eficaz. Esses aspectos, aliás, cada vez mais necessários em um mercado competitivo e profissionalizado, tornam ainda mais relevantes os conhecimentos específicos para a atuação com mídias.

Para além do conteúdo, é preciso que se destaque também a capacidade comunicativa que o livro apresenta. Com uma linguagem simples, Alexandre Correia dos Santos, um professor que vivencia as transformações do ensino superior, da tradicional sala de aula ao ensino remoto, demonstra que é possível explicar questões complexas de forma que mesmo um iniciante possa dominar a arte da comunicação. Isso fica muito evidente no uso de gráficos e recursos visuais e em uma linguagem que usa e abusa da didática.

Depois de ler este livro, você será capaz de dominar conceitos e termos utilizados com recorrência no mercado de trabalho. Esse domínio tão necessário em comunicação e *marketing* não é modismo, mas, como se pode perceber, é uma necessidade que exige de profissionais a estrita compreensão de significados para encarar as mudanças impulsionadas por uma revolução tecnológica.

E isso, como se percebe nesta obra, vai além do saber fazer ou do uso de ferramentas digitais. É preciso saber se relacionar, saber se comunicar. É preciso conhecer clientes, suas marcas, produtos e serviços, compreender suas demandas e limitações, entender a dinâmica do mercado e dos consumidores. Tudo isso são habilidades indispensáveis que devem ser associadas para que as ações planejadas atinjam seus objetivos.

O valor do trabalho de um profissional de comunicação pode ser medido pela capacidade de melhorar o desempenho de uma organização por meio de campanhas e ações desenvolvidas nessa área. Desse modo, o conhecimento é o que permite planejar ações com grau maior de assertividade, otimizando investimentos e estrutura disponível. Cada novo conhecimento permite ao profissional subir um degrau a mais em sua carreira profissional. Nesse sentido, cada página deste livro está recheada de experiências que possibilitam ao seu leitor subir mais degraus em menos tempo.

Guilherme Carvalho
Doutor e mestre em Sociologia, especialista em Comunicação, graduado em Comunicação Social, professor dos cursos de Comunicação e Marketing do Centro Universitário Internacional Uninter

Apresentação

Pensar comunicação social é uma tarefa que demanda teoria, prática e, sobretudo, conhecimento e experiência para a compreensão de mecanismos e especificidades de uma área da comunicação que exige especialmente do profissional de mídia um envolvimento profundo com o objeto, o cliente, o público e o contexto, uma imersão maior que outras áreas pertinentes à propaganda e publicidade, pela sua importância, pelo trabalho direto com o investimento do cliente e pelo fato de ter de levar, exibir, publicar ou veicular a mensagem para que se torne algo compreensível, sensível, objetivo para os diferentes públicos a que se destina.

Mesmo que a mensagem escolhida pelos criativos seja perfeita, que o *timing* seja exato, que a comunicação esteja completa, que o produto e/ou a marca sejam ótimos, se o ponto de contato ou mídia que impactará o público-alvo desejado não estiver adequado, a campanha inteira se perderá e não alcançará seus objetivos.

Assim, iniciamos esta obra com a certeza de que teremos de realizar diferentes e constantes atualizações, até pela propriedade da disciplina, de suas aplicações e métricas, que reagem ou evoluem em um ritmo difícil de ser visto em outras áreas, justamente pela velocidade com que os meios e veículos se atualizam. Por origem, este livro é pensado para a academia; no entanto, não deixa de ser um bom suporte para o mercado profissional de comunicação e para as áreas de comunicação e *marketing* alocadas nas pequenas, médias e grandes organizações do Brasil.

Nosso objetivo é, da forma mais clara e didática possível, esmiuçar, decupar e detalhar os múltiplos termos e aplicações gerais da mídia, para que diferentes profissionais compreendam a importância do trabalho com a área, fundamental para bons resultados em termos de esforços e investimentos em comunicação.

Não é nossa pretensão (nem nossa intenção) criar apenas um dicionário, glossário ou sistema de tradução de verbetes. Nossa principal meta é, por meio desta obra, criar o maior e mais atualizado repositório ou glossário de bases e conceitos de comunicação, em especial voltados à mídia, mas que contemplem toda a área da comunicação social. E nosso propósito é sempre manter esse glossário atualizado.

É com essa perspectiva de estudo e aprendizado que organizamos esta obra. A ideia foi não apenas dividir o conteúdo em capítulos ou tópicos relacionados a uma única temática, e sim, com a abordagem de cada um dos conceitos, tentar fazer o leitor compreender as etapas de uma grande construção que, apesar de semiacabada, deverá ser constantemente revisitada e sempre renovada.

A organização de conceitos, bases e saberes segue a ordem alfabética e há o imbricamento proposital de boa parte deles, em que estes se completam, possibilitando ainda novas definições, novos desdobramentos e, por isso, novas possibilidades de continuidade das pesquisas.

No **primeiro capítulo**, examinaremos o papel social da comunicação e da mídia, bem como o espaço que ela ocupa no mundo da propaganda e publicidade. Analisaremos também quem são os verdadeiros protagonistas dessas áreas, quem são os atores de mídia que fazem os processos acontecerem.

Abordaremos ainda os desenhos possíveis da área em termos de funções, para esclarecer o fluxo de trabalho no time de mídia. Veremos igualmente, pela perspectiva do digital, quem são os profissionais que trabalham focados em resultados para a mídia *online*.

No **segundo capítulo**, trataremos de cada um dos meios mais utilizados em planos de mídia, da televisão à internet. Identificaremos as possibilidades e a ineficácia de aplicação de cada um dos meios, suas características e suas especificidades. Perceberemos que, no fundo, não existe um melhor meio de comunicação, e sim um *mix* possível de alternativas para atender a determinado problema, que requer o uso de um rol de meios e veículos como solução para cada uma das dificuldades comunicacionais dos clientes.

No **terceiro capítulo**, enfocaremos conceitos básicos, como as diferenças entre meios e veículos, alcance e cobertura. Abordaremos os múltiplos tipos de audiência e a forma como se calculam alguns desses modelos de compreensão de público. Veremos como são coletados dados de audiovisual e meios impressos e, ainda, o que são as mídias de *performance*.

No **quarto capítulo**, trataremos das campanhas publicitárias e suas formas, descrevendo o passo a passo de uma sequência lógica de mídia. Analisaremos a diferença semântica existente entre *brief* e *briefing* e apontaremos as diversas modalidades e tipos de campanhas publicitárias.

Veremos também algumas formas de remuneração de mídia e, por fim, conheceremos um roteiro para que, com base na proposta, seja possível desenvolver novos *briefs* para cada uma das necessidades que surjam.

No **quinto capítulo**, veremos como formatar a base de um plano de mídia, quais são seus objetivos e os elementos que o compõem. Apresentaremos algumas ferramentas de análise, como 4 Ps, SWOT, BCG e ciclo de vida. Discutiremos formas de negociação, programação e cronograma de mídia e, por fim, refletiremos sobre o fim das eras mágicas do *prime time*, por exemplo.

É importante esclarecer que aqui não objetivamos entregar um plano, planejamento ou caminho ideal para uma ação de mídia. E isso por um único motivo: não existe fórmula mágica, ciência exata, conjunto de regras ou passos que originem um plano ideal. O plano ideal é fantasia, e o cliente é ímpar, singular, sem igual. Então, os planejamentos de mídia devem ser exatamente assim: para cada problema, um plano.

Finalmente, no **sexto capítulo**, o mais importante desta obra, apresentaremos o mais atualizado glossário ou repositório de termos e verbetes relacionados à comunicação e à mídia. Nossa intenção é criar uma coleção de bases e conceitos que seja fonte de pesquisa e conhecimento permanente, por entendermos que a comunicação e esse repositório estão vivos – são evolutivos – e merecem, por sua importância, atualização constante e perene.

Boa leitura e divirta-se!

Como aproveitar ao máximo este livro

Empregamos nesta obra recursos que visam enriquecer seu aprendizado, facilitar a compreensão dos conteúdos e tornar a leitura mais dinâmica. Conheça a seguir cada uma dessas ferramentas e saiba como estão distribuídas no decorrer deste livro para bem aproveitá-las.

Conteúdos do capítulo

- O papel social
- O espaço ocu
- Os protagonis
- As diferentes
- Os profissiona

Conteúdo do capítulo Logo na abertura do capítulo, relacionamos os conteúdos que nele serão abordados.

Após o estudo deste capítulo, você será capaz de:

1. compreender comunicar co
2. entender o po minadas ques para conscien respeito dessa
3. perceber que demais atores de uma agên
4. compreender

Após o estudo deste capítulo, você será capaz de: Antes de iniciarmos nossa abordagem, listamos as habilidades trabalhadas no capítulo e os conhecimentos que você assimilará no decorrer do texto.

embasamento e sucesso de aprovação

Para saber mais

Para aprofundar os conhecimentos
e recursos que acabamos de
indicados os *sites* oficiais de

https://datamark.com.br/

https://buzzmonitor.com.br/

https://www.arquivo.com.br/

https://sa365.ag/

> **Para saber mais** Sugerimos a leitura de diferentes conteúdos digitais e impressos para que você aprofunde sua aprendizagem e siga buscando conhecimento.

Síntese Ao final de cada capítulo, relacionamos as principais informações nele abordadas a fim de que você avalie as conclusões a que chegou, confirmando-as ou redefinindo-as.

seus times.

Síntese

Precisamos conhecer o mercado
de batalha. Sun Tzu, há mais de
frases mais célebres em termos
inimigo e conheça a ti mesmo; e
estará em perigo".

Embora soe como um clichê, é a
posso ir para a guerra se não co
campo de batalha? Como invest
ou meios de comunicação que e
não tenho experiência? Por isso

Questões para revisão

1) Apresentamos o passo a p
    início ao fim das negociaç
    mágico em que a campanh
    para ser finalmente veicula

2) Qual é o trabalho realizado
    após a efetiva veiculação da comp

3) A fórmula mágica do planejament
    organização, em que o objetivo é p
    históricas ou não, é:
    a) reunir padrão e passado.

> **Questões para revisão** Ao realizar estas atividades, você poderá rever os principais conceitos analisados. Ao final do livro, disponibilizamos as respostas às questões para a verificação de sua aprendizagem.

Questões para reflexão Ao propormos estas questões, pretendemos estimular sua reflexão crítica sobre temas que ampliam a discussão dos conteúdos tratados no capítulo, contemplando ideias e experiências que podem ser compartilhadas com seus pares.

■ **Questões para reflexão**

1) Vimos as diferentes áreas que agência de publicidade e prop que, a princípio, não participa criativo, mas é fundamental p é a administrativa. Após a veic qual é a responsabilidade da a agência?
2) Qual é o trabalho da área de m campanha, isto é, o trabalho d
3) De acordo com a distinção feit

■ **Estudo de caso**

Os terceiros da comunicaç fornecedores para agênci: da região? Um estudo de c

Contexto:

Uma agência de *marketing* e ConnectCom foi contratada local para realizar um grand organizações que atuam no setor em uma determinada região do Bra é entender a infraestrutura de prod

Estudo de caso Nesta seção, relatamos situações reais ou fictícias que articulam a perspectiva teórica e o contexto prático da área de conhecimento ou do campo profissional em foco com o propósito de levá-lo a analisar tais problemáticas e a buscar soluções.

Introdução

O planejamento de mídia é uma área imprescindível quando se trata de *marketing* ou publicidade e propaganda. Sua função é definir a melhor forma de distribuir e veicular mensagens publicitárias, de modo a atingir o público-alvo efetivamente, em suas múltiplas possibilidades de meios e veículos disponíveis. Assim, seu objetivo é maximizar o impacto da campanha publicitária, considerando-se o orçamento disponível e os objetivos de comunicação da marca.

Com o crescimento exponencial das opções de meios e veículos à disposição das estratégias – desde as mídias tradicionais, como TV, rádio e jornais, até as mídias digitais, como meios e redes sociais e *sites* de busca –, o planejamento de mídia se tornou uma prática ainda mais complexa e, sobretudo, necessária e estratégica. Atualmente, é preciso avaliar cada meio disponível de maneira criteriosa e estratégica, levando-se em consideração não apenas o custo, mas também a capacidade de atingir o público-alvo de forma relevante e impactante. Para cada trabalho, uma estratégia, um plano.

Nesta obra, abordaremos questões relacionadas ao planejamento de mídia, de sua evolução histórica até as tendências mais recentes em termos de planos estratégicos.

Discutiremos a função da mídia, as principais ferramentas e técnicas utilizadas pelos profissionais de planejamento, bem como algumas das estratégias e táticas mais eficazes para maximizar o retorno sobre o investimento. Também analisaremos as principais métricas empregadas para avaliar o desempenho da campanha publicitária, além dos desafios e oportunidades propiciados pelas mídias digitais.

Não pretendemos propor respostas definitivas para todos os problemas relacionados ao planejamento de mídia, mas fornecer uma visão geral sobre a disciplina e suas principais práticas. Além disso, apresentaremos um glossário ou repositório atualizado de termos voltados à comunicação, procurando aproximar ainda mais os conceitos das práticas diárias.

Esperamos que a leitura deste livro ajude os profissionais de comunicação e *marketing* a compreender melhor as bases, os conceitos e o planejamento de mídia, aprimorando suas habilidades e desenvolvendo campanhas publicitárias ainda mais eficazes, impactantes e, sobretudo, capazes de gerar bons resultados.

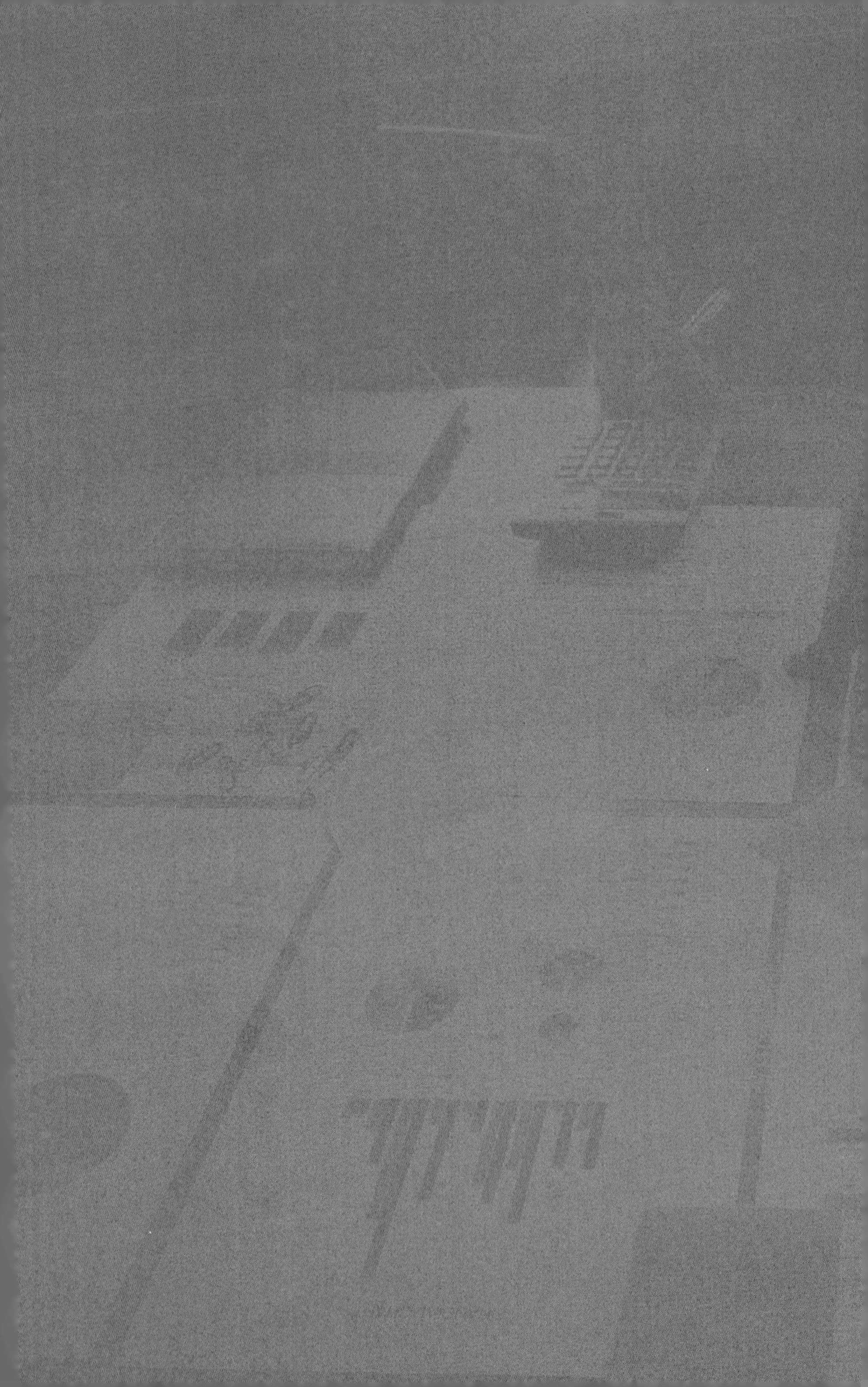

1
Introdução ao planejamento de mídia

Conteúdos do capítulo

- O papel social da comunicação e da mídia.
- O espaço ocupado na agência.
- Os protagonistas da área.
- As diferentes áreas da profissão.
- Os profissionais do digital.

Após o estudo deste capítulo, você será capaz de:

1. compreender os objetivos da mídia ao se comunicar com a sociedade;
2. entender o posicionamento da mídia em determinadas questões sociais e o modo como atua para conscientizar e promover uma discussão a respeito dessas questões;
3. perceber quem são os protagonistas e os demais atores que compõem as diferentes áreas de uma agência de propaganda e publicidade;
4. compreender os atributos de cada um dos departamentos do processo comunicacional em uma agência;
5. identificar os profissionais que trabalham com o digital, separadamente ou de forma integrada às mídias tradicionais, buscando soluções para as demandas dos clientes.

1.1
O papel social da comunicação e da mídia

Quanto maior a organização, melhor o portfólio de produtos e serviços à disposição de grande número de consumidores. Quando falamos da estrutura de criação de uma organização, devemos tratar de todos os impactos (positivos ou não) que a fundação dessa marca deve trazer para a sociedade, para o entorno e para o mercado em que for atuar.

Nesse contexto, o papel social – desde a contratação de seus colaboradores até o tipo de produto ou serviço que vai entregar ao mercado que prospectou para atuação, por meio de diversos efeitos multiplicadores econômicos – será de grande relevância.

Sant'Anna (2011, p. 5) reforça a importância da área ao defini-la como "parte integrante do processo do desenvolvimento econômico de um país. Sustenta o crescimento com a procura de novos consumidores para produtos e serviços cada vez mais elaborados". Hoje, as organizações estão cada vez mais preparadas para se adequarem a todas as normativas e regramentos (direitos e deveres) inerentes ao negócio, independentemente de seu porte.

Assim, a preocupação recai em fatores controláveis do microambiente, os quais estão diretamente relacionados a todas as instâncias dos processos – do início ao fim.

A propaganda, aqui representada pela mídia, tem uma função social importante em tempos de exposição total em diferentes canais (tradicionais e digitais) e, principalmente, em redes e meios sociais. Não devemos esquecer que, com a massificação de processos de criação e disseminação de conteúdo, os consumidores, de forma geral, também ganharam importantes ferramentas e instrumentos de comunicação, potencializando sua (in)satisfação e sua indignação com determinada ação, marca ou produto diretamente na internet. As marcas perceberam que sua comunicação não era mais como antigamente, unilateral, ou seja, quando bastava comunicar e aguardar (ou não) os resultados. Hoje, os indivíduos se tornaram potenciais fomentadores da marca.

Além disso, devemos lembrar a importância da propaganda e publicidade como responsável pelas mensagens que impactarão milhões de pessoas e as motivará (ou não) a consumir uma marca e seu portfólio. Hoje, felizmente, há organizações como o Conselho Nacional de Autorregulamentação Publicitária (Conar)[1], que salvaguarda diuturnamente as práticas comunicacionais, procurando buscar e manter uma necessária regularidade e responsabilidade na comunicação.

Agora, as perguntas de pré-planejamento do profissional de mídia passaram também a ter novas e importantes formas:

a) Quais os pontos de contato que devo explorar para atingir meus diferentes públicos?
b) Qual o melhor *timing* para impactar meu consumidor?
c) Qual o melhor canal de comunicação? Tradicional (*off-line*), *on-line* ou no *media*?
d) Qual a intensidade e a frequência necessárias para o atingimento dos objetivos propostos em planejamento?
e) Qual a duração necessária de uma campanha publicitária?

---

1 Mais informações podem ser consultadas em: <http://www.conar.org.br>. Acesso em: 2 jan. 2024.

Essas perguntas também ilustram o grande desafio posto aos profissionais de mídia de modo geral: cercar o cliente por meio dos pontos de contato, de maneira que ele seja efetivamente impactado por mensagens assertivas e relevantes de comunicação. Aqui temos a verdadeira razão e o desafio de nossa profissão como profissionais de mídia!

Em recente entrevista, Washington Olivetto[2] foi pontual: "o planejamento de comunicação assertivo é aquele que consegue transmitir a mensagem correta, no momento perfeito e para a pessoa certa, de forma a gerar o impacto desejado" (Lessa, 2021). Se seguirmos a ordem lógica das perguntas anteriores, veremos que o trabalho da mídia é planejar quais os melhores pontos de contato[3] a serem explorados para cada público-alvo, qual o melhor dia e horário em cada canal de comunicação ideal para o atingimento de seus intentos e, ainda, qual o investimento a ser realizado em termos de intensidade e frequência para o cumprimento das metas e objetivos do planejamento.

Sant´Anna (2011, p. 197) ressalta que o papel da mídia superou o de negociador: "na prática, a cada dia ele se torna mais estratégico, ocupando um papel fundamental no planejamento e na execução de planos de mídia que favoreçam as melhores possibilidades de contato do público-alvo com a marca". Porém, o profissional de mídia de uma agência, por exemplo, deve estar sempre alinhado com o mídia e o atendimento de um veículo publicitário. O mídia deve pensar e atuar

---

[2] Washington Olivetto é um dos publicitários mais premiados do Brasil. Nascido em São Paulo em 1951, fundador da W/Brasil, é conhecido por ter criado algumas das campanhas publicitárias mais famosas do país, como a campanha "Bombril tem 1001 utilidades" (1978) e a campanha "Mamíferos da Parmalat" (1996).

[3] Pontos de contato: expressão que se refere a todos os meios e veículos utilizados para aproximar o indivíduo da mensagem. O anúncio de rádio, a postagem no Instagram, a veiculação de uma mensagem no outdoor, são tentativas de aproximação da mensagem com o seu público.

em todas as dimensões possíveis de um plano, sobretudo nos pilares da função: lançamento, sustentação e encerramento de uma campanha publicitária.

Vale lembrar que mídia não é custo, é **investimento**: uma tarefa importante de quem trabalha com planejamento é sempre tentar mostrar aos clientes e fornecedores essa importante diferença, convencendo-os da necessidade de se investir. Este é um trabalho coletivo de convencimento: os clientes precisam parar de enxergar comunicação como despesa e compreender que ela deve ser investimento.

Para Sant´Anna (2011, p. 11), "há uma necessidade urgente de informar ao povo, em todos os setores – econômico, social, cultural e político. E os caminhos do povo dependem em grande extensão da capacidade dos dirigentes e informá-los e educá-los, através da comunicação".

1.2
O espaço ocupado na agência

Pensando o modelo tradicional de agências de publicidade e propaganda, formato vigente há décadas no Brasil, percebemos que o departamento de mídia ocupa uma área estratégica dentro do organograma de trabalho. Em paralelo a áreas como atendimento, planejamento e criação, a mídia é um dos pilares fundamentais desse modelo de organização. Nossa primeira lição é compreender que não existe um modelo padrão de composição de um organograma de agência. O que veremos é o modelo básico, que contempla as áreas necessárias para um processo completo de planejamento de comunicação, mas deixamos claro que existem no Brasil pequenas (e muito pequenas), médias e grandes agências de comunicação, cada uma com características e formação próprias. A publicidade favorece o empreendedorismo, e não raro encontramos agências com muitos profissionais que alternam – ou acumulam – funções e áreas.

A pesquisa do Censo das Agências 2022 comprova isso, pelo número de colaboradores dessas organizações.

Gráfico 1.1 Número de colaboradores de uma agência

Colaboradores	Percentual
1 a 5	35,46%
6 a 10	25,18%
11 a 20	20,45%
21 a 30	7,5%
31 a 40	3,19%
41 a 50	3,19%
51 ou mais	5,04%

Fonte: Operand, 2024.

No Gráfico 1.1, podemos verificar a distribuição do número de colaboradores de uma agência: 35,46% das agências contam com 1 a 5 colaboradores; 25,18% têm de 6 a 10 colaboradores; 20,45% contam com 20,45% de colaboradores em suas equipes; 21 a 30 colaboradores compõem 7,5% das agências; 31 a 40 colaboradores fazem parte dos quadros funcionais de 3,19% das agências; 41 a 50 profissionais compõem 3,19% dos quadros e, por fim, apenas 5,04% das agências no Brasil têm entre 51 ou mais profissionais integrando seus quadros.

Esse censo é o reflexo de uma área que está em permanente reinvenção. Como vimos, 60,64% das organizações ou agências que atuam no Brasil têm de 1 a 10 funcionários. Podemos interpretar esse dado de duas formas:

1) as agências realmente são muito enxutas, com uma força qualificada e multidisciplinar; e
2) as agências em sua maioria estão de fato se especializando em segmentos específicos de atuação.

Se avaliarmos o contexto da comunicação, por si só, entenderemos que a área de propaganda e publicidade (neste caso, a mídia) é uma ferramenta acessória do *marketing*, que, por sua vez, faz parte dos processos de uma organização que compõe um subsistema de sociedade. Não custa sempre lembrar que a publicidade e a propaganda são caudatárias do *marketing*.

Figura 1.1 O contexto da comunicação

A Figura 1.1, ilustra o contexto da comunicação: a mídia como uma habilitação da comunicação; a comunicação como parte ou instrumento do *marketing*; o *marketing* e a comunicação como impulsionadores da organização; e a marca (organização) como fonte de informação, conteúdo, produtos e serviços na sociedade.

Se muitas agências (mais de 60%) têm apenas dez colaboradores no máximo, devemos observar que há também os gestores dessas organizações, que certamente fazem parte dessa conta, também dividem as tarefas. Esse contexto é mais natural do que imaginamos: o gestor dividindo tarefas com os colaboradores e engrossando o quadro funcional.

De acordo com os números apurados, as tendências e os últimos cenários que experienciamos (inclusive de uma pandemia[4]), o enxugamento das estruturas com profissionais cada vez mais multidisciplinares e especialistas não é um luxo, mas uma necessidade emergente.

Gráfico 1.2 Área de atuação dos gestores de agências

Área	%
Atendimento	64,69%
Planejamento	64,39%
Financeiro/Administrativo	52,11%
Criação	35,92%
Mídia	30,18%
Produção	25,05%
Outro	7,14%

Fonte: Operand, 2024.

Conforme o Gráfico 1.2, as principais áreas de atuação dos gestores em uma agência de propaganda e publicidade são assim descritas: o atendimento (64,69%) conta com a maioria dos gestores (donos ou sócios do negócio); o planejamento

---

[4] A pandemia da covid-19, que é uma doença infecciosa causada pelo coronavírus SARS-CoV-2, vitimou milhões de pessoas globalmente. Foi descoberta no final de 2019 na cidade de Wuhan, na China, e espalhou-se rapidamente pelo mundo, tornando-se uma pandemia declarada pela Organização Mundial da Saúde (OMS) em março de 2020.

(que não raro é exercido pelo atendimento) conta com 64,39% dos gestores; o financeiro e administrativo é responsável por 52,11% da atenção e do trabalho dos gestores; a criação corresponde a 35,92%; o trabalho de mídia é feito por 30,18% dos donos de agências; a produção (gráfica e/ou eletrônica) é exercida por 25,05% dos gestores; e outros serviços são exercidos por 7,14% dos responsáveis pela gestão da organização.

Pelo perfil dos donos de agências que tendem a optar pelo atendimento a alguns clientes especiais, o planejamento também é a área de maior concentração de proprietários e gestores, pois, faça-se justiça, a área é exercida ou acumulada pelo mesmo profissional sendo um atendimento *planner*, ou seja, ele atende e planeja. Essa característica de atendimento personalizado está diretamente relacionada com a crença (que não está errada) de que, quando atendemos pessoalmente a uma conta, podemos lhe dar a atenção, a cara e o manejo adequados, individualizados.

A terceira área mais ocupada pelos gestores, é o financeiro/administrativo, com mais de 52,11% das agências tendo seus proprietários como responsáveis pelas contas e pelas finanças. Em seguida, há os chamados gestores "criativos", que se dedicam parcial ou integralmente aos *jobs*[5] nos times de criação.

Depois de todas essas áreas, surge o gestor, que divide sua atenção diária com o departamento de mídia: 32,4% das pessoas que comandam agências de propaganda e publicidade também se dedicam à mídia, ou seja, um terço das áreas

---

5 *Job*: termo que significa "trabalho", em inglês. Em uma agência de publicidade, é o projeto a ser desenvolvido. A mesma definição é utilizada por outras áreas.

de agências de comunicação do país e têm no papel de mídias seus próprios gestores ou gestoras.

Poderíamos levantar uma série de hipóteses para explicar isso, mas acreditamos que essa prática está diretamente relacionada ao mesmo fenômeno observado na profissão de publicitário: a mídia não é o departamento dos sonhos de um estudante, de um estagiário, talvez até pela falta de conhecimento a respeito da área.

Salvo algumas raras exceções, são poucas as pessoas que desejam essa função, e também acreditamos que por diferentes motivações: é uma área difícil, especialista e que trabalha muito com dados, números, estatísticas, contas, numerais, planilhas etc. Quem já não ouviu tal desabafo: "escolhi publicidade e propaganda justamente porque não gosto de números, não gosto de contas. Por isso, sou de humanas e/ou sociais".

É importante lembrar que essa atividade é fundamental para o negócio da propaganda e publicidade: afinal, é a mídia quem realmente mobiliza o orçamento, mexe com a verba e calcula investimentos e rentabilidade nos negócios voltados para a comunicação. Por isso mesmo, é uma área indispensável, imprescindível para o processo.

1.3
Os protagonistas da área

Em termos mais especificamente de hierarquia, em um departamento de mídia, não há grande variedade em termos de ocupações: podemos citar os mídias assistentes (júnior, pleno e sênior), que realizam boa parte das atividades da área, e o gerente, coordenador e/ou supervisor de mídia, que está diretamente reportado aos diferentes níveis diretores da organização.

Figura 1.2 Organograma de mídia

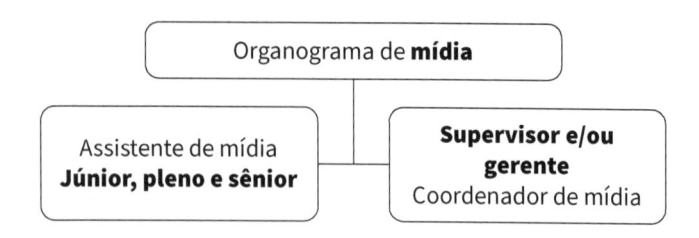

```
                    ┌─────────────────────────┐
                    │  Organograma de mídia   │
                    └───────────┬─────────────┘
                    ┌───────────┴─────────────┐
        ┌───────────────────┐      ┌──────────────────────┐
        │ Assistente de mídia│      │ Supervisor e/ou      │
        │ Júnior, pleno e    │      │ gerente              │
        │ sênior             │      │ Coordenador de mídia │
        └───────────────────┘      └──────────────────────┘
```

Na Figura 1.2, vemos em primeiro plano, os assistentes de mídia, que podem ser categorizados em júnior, pleno e sênior; em segundo plano, há os gestores: supervisão e/ou gerência ou coordenação de mídia.

1.3.1
Coordenador, supervisor ou gerente de mídia

O coordenador, supervisor ou gerente de mídia é o responsável por todos os planos de mídia que forem desenvolvidos na área. É quem estabelece um nível de relacionamento com os fornecedores, isto é, meios e veículos. Participa ativamente das principais decisões e norteia as ações de mídia.

Aqui, deve ser respeitada a hierarquia dentro da organização, nesse caso, de uma agência de propaganda e publicidade: muitas vezes, o diretor é alguém da hierarquia da alta administração, e o gerente (ou coordenador) é a maior autoridade no time de mídia. Não custa lembrar que esse modelo pode variar. É, afinal, o profissional de mídia o administrador da verba, da escolha dos meios e veículos e do contato e da negociação com esses fornecedores; é quem formula os planos, as estratégias de mídia.

Ser mídia não é uma tarefa fácil. Sant´Anna (2011, p. 262) é incisivo: "o mundo da propaganda é rápido, versátil, variável. É um trabalho que quase todo mundo pensa saber fazer. E justamente por isso é que tanto dinheiro é desperdiçado e tantos anúncios são repudiados".

1.3.2
Assistente de mídia

O assistente de mídia é o profissional que auxilia o coordenador na montagem dos planos, na reunião e na organização de orçamentos, no *checking* de veiculação e nos serviços e relatórios de pós-veiculação.

O assistente pode ser enquadrado como júnior, pleno ou sênior, dependendo da política de cargos e salários da agência de comunicação.

As áreas de mídia são divididas em cinco instâncias, a saber:

1) a pesquisa;
2) o planejamento propriamente dito;
3) o compras;
4) a distribuição e veiculação de mídia;
5) a execução e o *checking* (fiscalização ou revisão).

Figura 1.3 Áreas de mídia

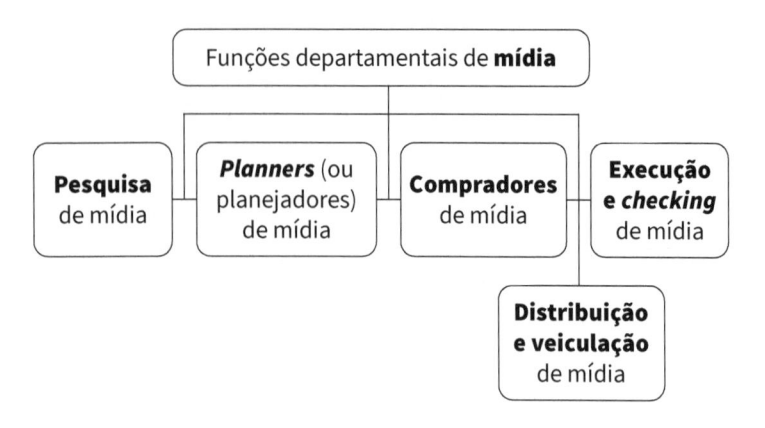

```
Funções departamentais de mídia
├── Pesquisa de mídia
├── Planners (ou planejadores) de mídia
├── Compradores de mídia
├── Execução e checking de mídia
└── Distribuição e veiculação de mídia
```

Tais áreas trabalham conjuntamente, com objetivos em comum e são gerenciadas pela coordenação em todos os momentos de sua atuação, justamente porque têm metas comuns: pesquisa, planejamento, compra, veiculação e *checking* das melhores opções em mídia para cada um dos clientes de uma agência de *marketing* ou comunicação, seja ela *fullservice*[6], *on-line* ou *off-line*.

É importante ressaltar que nem sempre as pequenas agências têm áreas ou times e o mídia acaba por realizar todas as atividades inerentes à função. Não é demérito, mas ônus de uma função que tem diferentes especializações.

Assim, o profissional acaba por acumular múltiplas funções, dependendo do tamanho da operação.

---

[6] *Fullservice*: expressão que pode ser traduzida como "serviço completo". Agência *fullservice* é a organização que trabalha em todas as frentes: tradicional (ou *off-line*), online e comunicação integrada.

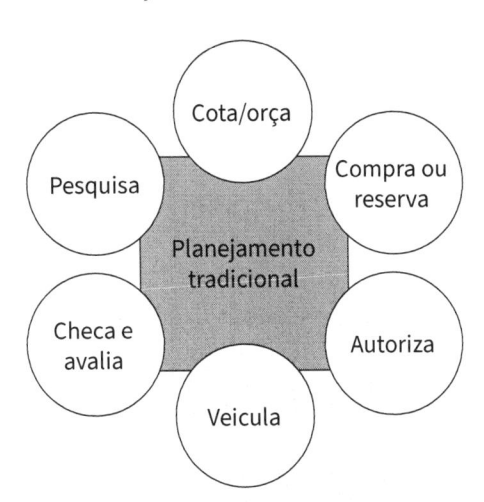

Figura 1.4 Resumo de funções de mídia tradicional

```
        Cota/orça
Pesquisa           Compra ou
                   reserva
    Planejamento
     tradicional
Checa e            Autoriza
avalia
        Veicula
```

Na Figura 1.4 identificamos, os processos de um planejamento tradicional: pesquisa, cota/orça, compra ou reserva, checa e avalia, veicula e autoriza.

A função do mídia atualmente, diversificada pela multiplicidade de meios e de veículos, baseia-se na área de atuação dos pontos de contato. Assim, é comum o mídia planejar para um mesmo *job* ações de tradicional e de digital. Vamos reforçar diversas vezes: não há um modelo ideal, mas o fluxo necessário para o atendimento das necessidades da agência naquele momento. Não é raro encontramos o mesmo profissional realizando múltiplas tarefas para contemplar uma demanda de mídia.

1.4
As diferentes áreas da profissão

Para cada função, uma formação e uma ação. Ainda que sempre defendamos que os profissionais de propaganda e publicidade devem estar atentos aos movimentos, sobretudo do mercado, sua ação (ou função) principal ainda é escolher quais os canais ou veículos de comunicação melhor se alinham às soluções que se busca definir para os clientes.

Aga Porada, VP de mídia da África, defende:

> o departamento de mídia é o que mais vem passando por transformações dentro da estrutura de agências de publicidade, [ela] cita atributos menos acadêmicos e mais comportamentais ao ser questionada sobre as habilidades que o mídia do futuro deveria ter. "Colaboração, respeito, vontade de realizar e de aprender. Esses, para mim, são os valores mais importantes em um colaborador. Habilidades podem ser facilmente ensinadas, atitudes não", frisa a executiva. (Sacchitiello, 2021)

O fato é que o profissional de mídia deve ser, na verdade, multidisciplinar, principalmente se levarmos em consideração o cenário nacional (e que é real), em que há agências pequenas, onde o mídia cuida de todos os processos inerentes à função, e agências grandes, onde cada profissional é responsável por uma área definida e específica.

Hoje, na condição de uma função executiva, cabe ao profissional de mídia conhecer sobre *marketing*, planejamento, mercado, produtos e serviços, enfim, uma grande variedade de saberes que o torna peça-chave imprescindível no processo de produção do plano estratégico de um cliente.

Como muita coisa mudou, esse profissional tem, além das funções básicas da área, a função de prover, gerir e trazer resultados do dinheiro do cliente, provando com todas as ferramentas de mensuração e *checking* que as escolhas que ele fez para determinada campanha de divulgação de *marketing* entregaram, sim, resultados efetivos pós-veiculação. Atualmente, a função do mídia se traduzem em um profissional que, além de grande repertório de conhecimento dos meios, veículos e títulos/programas disponíveis e de um conhecimento profundo do perfil dos diferentes públicos-alvo, sabe lidar com dados, meios, veículos, mercados e programação, buscando alternativas viáveis e rentáveis para cada um de seus clientes. A seguir, examinaremos as quatro áreas mais importantes da função de mídia.

1.4.1
Planner de mídia

O *planner* de mídia é o profissional que pensa mídia e pensa estratégia. O mídia é responsável pelas estratégias e pelas táticas que serão empregadas em um planejamento de mídia. É responsável por planejar e coordenar ações e estratégias de mídia que envolvam múltiplos meios e veículos de comunicação que visam atender às necessidades dos clientes (levar a mensagem publicitária até os seus diferentes públicos) e alcançar os objetivos da organização, trazendo resultados e contrapartida a tudo o que investiu nessa jornada.

Seu trabalho envolve uma análise detalhada do mercado, dos meios e dos veículos disponíveis e adequados, do público-alvo e da concorrência, para identificar oportunidades de negócios, lançando mão de pontos de contato para desenvolver planos de mídia eficazes.

O mídia trabalha em conjunto com equipes de criação, planejamento, produção e atendimento ao cliente, para garantir que as estratégias de mídia estejam alinhadas com os objetivos e anseios do cliente.

Os *planners* precisam ter conhecimento profundo do mercado e do público-alvo, bem como conhecer as múltiplas possibilidades em termos de meios e veículos para identificar tendências, comportamentos de consumo e oportunidades. Conhecer tendências, alterações ou adaptações que são realizadas periodicamente nas mídias é a base de sua função. Diariamente são realizadas alterações no formato dos canais digitais e atualizadas as grades de programação de rádio e TV com a inclusão ou exclusão de programas. Tarefa hercúlea é a de acompanhar as evoluções da mídia.

Algumas das funções inerentes ao *planner* de mídia são:

a) **planificar as metas de mídia** do cliente e da marca;
b) **identificar oportunidades** de negócios e desenvolver planos estratégicos que envolvam diferentes pontos de contato, meios e veículos;
c) **analisar o mercado, o público-alvo e a concorrência** para identificar tendências e janelas de negócios;
d) **definir os meios e os veículos** que realmente serão os melhores canais integrados à mensagem e aos temas de campanha;
e) contribuir em *briefs* e **coordenar equipes de mídia** para a produção e a elaboração de estratégias e táticas comunicacionais;
f) **analisar os resultados das ações de mídia** e fazer ajustes para maximizar seu impacto e sua eficácia.

A função de planejador ou *planner* de mídia exige do profissional amplo conhecimento de todas as variáveis que envolvam pontos de contato, meios e veículos e todos os processos que estes demandam.

Sempre esperar o apoio da pesquisa de mídia e dos contatos ou executivos dos veículos também faz parte dessa tarefa. Afinal, pelo que já mostramos, é praticamente impossível mensurar o número de meios e veículos disponíveis atualmente, para concretizar ações, estratégias ou táticas de mídia.

1.4.2
Pesquisador de mídia

O pesquisador de mídia é o profissional designado para realizar estudos e análises amplas ou segmentadas de mercado para compreender o comportamento do público-alvo e identificar as melhores estratégias em termos de pontos de contato (meios e veículos) para publicação, exibição ou veiculação das mensagens publicitárias.

A função exige que o pesquisador de mídia compreenda desde a realização de pesquisas de mercado, como pesquisas de opinião e de comportamento e consumo de mídia, até o monitoramento de dados e estatísticas relacionados à audiência, ao engajamento e à eficácia das campanhas publicitárias nos mais diferentes canais de mídia.

O pesquisador de mídia também pode ser responsável por analisar dados de mídia digital, como métricas de tráfego, comportamentos e hábitos do usuário e dados de pesquisa de palavras-chave, objetivando identificar tendências e oportunidades de publicidade *on-line*.

Com base em suas análises, o pesquisador de mídia pode fornecer recomendações para o *planner* de mídia, incluindo a seleção de canais de mídia mais eficazes e estratégias de segmentação de público-alvo.

A verdadeira razão da área de mídia é ajudar as organizações e marcas a potencializar o retorno sobre o investimento em propaganda e publicidade (ROI)[7], por meio da identificação de *insights* de mercado, oportunidades em meios e veículos e informações valiosas sobre consumo de mídia dos múltiplos públicos a fim de que possam ser utilizados, aprimorando a estratégia de mídia e aumentando integralmente o impacto das campanhas publicitárias.

Reforçamos que a principal função do profissional é provar aos clientes (marcas, produtos e serviços) que devem investir e não gastar em *marketing* ou comunicação. Mídia não é, e nunca foi gasto, sempre investimento.

1.4.3
Comprador de mídia

O profissional de compra de mídia é responsável por otimizar campanhas de propaganda e publicidade nos mais diferentes (e múltiplos) canais de mídia, como TV, rádio, jornais, revistas e mídia *on-line*.

Sua tarefa é garantir, por meio de múltiplas negociações, consultas e comparações, de modo que a propaganda seja distribuída e transmitida de forma eficaz, maximizando os investimentos dos clientes. Justamente por trabalhar com a verba do cliente, sua função é zelar pelo todo do orçamento

---

[7] ROI: sigla de *Return on Investment*, cuja tradução literal é "retorno sobre o investimento", nesse caso, de mídia.

e distribuir da melhor maneira os valores para a compra de mídia e/ou espaços publicitários das mais diferentes formas e formatos.

Seu papel abrange a negociação de preços e espaços publicitários com os meios e/ou veículos de mídia, a adequação, a movimentação e a implementação de estratégias de segmentação de público-alvo, a análise e a avaliação de dados e métricas de campanha e, por fim, a criação de relatórios de investimentos.

1.4.4
Checking de mídia

O profissional de *checking*[8] precisa monitorar, verificar e avaliar se as veiculações de mídia contratadas pela agência entre os mais diferentes fornecedores (meios e veículos) estão sendo executadas *pari passu* e de acordo com o planejamento de mídia.

Isso ocorre porque o pagamento pela veiculação (publicação ou exibição) de uma campanha publicitária é feito com base no número de inserções ou impressões, e o profissional de *checking* de mídia garante que as veiculações realmente ocorreram conforme o contratado, principalmente se as inserções forem indeterminadas, ou seja, sem horário exato na programação para publicação ou veiculação.

O profissional de *checking* de mídia pode utilizar diversas ferramentas para realizar essa verificação, incluindo *softwares* de monitoramento de TV, rádio e internet, bem como acompanhamento de publicações impressas.

---

[8] *Checking*: expressão que pode ser traduzida como "checagem". É o processo de checagem de veiculação, inserção, exibição ou publicação de mídia.

Além disso, o profissional de *checking* de mídia pode gerar relatórios e análises que ajudem a organização ou a agência de publicidade a avaliar o desempenho da campanha publicitária, recomendando ajustes quando preciso. Pode ser também responsável por promover a conciliação financeira entre a agência de propaganda e os veículos de mídia envolvidos no projeto, assegurando que todos os pagamentos estejam corretos e de acordo com o planejamento de mídia aprovado.

O profissional de mídia, quando realiza a checagem de veiculação (ou exposição e/ou publicação, dependendo do tipo do meio), pode recorrer a diferentes formas de comprovação junto a cada um dos veículos:

- Quando a veiculação é realizada em *off-line* ou de forma tradicional (TV e rádio, por exemplo), ou se confirma a exibição do comercial em relatório gerado pelo próprio veículo, ou se contratam os serviços de um sistema de *clipping*. Cabe lembrar que, se a veiculação for nacional, o mídia terá de solicitar a cada um dos veículos relatórios de veiculação.
- Quando se trata de mídias *out-of-home* (OOH), *outdoor*, totens, MUBs, *front* ou *backlights*, a conferência ou o *checking* das placas se dá por meio de fotos ou vídeos do local de exibição com a campanha veiculada. Normalmente, o veículo cria um relatório ilustrado com todos os pontos reservados para a exposição.
- Jornais e revistas impressas têm por prática encaminhar exemplares físicos para a agência e para o cliente, comprovando a veiculação dos anúncios impressos. Não raro a agência ou o cliente incluem no valor de veiculação um

pacote de exemplares impressos para fazer a distribuição dirigida para clientes da marca.
- Em *display* ou digital, os veículos geram relatórios de publicações, *page views*, acessos e dados analíticos para a conferência do mídia.

Ainda entre as funções (até administrativas) que um mídia pode exercer, podemos enumerar:

- participar integralmente de reuniões de estratégia e planejamento para **oferecer subsídio e auxílio para todas as demais áreas da agência**, repassando, por exemplo, estimativas dos valores de mídia para divisão ou alocação da verba, do orçamento;
- **realizar contato e negociações** com os diferentes meios e veículos, buscando melhores opções e janelas de oportunidades para os seus clientes;
- **avaliar** custo por mil (*million rate*), cálculos de GRP e de ROI, com base na verba do cliente para aquele *job*;
- **elaborar documento** de apresentação da aplicação, da **defesa e da divisão da verba** para o cliente;
- **avaliar e revisar** sistematicamente o plano de mídia;
- **analisar todos os materiais** para ver se estão adequados a cada um dos meios a serem enviados: título, adequação (forma e formato) e atualização da peça publicitária, acompanhamento de peças diferentes para trocas em datas distintas de veiculação;
- **revisar as autorizações** e os mapas de veiculações em termos de inserções e valores antes da inserção;
- **providenciar o envio**, o *check* e o recebimento de autorizações em cada um dos veículos;

- **realizar o *checking*** para verificar se todos os anúncios (ou peças publicitárias) foram veiculados conforme as autorizações, no tempo e espaço corretos;
- **manter organizadas** e atualizadas todas as tabelas dos diferentes veículos, pois costumam mudar sistematicamente;
- **manter organizados** os bancos de fornecedores de mídia;
- **acolher, revisar e expedir para a contabilidade** ou o financeiro as faturas dos veículos, autorizando seu faturamento;
- **organizar um arquivo ou depositório de veiculações**, com anexos dos materiais veiculados;
- **contribuir**, quando necessário, **em apresentações** para clientes, para sobretudo defender os custos estimados de mídia e veículo a veículo;
- **atualizar pesquisas de audiência** para conhecimento interno sobre perfil de público, cobertura e preços;
- **realizar relatórios mensais** de atividades que envolvam diretamente a mídia e que contemplem volume de compra de mídia, veiculações e *checking*.

Podemos ir ainda mais longe nessa definição de papéis, se o profissional acumular suas atividades em tradicional e digital, por exemplo:

- Produção de conteúdo: **criar ou supervisionar** a criação de conteúdos publicitários para diferentes formatos digitais.
- Gestão de equipes: **liderar e motivar equipes** de profissionais de mídia, garantindo a execução eficiente de planos e campanhas *on-line* e *off-line*.
- Acompanhar tendências: manter-se atualizado sobre as tendências de consumo e tecnologias emergentes, bem

como **acompanhar a evolução do mercado publicitário**, visando oferecer soluções inovadoras para os clientes.

Reforçamos aqui a importância da figura do profissional de mídia e a importância da área para o conjunto de atividades de uma organização de *marketing* ou comunicação.

1.5
Os profissionais do digital

Como mencionamos anteriormente, o departamento de mídia pode ter uma estrutura organizacional variada, dependendo do tamanho da organização e da complexidade de suas operações.

Chamusca e Carvalhal (2011, p. 8) discutem a evolução do mercado de mídia e as novas possibilidades trazidas pelas plataformas digitais e apontam "para a necessidade de se integrar as diferentes mídias e canais de comunicação, para se criar campanhas mais efetivas e com melhor retorno sobre o investimento". Esse cenário faz do profissional de mídia um profissional multidisciplinar, que precisa integrar as ferramentas para trazer bons resultados práticos para os seus clientes.

A seguir, apresentamos alguns exemplos de especialistas de mídia digital que podem (e devem) trabalhar em conjunto com o profissional de mídia.

Especialista em SEM (*Search Engine Marketing*)

É o responsável direto por planejar, executar e otimizar campanhas publicitárias e dirigidas diretamente em ferramentas de busca: Google, Bing, Yahoo, entre outros.

Seu objetivo é aumentar o tráfego e conversões de um *site*, gerando *leads* e possibilidades de vendas por meio da exibição de anúncios relevantes para os usuários que pesquisam justamente os termos e palavras-chave relacionados à marca ou produtos em questão.

Especialista em SEO (*Search Engine Optimization*)

Sua função principal é planejar para melhorar o desempenho de um *site* ou página da *web*, especialmente nos resultados de busca orgânica de ferramentas como o Google e demais plataformas e mecanismos. Envolve um conhecimento de técnicas e estratégias que possibilitam otimizar o conteúdo, a estrutura e a visibilidade da página ou do *site* para ranquear nos mecanismos de busca.

A seguir, apresentamos algumas diferenças sensíveis entre SEM e SEO:

- **SEM** envolve o uso de publicidade paga nos mecanismos de pesquisa para otimizar a visualização e o tráfego de um *website*. A programação de anúncios que vigoram nos resultados de pesquisa pagos e outras formas de publicidade paga, como anúncios em redes sociais, anúncios em *display* e anúncios em vídeo, são parte de suas táticas.
- **SEO** se refere a um conjunto de técnicas e saberes que objetivam otimizar um *website*. O conteúdo, a estrutura, a experiência do usuário e outros fatores que influenciam a visibilidade do *site* nos resultados de busca são seus objetivos e metas.

Enquanto o SEO é uma estratégia sempre de longo prazo que busca melhorar o *ranking* (ou a ordem) de um *website* nos resultados de busca orgânica, o SEM é uma estratégia de curto prazo que busca gerar resultados imediatos por meio de publicidade paga. São conceitos distintos que podem (e devem) ser usados em conjunto para trazer melhor resultado para as campanhas.

Especialista em mídias sociais

Sua função está relacionada ao gerenciamento e à otimização da presença de uma marca ou organização nas múltiplas possibilidades de canais e pontos de contato de meios sociais. Envolve a criação de conteúdo, o monitoramento de atividades, a interação com o público (engajamento) e o acompanhamento das métricas de desempenho para avaliar o sucesso das estratégias de mídia social.

Importante: há diferenças entre *mídia social* e *rede social*. Mesmo as pessoas que trabalham na área costumam confundir esses conceitos. Suas diferenças são mínimas, mas relevantes. Mídias sociais estão relacionadas a todas as plataformas e tecnologias que permitem a criação, o compartilhamento e o consumo de conteúdo digital criado e gerado pelo usuário. São ferramentas ou plataformas como *blogs*, fóruns, *wikis*, *podcasts*, *videocasts* e outros canais digitais que possibilitem que os usuários produzam e compartilhem conteúdo com qualquer pessoa na internet.

Portanto, mídias sociais são aplicativos, instrumentos ou plataformas de compartilhamento de conteúdo: YouTube, Vimeo e/ou Twitch, que permitem que os usuários compartilhem vídeos com outros usuários.

Já as redes sociais dizem respeito às plataformas e às tecnologias que permitem a criação e a manutenção de conexões entre usuários individuais. Devem ser baseadas em interesses compartilhados, relações pessoais ou profissionais ou outros fatores. Essas plataformas incluem redes como Facebook, Instagram, Twitter, LinkedIn e diversas outras que promovem e facilitam a conexão e o compartilhamento de conteúdo uns com os outros.

Assim, a diferença é que, enquanto as mídias sociais favorecem a criação e o compartilhamento de conteúdo produzido e compartilhado pelo usuário, as redes sociais são plataformas para criar e manter conexões entre usuários individuais. Essas diferenças se minimizam quando a plataforma, além de fornecer ambientes e ferramentas de criação e edição, permite a produção, a gestão e o compartilhamento de conteúdo.

Especialista em *display* e programática

É o profissional de mídia que atua no digital e conhece profundamente publicidade digital e propaganda em mídia programática, aqui definida como um sistema automatizado de compra e venda de espaços publicitários, que organiza e gesta a propaganda *on-line* programática. Cabe a esse especialista a gestão de campanhas integradas de publicidade digital para clientes, marcas ou organizações. Ele trabalha com ferramentas e técnicas necessárias para segmentar e atingir públicos específicos, maximizando o ROI e sempre minimizando o desperdício de recursos, nesse caso, de tempo e de verba.

1.5.1
Diferenças e semelhanças entre os profissionais *on-line* e *off-line*

O profissional que trabalha com mídia, principalmente com mídia tradicional, pode ser considerado um especialista "raiz" (no jargão popular) de mídia: pensa, planeja e gera mídia nos meios tradicionais de comunicação, como revistas, jornal impresso, *outdoor*, televisão e rádio. Reiteramos que o profissional de mídia de hoje trabalha com o *off-line*, mas pode (e deve) trabalhar concomitantemente com o digital para a consecução de atividades e planos de mídia. Atualmente, um programa televisivo, por exemplo, pode ser veiculado em uma grade de programação fixa, mas pode realizar ações de *crossmedia* ou transmídia em um portal do mesmo programa, gerando dois planos de mídia para os diferentes canais de comunicação.

Vale lembrar que hoje pululam agências de *marketing* digital pelo Brasil, especializadas unicamente em mídia digital. Ainda que a função do mídia seja (por origem) baseada na experiência do profissional com mídias tradicionais, o modelo se replica alternando as mídias e os formatos. Na essência, a forma e o formato se alternam, levando o profissional a se adequar aos novos modelos de mídias e comunicação.

Mais do que isso, certamente haverá *jobs* em que esse profissional terá de planejar usando todos os recursos (tradicional, *on-line*, *no media*) e ainda entregar o melhor planejamento e solução para os seus clientes, principalmente se a agência tiver o caráter de *fullservice*.

Agora, se pensarmos exclusivamente em uma agência voltada para o digital, como seriam as rotinas ou áreas de mídia, independentemente de seu porte físico?

1) Planejamento:

- definição de objetivos e *key performance indicators* (KPIs) para a campanha;
- elaboração de personas e pesquisas de público-alvo;
- definição de *budget*.

2) Pesquisa e análise:

- pesquisa de segmento e *players* concorrentes;
- análise de dados e *insights* do público-alvo;
- análise de canais e formatos mais efetivos.

3) Estratégia de mídia:

- definição de canais e formatos de mídia a serem utilizados (Google Adwords, Facebook Ads, Instagram, entre outros);
- definição de táticas e segmentações a serem aplicadas em cada canal;
- criação de campanhas;
- criação de anúncios para cada canal e formato de mídia;
- definição de orçamento e duração da campanha.

4) Configuração e publicação dos anúncios em cada canal de mídia:

- monitoramento e otimização;
- monitoramento contínuo dos resultados da campanha em cada canal de mídia;

- análise de métricas e KPIs, como *Click-through Rate* (CTR), *Cost per Acquisition* (CPA) e ROI;
- otimização dos planos com base nos resultados obtidos, como ajustes de lances, segmentações e mudanças de processos criativos.

5) Relatórios e apresentação de resultados:

- montagem de guias ou relatórios com análises da campanha em cada canal de mídia;
- apresentação dos resultados aos clientes e/ou superiores da organização;
- identificação de oportunidades de melhorias e novas estratégias para futuras campanhas.

Assim, se pensarmos as diferentes áreas e funções departamentais de mídia digital, o organograma ficaria mais ou menos como na figura a seguir.

Figura 1.5 Áreas de mídia digital

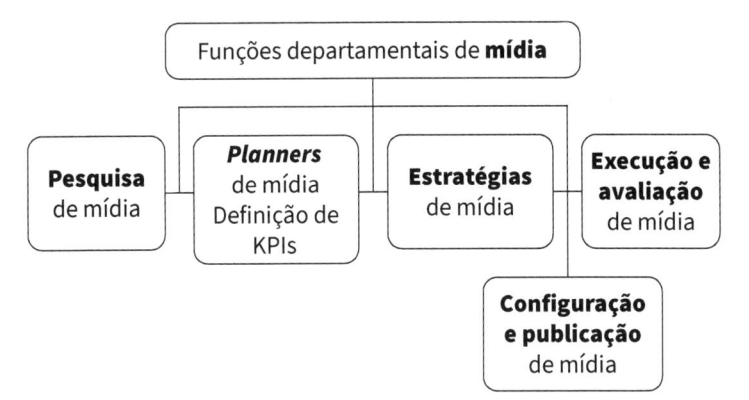

```
                    ┌─────────────────────────────────────┐
                    │ Funções departamentais de mídia     │
                    └─────────────────────────────────────┘
                                     │
        ┌──────────────┬─────────────┼─────────────┬──────────────┐
   ┌─────────┐   ┌───────────┐  ┌───────────┐  ┌──────────────┐
   │ Pesquisa│   │ Planners  │  │Estratégias│  │  Execução e  │
   │ de mídia│   │ de mídia  │  │  de mídia │  │   avaliação  │
   │         │   │Definição de│ │           │  │   de mídia   │
   │         │   │   KPIs    │  │           │  │              │
   └─────────┘   └───────────┘  └───────────┘  └──────────────┘
                                     │
                              ┌──────────────┐
                              │ Configuração │
                              │ e publicação │
                              │   de mídia   │
                              └──────────────┘
```

Já se pensarmos em termos de atribuições, o *planner* de mídia digital precisa trabalhar cada um dos passos indicados na figura a seguir.

Figura 1.6 Resumo de funções de mídia digital

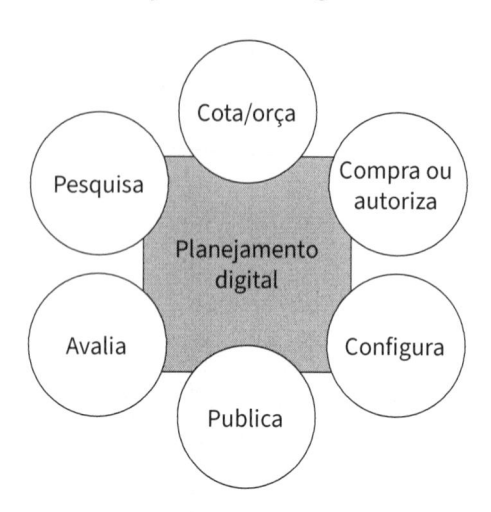

- Cota/orça
- Pesquisa
- Compra ou autoriza
- Planejamento digital
- Avalia
- Configura
- Publica

Percebe como diferentes ações são muito similares à atividade do profissional de mídia que trabalha majoritariamente com mídia tradicional? O objetivo dessa comparação é justamente não invalidar a atuação do mídia, independentemente da área (*on-line* ou *off-line*) em que atue.

Existe uma máxima de mercado que diz: "o mídia que atua com o *off-line* não sabe atuar com o *on-line* e vice-versa". Em parte, concordamos que for possível, a agência deve construir e manter áreas distintas e profissionais especializados em cada uma das habilitações. Porém, como insistentemente já descrevemos aqui, pode ser que se trate de uma pequena agência de propaganda e publicidade e, nesse caso, o profissional terá de acumular as duas áreas, as duas funções, precisando se especializar em cada uma das rotinas que essas práticas exigem. Não é uma tarefa fácil, pois exigirá do mídia múltiplas habilidades para dar conta de todos os desafios que surgirão, demandando muita aplicação, estudo e responsabilidade.

Atualmente, existem ferramentas e instrumentos valiosos para auxiliar o trabalho do mídia, os quais, além de otimizarem muitos passos de um processo de mídia, também ajudam na programação, na negociação, no controle e no *checking* de mídia.

A seguir, elencamos algumas dessas ferramentas e serviços que podem ser úteis no dia a dia da mídia e do planejamento.

Datamark

Referência nacional em métricas mercadológicas de bens de consumo e embalagens. O sistema é uma plataforma que funciona via banco de dados extensivo e possibilita a análise mercadológica das áreas de *marketing*, como produtores de bens de consumo e criadores de embalagens.

BuzzMonitor

Plataforma completa e flexível para gerenciamento de mídias sociais e atendimento multicanal. É uma ferramenta para mídias sociais, monitoramento de redes sociais, gestão de relacionamento, *social analytics*, gestão e controle de *influencers*, notícias de redes sociais e *dashboards* analíticos em tempo real.

Arquivo da Propaganda

Organização que realiza o monitoramento de campanhas em diversos meios, como televisão, revistas e jornais impressos, audiência em rádio, campanhas de internet e exposição em mídias OOH, com atualização diária de campanhas publicitárias nacionais. No mercado desde 1972, oferece serviços automatizados de controle de veiculação, com reconhecimento de vídeo, áudio e imagens, proporcionando agilidade e precisão; ferramentas dinâmicas de *business intelligence*; fiscalização de campanhas; relatórios de preços; *clipping* de notícias; boletins; elaboração de relatórios e serviços personalizados.

SA365 – Creative Business Solutions

Sistema que ajuda marcas a identificar as práticas e o consumo de mídias pelos diferentes públicos para criar soluções na mesma velocidade de transformação que os meios impõem ao mercado.

ADSolutions Sistemas S.A.

Sistemas que atendem agências de propaganda e publicidade, *marketing* digital, anunciantes (clientes diretos) e meios de comunicação. Para as agências de comunicação, dispõem de sistemas para construção de planejamento e acompanhamento de compras de mídia, além de uma plataforma de gestão financeira e rentabilidade de projetos, *timesheet* e controle de *briefs/jobs*.

Crowley Broadcast Analysis do Brasil

Empresa cuja missão é valorizar a mídia rádio por meio de uma auditoria de veiculação exata. Trabalha com *checking* em centenas de emissoras no país e realiza *clipping* (modelo de rádioescuta do mercado) nas capitais.

Elife Brasil

Especialista em inteligência de mercado (BI) e na gestão da experiência do consumidor. Está presente em diversos países.

FiskaNew

Organização especializada em fiscalização de propaganda e publicidade na maioria dos meios (OOH, *indoor*, cinema, rádios, televisão aberta e por assinatura). Realiza ainda *clipping*, pesquisa de mídia, pesquisa de mercado, auditoria e controle de público.

IAB Brasil

Agente responsável pelo desenvolvimento da publicidade digital no Brasil. Desenvolve e incentiva a adoção de padrões técnicos e boas práticas globais. Com mais de 230 associados, reúne as principais organizações do mercado digital entre veículos, agências, anunciantes e organizações de tecnologia.

IBGE – Instituto Brasileiro de Geografia e Estatística

O IBGE tem como objetivo produzir informações e estatísticas que retratem a realidade social, demográfica e econômica do país. Realização de censos, pesquisas domiciliares e empresariais, levantamentos estatísticos e geográficos, além de produção e divulgação de indicadores socioeconômicos e demográficos, são atribuições legais do instituto. Seus resultados são usados para a formulação de políticas públicas, planejamento empresarial, pesquisas acadêmicas e outros fins.

Kantar Ibope Media Research

Empresa que é líder global em dados. Por meio de inteligência de mercado, fornece informações precisas sobre consumo, desempenho e investimentos de mídia. Tem operações em diversos países.

Inflr

AdTech de *growth marketing* que conecta marcas a influenciadores. É pioneira em negociações via CPM e, também, *always on*, focadas em diferentes estratégias. Executa mais de 16 KPIs.

Jove Informática S/S Ltda.

Organiza e disponibiliza tabelas de preços dos principais meios: TV, jornal e revista impressos, rádio, cinema e internet. Subsidia sistemas de mídia, meios e veículos, organizações de pesquisa etc. Comercializa estudo mensal de inflação, com projeção de até 36 meses dos custos de investimentos em mídia no Brasil.

Mídia View

Organização especializada em fiscalização de diversos tipos de meios: *outdoor*, *indoor*, *digital signage*, eventos, cinema etc. Dispõe de sistema avaliativo de visibilidade em OOH.

MMA Latam

Organização do ecossistema *mobile*, que conta com mais de 800 organizações associadas em mais de 50 países, abrangendo marcas anunciantes, agências de propaganda e publicidade, plataformas de tecnologia *mobile*, entre outros.

Comscore

Líder global no monitoramento de audiências, digitais, multiplataforma ou *crossmedia*. Avalia precisamente audiências e marcas.

IVC Brasil – Instituto Verificador de Comunicação

Empresa que realiza auditorias multiplataforma de mídia. Fornece aos diferentes mercados análises que contemplam comunicação, incluindo tráfego *web*, eventos, inventário e campanhas de mídia OOH. Oferece ainda relatórios de auditoria e informações para os principais meios e veículos, anunciantes e agências de propaganda e publicidade, subsidiando planejamentos de mídia.

Nielsen

Líder em medição, dados e análises de audiência em todo o mundo. Avalia comportamentos em meios, veículos e plataformas, capacitando seus clientes com inteligência acionável para conexão com suas audiências.

Ipsos/Estudos Mapa OOH

Referência global em medição de audiência OOH.

Polis Consulting

Especializada em tecnologias e serviços para *business intelligence*, CRM e *social intelligence*. Trabalha com múltiplas plataformas tecnológicas em *Social Media Management*.

Essas marcas e referências são apenas alguns exemplos de organizações que trabalham diretamente com propaganda e publicidade e, em especial, com diferentes tipos de ações, dados, estatísticas, analíticos e controles de mídia. Nossa sugestão é que você crie sua própria carteira de fornecedores possíveis para todos os problemas e soluções de comunicação, em particular organizações que fornecem dados concretos acerca de mercado.

Especialmente para os profissionais de mídia digital, existem aplicativos como Admatic, Howsociable, Free Review Monitoring, HootSuite, Keywordtool.io, SEMRush, ClickTale, CoSchedule, SocialMention, entre muitos outros.

Existem múltiplas ferramentas que facilitam o dia a dia do mídia, no sentido de colaborar em suas práticas: planilhas *online*, criadores de cronogramas, pedidos de inserção automatizados, mapas de programação *online*.

Se você fizer uma pesquisa, é possível que encontre soluções e ferramentas simples (até gratuitas) que possam ser parceiras importantes nessa jornada. Quão mais preparada estiver uma defesa de mídia, melhores serão as chances de embasamento e sucesso de aprovação.

Para saber mais

Para aprofundar os conhecimentos sobre as ferramentas e recursos que acabamos de apresentar, deixamos aqui indicados os *sites* oficiais de cada um deles para consulta:

https://datamark.com.br/

https://buzzmonitor.com.br/

https://www.arquivo.com.br/

https://sa365.ag/

http://www.adsolutions.com.br/

https://www.crowley.com.br/

https://elife.com.br/

http://www.fiskanew.com.br/

https://iabbrasil.com.br/

http://www.ibge.gov.br

https://www.kantar.com/brazil

https://inflr.com/

https://www.jovedata.com.br

https://www.midiaview.com.br/

https://www.mmaglobal.com/pt-br/

https://www.comscore.com/por/

https://ivcbrasil.org.br/#/home

http://www.nielsen.com

https://www.ipsos.com/pt-br/out-home-audience-measurement

https://polis.consulting/pt/home-pt/

No próximo capítulo, vamos tratar dos meios de comunicação disponíveis e mais importantes para compor um planejamento de mídia e, assim, buscar o aumento do número de pontos de contato entre as marcas (os clientes) e o público-alvo de uma organização.

Síntese

Neste capítulo, vimos que conhecer o papel e o espaço que a mídia ocupa na sociedade, bem como suas orientações para uma boa prática no contexto profissional, são atributos de um mídia que realmente se preocupa com a área em que atua e com os resultados possíveis para os seus clientes, sobretudo quando falamos em retorno direto sobre os investimentos na campanha, uma vez que trabalha com a verba (o dinheiro e o tempo) do cliente ou anunciante. Por isso, a responsabilidade desse profissional como comunicador social é gigantesca, devendo atuar de maneira ética e responsável na busca de resultados.

Questões para revisão

1) Considerando-se a evolução dos diferentes cenários de mídia apontados nos textos, com a crescente integração entre os meios tradicionais e digitais, qual deve ser a postura do profissional de mídia em um mercado que evolui constantemente?

2) Em face da diversidade de agências cada vez mais especializadas em *marketing* digital, como você acredita que as rotinas e as ações de uma agência voltada exclusivamente para o digital podem se diferenciar das agências que desenvolvem projetos integrados que lidam com o tradicional e o digital?

3) A área de mídia é reconhecida por ser uma das habilitações possíveis de um profissional de propaganda e publicidade. Assim, é correto afirmar:
   a) O mídia é responsável pela prospecção de contas publicitárias.

b) O mídia é responsável pelo tráfego de projetos em uma agência.
c) A produção final de um comercial é dirigida por um mídia.
d) A produção de um material é realizada pelo coordenador de mídia.
e) A mídia é estratégica na consecução de uma campanha publicitária.

4) As etapas de uma estratégia de mídia são, pela ordem:
   a) criação, produção e arte-final.
   b) lançamento, sustentação e encerramento.
   c) planejamento, desenvolvimento e refação.
   d) prospecção, *briefing* e *feedback*.
   e) lançamento, maturação e declínio.

5) A última etapa do trabalho de departamento de mídia, após a veiculação dos materiais, é:
   a) refação.
   b) pós-produção.
   c) pré-produção.
   d) *checking*.
   e) *feedback*.

Questões para reflexão

1) Se considerarmos que há diversas formas de controle de veiculação hoje disponíveis no mercado, nos múltiplos canais e diferentes meios, como o profissional de mídia deverá enfrentar o desafio de garantir a efetividade das campanhas de seus clientes, especialmente em um mercado cada vez mais diversificado e pulverizado?

2) Uma das funções do profissional de mídia é participar ativamente de reuniões de *brief*, estratégicas e de definição de verbas (*budget*). Como as múltiplas habilidades e competências desse profissional podem contribuir para a eficácia de campanhas publicitárias?

3) Quais são os problemas ou aspectos críticos vivenciados na atuação do profissional de mídia?

Estudo de caso

A importância do mapeamento de meios, veículos e fornecedores: um estudo de caso da Media Vision Marketing

Contexto:

A Media Vision, organização de comunicação e *marketing* digital, foi contratada por uma grande rede de varejo para realizar um estudo abrangente sobre o cenário de mídia em determinada região do país. O objetivo do levantamento é entender o número e o tipo de meios e veículos presentes na região, incluindo televisão, rádio, jornais, revistas e diferentes formas de mídia digital, a fim de direcionar mais eficazmente as campanhas publicitárias do cliente.

Metodologia:

a) **Definição da área de estudo**: a região investigada compreende uma área de aproximadamente 200 km², incluindo centros urbanos, subúrbios e áreas rurais adjacentes.

b) **Levantamento preliminar**: inicialmente, a equipe técnica da Media Vision realiza um levantamento preliminar usando fontes públicas, como dados do IBGE, dados de institutos de desenvolvimento regionais, associações de mídia locais e outras fontes disponíveis, para ter uma visão geral dos principais meios e veículos que operam na região.

c) **Identificação dos veículos de mídia**: a equipe realiza uma pesquisa mais detalhada para identificar todos os veículos de mídia presentes na região, incluindo:
- estações de televisão locais e regionais, canais a cabo e serviços de *streaming*;
- estações de rádio FM, AM e *on-line*, além de *podcasts* e *videocasts* locais;
- jornais e revistas impressos distribuídos na região, bem como versões digitais;
- *websites*, *blogs* e plataformas de mídia social com forte presença local.

d) **Classificação e categorização**: os meios e os veículos identificados são classificados e categorizados com base em critérios como alcance geográfico, público-alvo, formato de conteúdo e periodicidade.

e) **Avaliação da audiência e da influência**: a equipe realiza uma análise da audiência e da influência de cada veículo de mídia, utilizando dados demográficos, pesquisas de audiência, métricas de tráfego *on-line* e outros indicadores relevantes.

f) **Mapeamento geoespacial**: utilizando-se ferramentas de geolocalização e de mapeamento, os meios e os veículos são indicados em um mapa da região, de modo a permitir uma visualização clara da distribuição geográfica e da concentração de cada tipo de mídia.

g) **Análise de lacunas e oportunidades**: com base nos dados coletados, a equipe identifica lacunas na cobertura de mídia e oportunidades para otimização das campanhas publicitárias do cliente.

Resultados:

O estudo revela que a região tem uma grande diversidade de veículos de mídia, incluindo várias estações de TV e rádio, uma variedade de jornais e revistas locais e a presença significativa da mídia digital, especialmente em plataformas de redes sociais. A análise geoespacial destaca áreas com maior densidade de veículos de mídia, o que pode ser útil para direcionar campanhas publicitárias com base na localização dos usuários. A equipe identifica oportunidades para diversificar as estratégias de publicidade do cliente, explorando canais de mídia que ainda não foram plenamente explorados.

Conclusão:

O estudo de mapeamento do número de meios e veículos na região fornece *insights* valiosos para a empresa de *marketing* digital e seu cliente, permitindo uma alocação mais eficiente de recursos e uma abordagem mais direcionada e assertiva para suas campanhas publicitárias. A compreensão detalhada do cenário de mídia local é essencial para alcançar o público-alvo de forma eficaz e maximizar o retorno sobre o investimento em publicidade.

Prática:

Faça um levantamento preciso e estatístico do número de agências de comunicação, *marketing* digital e mídia que existem em sua região. Esses dados são importantes para que você possa realizar um mapeamento de como a comunicação está estabelecida em sua cidade. Mapeie as agências e organize esse mapa em áreas, categorizando cada uma de suas descobertas e criando uma espécie de atlas da comunicação regionalizado.

2
Os mercados e os meios de comunicação

Conteúdos do capítulo

- Revista.
- Jornal.
- Rádio.
- Televisão.
- *Out-of-home* (OOH).
- Cinema.
- *No media*.
- Internet e digital.

Após o estudo deste capítulo, você será capaz de:

1. compreender as múltiplas características inerentes a cada um dos tipos de meios e veículos que fazem parte do rol de possibilidades de uma veiculação de mídia;
2. compreender as vantagens e as desvantagens dos diferentes tipos de meios e as diferenças pontuais entre eles;
3. identificar nessas diferenças as características que se adéquam às necessidades do cliente.

2.1
Os mercados e os meios de comunicação

Atualmente, a maioria dos veículos disponibiliza em seus *media kits*, em suas tabelas de preços ou em seus *sites* e páginas de divulgação pesquisas relativas à audiência do veículo e a descrição de cada um dos produtos (ou canais) que este representa.

Obviamente, o bom mídia sempre vai pesquisar dados reais relacionados a censos, estatísticas, números importantes acerca do mercado em que pretende atuar e, com esses dados – somados aos dos veículos –, embasar assertivamente os planejamentos e as defesas de mídia, de maneira que as ações sejam cada vez mais pontuais e, principalmente, objetivas, voltadas para o resultado.

Como diriam os antigos publicitários, "há tempos tínhamos uma bala de canhão para atingir um grupo de consumidores; hoje, com todos os recursos de que temos, se bem trabalhados, e com uma estratégia certeira, dispomos de uma bala de prata para cada um dos clientes da marca". É a chamada *personalização da campanha* ou *do plano*, que permite direcionar e alinhar caso a caso os melhores pontos de contato com os futuros clientes de uma marca, produto ou serviço.

Mais uma vez, lembramos que, embora (no Brasil) o *prime time*[1], ou horário nobre, seja responsável pela maior parte da verba, sendo líder de investimentos em comunicação, o

---

1 *Prime time*: expressão que, em tradução literal, significa "horário nobre". É a antiga designação (usada até hoje) para horários que têm picos de audiência nos diferentes meios de comunicação.

maior jornal televisivo ou a novela da noite já não alcançam a mesma audiência de anos atrás.

Esse fenômeno se dá pela pulverização (*spread* – dispersão, propagação) da audiência ou pela concorrência de canais (veículos) e ainda pela escolha de plataformas alternativas que até bem pouco tempo eram complementares e hoje se tornaram veículos primários, como sistemas de *streaming* (Discovery, Disney, Netflix, Star+) e plataformas, como o YouTube, que entregam conteúdo segmentado, por exemplo. Hoje em dia, grande parte das pessoas assiste à televisão, interage com um computador e mexe no celular "tudo ao mesmo tempo".

Segundo dados da própria plataforma, em seu evento Brandcast 2022[2], mais de 120 milhões de brasileiros assistem ao conteúdo segmentado no YouTube, formando uma comunidade muito ativa e fiel a esse tipo de mensagem. Estamos falando de uma audiência de mais de 65% da população nacional.

Mensalmente, mais de 120 milhões de pessoas com perfil médio de 18 a 54 anos, quando comparadas individualmente, fazem desse público uma audiência maior que as cinco maiores emissoras de televisão aberta veiculadas no Brasil. Em 2021, 60 milhões de pessoas assistiam ao YouTube na própria TV; e em 2022, esse número cresceu mais de 25%, somando mais de 75 milhões de pessoas acessando a plataforma nas telas de TV.

Segundo o Brandcast 2022 (Muratori; Ayarza, 2022), no Brasil, uma pessoa *on-line*, em média, consome mais de 20 minutos

---

2 Disponível em: <https://brandcast.withyoutube.com/> Acesso em: 2 jan. 2024.

interagindo com vídeos do YouTube, usando a televisão como suporte. Especificamente nesse caso, a TV aberta, além de perder audiência, não necessariamente está disputando a atenção do espectador, que, não raro, está com a televisão ligada em um canal de TV aberto ou fechado, por exemplo, mas simultaneamente está interagindo com o celular (multitelas), sendo que o mesmo indivíduo sobrepõe telas ou "tenta" dar atenção para dois conteúdos ao mesmo tempo.

Esse uso do aparelho de televisão, por meio das *smart TVs*, também registra uma duração (retenção) 140% maior em comparação àqueles vídeos vistos pelo celular, pelo computador ou por outros dispositivos.

Sob o ponto de vista de futuro, 79% dos brasileiros declaram que o YouTube reflete melhor a cultura atual; 80% declaram que a plataforma é o primeiro lugar a que recorrem quando querem assistir a algo; 85% afirmam que seus conteúdos favoritos estão no YouTube; e 88% dizem que a plataforma dará sempre as melhores recomendações e dicas sobre o que assistir.

Com esses exemplos, fica claro que o *planner* de mídia tem um enorme desafio ao pensar um planejamento e sugerir os pontos de contato ou canais que deverão ser utilizados em um *job* para potencializar e estabelecer diferentes conversações entre a marca e seus múltiplos públicos.

Quando se trata de digital, os números se multiplicam exponencialmente. Segundo o estudo Digital 2022: Global Overview Report (Kemp, 2022), mais de 5 bilhões de pessoas, ou seja, 63% da população mundial, são usuários ativos da rede de internet. Para termos uma ideia desse crescimento, em janeiro de 2012, existiam 2,177 bilhões de usuários da rede; já em janeiro de 2022, o número mais que duplicou: 4,950 bilhões de pessoas são internautas e interagem com a rede diariamente.

O Brasil, de acordo com o mesmo estudo, ocupa a terceira posição em termos de tempo de uso e navegação na internet, perfazendo uma média diária de 10 horas conectado.

Quando a pesquisa se refere a *devices* (dispositivos) eletrônicos, 96,2% das pessoas possuem *smartphones*, 63,1% têm computador (*notebook* e/ou *desktop*), 34,8% possuem *tablet*, 20,3% utilizam console de *games*, e 27,4% são donos de *smartwatch*.

Quanto ao uso diário por mídia, a internet lidera com 6 horas e 58 minutos de uso, e a televisão (*broadcast* e *streaming*) responde por 3 horas e 20 minutos; ademais, os usuários passam em média 2 horas e 27 minutos em mídias (e não apenas redes) sociais, 1 hora e 33 minutos em serviços de *streaming* de músicas e 1 hora e 12 minutos usando *videogames*.

Se pensarmos mídia a mídia e sua penetração nesse cenário de consumidores nacionais (usuários de internet), 84% ainda são impactados pela televisão aberta, 88% por mídias de OOH, 88% por mídias digitais, 46% por rádio FM, 39% por TV por assinatura, 15% por revistas impressas e digitais, e 2% pelo cinema.

Tabela 2.1 Títulos digitais essenciais

Visão geral da adoção e uso dos dispositivos e serviços conectados (abril de 2023)		
Usuários únicos de telefones celulares	68,3%	5,48 bilhões
Indivíduos que utilizam a internet	64,6%	5,18 bilhões
Número de usuários de redes sociais	59,9%	4,80 bilhões
Total da população	57,2%	8,03 bilhões

Fonte: Elaborado com base em DataReportal, 2024.

Na Tabela 2.1, vemos o resultado do relatório We Are Social (Nós Somos Sociais), publicado pela agência norte-americana de mesmo nome, que, desde 2008, monitora ações em rede e mídias digitais globais.

Na tabela, cabe destacar o levantamento do total da população mundial – 8,03 bilhões de pessoas, sendo que 68,3% da população corresponde a usuários únicos de celulares, somando 5,48 bilhões de usuários, contra 5,18 bilhões de usuários regulares de internet e 4,80 bilhões são usuários ativos de alguma rede social.

Esses números, ainda que reflitam dados mundiais, são parcelas de um retrato importante do hábito de consumo dos brasileiros no que se refere à mídia e às formas de acesso a ela, segundo a pesquisa Kantar Ibope Media: 89% dos usuários nacionais acessam a internet via *smartphone*, 22% via *notebook* ou *laptop*, 13% via *desktop*, 18% via *smart TV*, 3% via *tablet* e 2% via console de *games*.

O perfil demográfico dos usuários brasileiros (internautas) também segue a tendência dos números mundiais: 46% de homens, 54% de mulheres; 41% nas classes econômicas A e B; 48% na classe C e 12% nas classes D e E. A faixa etária dos e-consumidores varia da seguinte maneira: entre 12 e 19 anos, 14%; entre 20 e 24 anos, 10%; entre 25 e 34 anos, 19%; entre 35 e 44 anos, 20%; entre 45 e 54 anos, 17%; entre 55 e 64 anos, 13%; e entre 65 e 75 anos, 7%.

Se pensarmos em números absolutos dos meios de comunicação no Brasil, a pesquisa Cenp-Meios, publicada na revista *Meio & Mensagem*, resume o cenário dos investimentos em propaganda e publicidade no Brasil (valores para março de 2023), apresentado na tabela a seguir.

Tabela 2.2 Principais investimentos em propaganda e publicidade no Brasil em 2022

Jan-Dez/2022 - 326 agências			
Publicação para março 2023			
Meio	Valor faturado (R$ 000)	Valor faturado (USD 000)	Share %
Cinema	R$ 53.607,00	$ 10.468,00	0,3%
Internet	R$ 7.591.921,00	$ 1.478.352,00	35,7%
Internet áudio	R$ 19.906,00$	$ 3.833,00	0,3%
Internet busca	R$ 437.365,00	$ 85.0140,00	5,8%
Internet display e outros	R$ 5.154.696,00	$ 1.004,117	67,9%
Internet social	R$ 1.543.459,00	$ 300.660,00	20,3%
Internet vídeo	R$ 436.495,00	$ 84.768,00	5,7%
Jornal	R$ 355.637,00	$ 68.993,00	1,7%
OOH/Mídia exterior	R$ 2.160.780,00	$ 421.008,00	10,2%

(continua)

(Tabela 2.2 - conclusão)

Jan-Dez/2022 - 326 agências			
Rádio	R$ 778.942,00	$ 151.861,00	3,7%
Revista	R$ 90.710,00	$ 17.660,00	0,4%
Televisão aberta	R$ 8.863.751,00	$ 1.724.046,00	41,7%
Televisão por assinatura	R$ 1.346.167,00	$ 261.568,00	6,3%
Total	R$ 21.241.515,00	$ 4.133.956,00	100%

Fonte: Cenp, 2024.

A Tabela 2.2 mostra os principais investimentos em propaganda e publicidade no Brasil em 2022, resultado da pesquisa realizada pelo Cenp-Meios em março de 2023, com 326 agências respondentes, e que contempla os investimentos realizados de janeiro a dezembro de 2022. A pesquisa está dividida em meio, valor faturado em reais, valor faturado em dólares e porcentagem de *share* (ou fatia de mercado) ocupada pelo meio. O primeiro meio analisado é o cinema, com valor faturado em 326 agências de R$ 53.607,00 (cinquenta e três mil seiscentos e sete reais), ou U$ 10.468,00 (dez mil quatrocentos e sessenta e oito dólares), com representação de mercado na casa de 0,3%. A internet (35,7% dos investimentos) responde por investimentos na casa dos R$ 7.591.921,00 (sete milhões, quinhentos e noventa e um mil, novecentos e vinte e um reais) ou U$ 1.478.352,00 (um milhão, quatrocentos e setenta e oito mil, trezentos e cinquenta e dois dólares). O meio internet é ainda dividido em subgrupos: internet áudio com 0,3% de investimentos; internet busca com 5,8% dos investimentos; internet *display* e outros (sendo a maior fatia do meio internet) com 67,9% dos investimentos, perto de R$ 5.154.696,00 (cinco milhões, cento e cinquenta e quatro mil, seiscentos e noventa e seis reais); internet social com 20,3% de *share,* ou

R$ 1.543.459,00 (um milhão, quinhentos e quarenta e três mil, quatrocentos e cinquenta e nove reais); e internet vídeo com 5,7%, ou R$ 436.495,00 (quatrocentos e trinta e seis mil quatrocentos e noventa e cinco reais). O meio jornal tem 1,7% de mercado, com faturamento de R$ 355.637,00 (trezentos e cinquenta e cinco mil, seiscentos e trinta e sete reais), ou U$ 68.993,00 (sessenta e oito mil, novecentos e noventa e três dólares); o meio OOH (*out-of-home* – mídia exterior) conta com uma fatia de 10,2% de mercado, com faturamento de R$ 2.160.780,00 (dois milhões, cento e sessenta mil e setecentos e oitenta reais), ou U$ 421.008,00 (quatrocentos e vinte e um mil e oito dólares); o rádio conta com 3,7% de investimento, com R$ 778.942,00 (setecentos e setenta e oito mil, novecentos e quarenta e dois reais), ou U$ 151.861,00 (cento e cinquenta e um mil, oitocentos e sessenta e um dólares); a revista impressa conta com R$ 90.710,00 (noventa mil e setecentos e dez reais), ou U$ 17.660,00 (dezessete mil, seiscentos e sessenta dólares), respondendo por 0,4% de fatia de mercado; a televisão aberta conta com 41,7% de mercado, ou seja, o meio com maior faturamento no Brasil no ano de 2022, com R$ 8.863.751,00 (oito milhões, oitocentos e sessenta e três mil e setecentos e cinquenta e um reais), ou U$ 1.724.046,00 (um milhão, setecentos e vinte e quatro mil e quarenta e seis dólares); e, por fim, a televisão fechada ou por assinatura, conta com 6,3% do mercado, com investimentos no valor de R$ 1.346.167,00 (um milhão, trezentos e quarenta e seis mil, cento e sessenta e sete reais) ou, U$ 261.568,00 (duzentos e sessenta e um mil, quinhentos e sessenta e oito mil dólares). O total de investimentos ou faturamento dos meios entre as 326 agências pesquisadas em 2022 foi de R$ 21.241.515,00 (vinte e um milhões, duzentos e quarenta e um milhões, quinhentos e quinze reais), ou U$ 4.133.956,00 (quatro milhões, cento e trinta e três mil, novecentos e cinquenta e seis dólares).

Em uma rápida análise, a televisão aberta ainda é o meio com maior investimento em mídia no Brasil, com 41,7%, enquanto a televisão fechada recebe 6,3% das aplicações. A internet vem em seguida e em crescimento exponencial, correspondendo a 35,7%. O meio OOH responde por 10,2% dos investimentos totais; o rádio por 3,7%; o jornal impresso por 1,7%; as revistas impressas por 0,4%; e o cinema por 0,3%. A categoria *no media* não figura nessa lista pela dificuldade em captar todos os investimentos isolados em cada um dos recursos ou ações comunicacionais que o meio promove.

2.2
Os principais meios de comunicação

Nesta seção, abordaremos separadamente os meios de comunicação mais relevantes.

2.2.1
Revista

Revista é uma publicação periódica impressa ou *on-line*, com veiculação diária, semanal, quinzenal ou mensal, que contém informações e conteúdos relevantes para a população em geral. Pode ser dividida por setores ou editorias ou ter cunho exclusivamente corporativo. Um dos grandes diferenciais das revistas é sua capacidade de segmentação. Nenhum outro veículo condensa a possibilidade de criação de segmentos e nichos específicos para ofertas incontáveis de títulos.

A maioria das boas revistas, independentemente de linha editorial ou segmento, tem um público cativo que aumenta o valor de percepção do título, ou seja, nesse caso, o público-leitor de determinada revista pode valer mais que propriamente sua tiragem. Um exemplo prático é a revista *Veja*, que tem uma boa quantidade de assinantes em carteira. Aqui, não estamos discutindo a qualidade editorial ou as discussões que a revista promove graças às suas escolhas ideológicas e/ou editoriais.

Vantagens da revista

Alta seletividade de público: isso se dá pela enorme quantidade de títulos disponíveis no mercado. Hoje, existem revistas que contemplam os diferentes segmentos sociais, de A a E, daquela revista dirigida a amantes de determinada marca automotiva àquela que custa R$ 1,99 e é dedicada a fofocas de novelas televisivas. Assim, é possível segmentar títulos para o público masculino, jovem feminino, infantil etc.

Precificação: é um fator que pode definir o público, pois o preço de capa das edições é que segmenta o leitor. Desse modo, esse fator passa a ser preponderante para a definição de público-alvo.

Boa credibilidade: por se tratar de um registro impresso, a revista carrega consigo uma boa confiança entre seus leitores.

Boa leitura líquida: diferentemente do que se aplica ao jornal, mais de sete leitores podem dividir um mesmo exemplar para leitura. Não raro, organizações criam uma lista de leitura de determinado título e essa mesma edição circula entre os diferentes setores da organização. Essa boa distribuição favorece o custo-benefício do investimento em anúncios de revista. O custo por mil (CPM) da publicação fica menor para os clientes anunciantes.

Segmentação técnica: as revistas especializadas geralmente têm um foco mais específico em determinada editoria ou pauta, o que favorece a conversação, promovendo o processo para que as marcas se comuniquem diretamente com um público-alvo altamente segmentado.

Possibilidade de ações especiais: as revistas oferecem diversas possibilidades de ações especiais para anunciantes, como encartes, folhetos, brindes e distribuição dirigida.

Desvantagens da revista

Custo de impressão: dependendo do formato, tipo de papel, impressão e número de páginas, o valor unitário (CPM) fica alto.

Baixa flexibilidade de envio de materiais: as editoras precisam fechar rapidamente suas edições e, por isso, têm *deadline* inegociável, até pelo seu tempo de produção, que é alto.

Baixa circulação em regiões mais distantes: a distribuição nacional ainda é via caminhão (modal rodoviário), na maioria dos casos.

Requer muito investimento: para boa cobertura e frequência de inserção de anúncios.

Menor interatividade: obviamente, as revistas impressas são um meio estático, o que limita a interatividade do leitor com a mensagem publicitária e também o compartilhamento da notícia de maneira imediata.

2.2.2
Jornal impresso

O jornal impresso é o meio de comunicação que sempre serviu como leitura primária para diferentes públicos e que hoje sofre uma involução, mas que, por outro lado, se reinventa principalmente em termos comerciais, com vistas a obter uma sobrevida entre dezenas de meios mais ágeis, dinâmicos e pontuais.

O jornal carrega uma carga simbólica, difícil de ser percebida em outros meios, pela confiabilidade das informações na publicação de notícias, por meio de análise e opiniões de colunistas, invariavelmente atualizadas sobretudo em pautas regionais e nacionais.

Encontramos publicações de todas as sortes: com múltiplos formatos; com abrangências diversas (regionais, nacionais e internacionais); com periodicidade diária, semanal, quinzenal ou mensal; com distribuição no varejo (bancas para o público em geral) ou segmentada (com pautas específicas de determinado segmento ou nicho).

Na maioria dos casos, o jornal é impresso em um tipo de papel frágil, rústico, de baixa durabilidade (papel-jornal), em formato físico, distribuído em bancas de jornal, mediante assinaturas e/ou entregas diretas em domicílio. Trata-se de uma das mais antigas formas de jornalismo, que consiste em uma coleção de artigos e notícias organizados em seções ou editorias, como política, economia, polícia, esportes, cultura, entre outras.

Vantagens do jornal

Flexibilidade de veiculação: todo jornal impresso tem um horário preciso para fechamento da edição do dia (*deadline*). Dependendo da negociação ou da relação do anunciante com a editora responsável pelo jornal, pode até ser possível inserir um anúncio de última hora, por exemplo. Obviamente que, para tanto, é preciso que haja espaço para o anúncio e a possibilidade de encaixe na edição. Grandes jornais, por outro lado, estabelecem regras inalteráveis de reserva, autorização e veiculação, o que serve de impeditivo para negociações extemporâneas. De acordo com o espaço comercial, como capa de caderno, é bem possível que não esteja disponível para veiculação de última hora.

Seletividade: podemos aferir o público pelas características editoriais do jornal, por sua distribuição e pelo perfil do público-alvo, porém sem garantir uma exatidão nos dados.

Credibilidade: pela perenidade de alguns jornais que têm mais de cem anos de criação no Brasil, podemos afirmar que um dos valores simbólicos intransferíveis do impresso está relacionado com a credibilidade, difícil de ser retratada nos demais meios de comunicação.

Fidelidade ao meio: são poucos os meios de comunicação que gozam de reputação de alta leitura e, por isso, boa lealdade. O impresso normalmente é lido cotidianamente, com frequência e constância.

Regionalidade de cobertura: pequenos jornais, preocupados com o jornalismo de região ou com o seu entorno, têm boa capilaridade e lealdade entre os leitores principalmente de pequenas regiões e do interior, cobrindo espaços de leitura e conhecimento que nem todos os grandes jornais conseguem contemplar, por problemas de logística e distribuição.

Suporte a práticas de habilidades de leitura: a leitura do jornal impresso pode ajudar a desenvolver habilidades de leitura, em especial quando falamos em capacidade de interpretação, facilitando a compreensão e a leitura das matérias.

Desvantagens do jornal

Durabilidade: pela matéria-prima usada em sua fabricação, o jornal costuma ter pouco tempo de vida útil. O papel-jornal, por suas características, qualidade rústica de manufatura, absorção e gramatura, tende a, em pouco tempo, começar a amarelar, deteriorar-se, transformando (literalmente) as matérias e notícias em farelo. Mesmo as grandes editoras têm dificuldade em manter arquivos de edições de jornal, ainda que invistam pesadamente em salas refrigeradas, ambientes com temperaturas controladas etc. Em comparação com a revista, por exemplo, que tem um modo de impressão e um papel diferentes do jornal impresso, a conservação e/ou coleção desse meio se torna tarefa quase impossível.

Difícil segmentação em alguns segmentos sociais: tanto o público mais jovem como o mais humilde nem sempre têm acesso ao impresso: o mais jovem perdeu o hábito de ter o jornal impresso como leitura primária das primeiras notícias do dia, os mais pobres direcionam o valor de uma edição de jornal a outras necessidades básicas, em vez de comprar diariamente um exemplar de banca, por exemplo.

Baixa leitura líquida: justamente em virtude da qualidade de seu material, o jornal acaba por se deteriorar ao passar pela mão de várias pessoas, literalmente se desmontando e dificultando a leitura de um mesmo exemplar por vários leitores.

A média líquida de um impresso como o jornal é de no máximo quatro a cinco pessoas usufruindo do mesmo exemplar.

Impacto ambiental: a poluição do ambiente, em razão da utilização do recurso para produção, faz do jornal um meio com importante impacto ambiental.

2.2.3
Rádio

Imagine um meio de comunicação antigo. Sim, o rádio nosso de cada dia é um dos meios de comunicação mais antigos, sempre à disposição de seu público. Tem alta capilaridade geográfica, alcance relativamente bom e, por isso, boa penetração, além de concentrar bom índice de apelo popular.

Para compreender a penetração e a capilaridade do rádio, basta você fechar os olhos e tentar contar mentalmente quantos aparelhos transmissores de rádio você tem em casa ou à sua disposição: aquele 3 em 1 antigo, o radinho de pilha, o rádio relógio, o rádio da TV, o rádio do celular, do carro, entre outros.

As emissoras de rádio ainda são muito utilizadas em planos de comunicação, graças à sua presença e à penetração na maioria das regiões do país, por mais distantes que sejam. Nessas regiões, seu apelo popular é predominante.

Vantagens do rádio

Maleabilidade: diferentemente de outros meios, o rádio tem boa possibilidade de veiculação de última hora, de encaixes de emergência e, dependendo da rádio, do horário e da programação, espaços ociosos para veiculação.

Instantaneidade: os comerciais chegam em tempo real até os ouvintes, sem depender de grandes investimentos, aparatos tecnológicos e recursos inerentes a um canal de televisão, por exemplo.

Público: atende a múltiplos públicos, tem a característica de forte apelo popular e é um meio democrático na maior parte de sua programação, contemplando todos os gostos musicais, salvo rádios com programações exclusivas e voltadas especificamente para sertanejo ou *rock*, por exemplo.

Segmentação: há algumas rádios que se destacam pela maior ênfase em determinadas programações ou faixas de audiência. Por exemplo, existem rádios que têm boa audiência em suas matrizes de programação, mas se destacam transmitindo futebol em horário nobre.

Custo: o rádio é mais em conta que muitos meios, principalmente a televisão, em razão de seus custos de manutenção e transmissão, que são bem mais acessíveis aos concessionários, proprietários das faixas de rádio.

Audiência: pela sua rotatividade de programação, pode atingir um bom número de ouvintes diários, por exemplo.

Intimidade: o rádio é uma forma de mídia pessoal que pode criar uma sensação de intimidade entre o apresentador e o ouvinte, ajudando a construir relações de audiência duradouras, longevas.

Desvantagens do rádio

Apreensão da atenção: pela falta de suporte do uso de imagem, multimídia e apresentação de produtos, por exemplo, o rádio exige do ouvinte mais atenção que a televisão e/ou a internet, contando apenas com o suporte do som.

Cobertura: para se atingir uma quantidade necessária de público ouvinte, são necessárias boas quantidades de frequência, pela quantidade de opções de veículos para inserção, bem como pelo caráter de alta rotatividade de público, porque o ouvinte alterna bastante de sintonia ao longo de sua experiência.

Clareza e objetividade: os *spots*, isto é, os comerciais veiculados nos rádios, têm de ser pensados e roteirizados o mais objetiva e assertivamente possível, pela falta de suporte de imagem e pelo fato de o meio exigir mais atenção do ouvinte.

Apresentação apenas em áudio: como reforçado, o meio não admite imagens e multimídia, exigindo saídas criativas, como a inserção de sons e efeitos para tentar apreender a atenção do público ouvinte.

Dificuldade de armazenamento: as informações transmitidas pelo rádio podem ser facilmente perdidas ou esquecidas, o que torna uma forma menos útil para referência ou pesquisa posterior, porque perdemos o hábito de gravar transmissões de rádio.

2.2.4
Televisão

Vamos considerar dois tipos de televisão: TV aberta e TV fechada. A aberta é a televisão nossa do dia a dia, que transmite gratuitamente (bastando uma antena digital) os canais que nos acompanham há muitos anos: Globo, SBT, Band, Record, entre outros. Quando falamos em TV fechada, estamos nos referindo aos grandes canais de assinatura, que hoje somam mais de 800 opções para todos os tipos de audiência e gosto.

Mesmo que venham perdendo espaço e fatias de mercado importantes ao longo dos últimos anos, programas tradicionais como os programas de auditório, entre outros, ainda conquistam audiências massivas ao longo de sua programação. Há quem critique o programa Big Brother Brasil, que está em sua edição número 24, porém são 24 anos seguidos batendo recordes de audiência e de faturamento. Por isso, esses programas se perpetuam, entregando bons resultados em termos de retorno de mídia e audiência, mesmo lutando contra todas as previsões, normalmente pessimistas. Hoje, a concorrência não se limita aos canais coirmãos: notamos o avanço da TV por assinatura, mas também
a ampliação da atuação de plataformas de internet, como YouTube e Vimeo, e mais ainda dos serviços de *streaming*, como Disney Plus, Amazon Prime, Netflix, entre muitos outros, que investem pesadamente em transmissões ao vivo de programas e programação com os mais variados esportes.

Vantagens da televisão

Cobertura: é um meio "democrático" por seu formato e pelo sistema de transmissão, atingindo todas as camadas sociais, faixas etárias e gêneros. Segundo a Pesquisa Nacional por Amostra de Domicílios Contínua – Pnad (IBGE, 2024), o Brasil conta com mais de 97,4% dos lares com pelo menos um aparelho de televisão. Esse dispositivo está presente em todas as regiões, contemplando as 27 unidades da Federação, incluindo o Distrito Federal.

Compreensão dialética: dispõe de elementos audiovisuais que facilitam a percepção das mensagens – o formato permite ações com texto ou imagem estática, imagem e multimídia, exploração de efeitos sonoros e visuais, trilhas sonoras, locuções etc.

Regionalidade: o grande número de retransmissoras dos maiores canais de televisão aberta no Brasil propicia a possibilidade de geração de conteúdos regionais, bem como de programação e comerciais voltados à região de cobertura da TV. É por isso que se sobressaem coberturas locais dentro da programação diária, que invariavelmente é tomada pela maior parte de programas transmitidos via satélite e que partem das matrizes dos canais.

Desvantagens da televisão

Frequência: a baixa frequência de veiculação pode prejudicar o investimento no meio. Por suas propriedades e pela alta taxa de rotatividade de programas, o plano de mídia deve contar com um bom número de inserções para o atingimento de seus objetivos e de diferentes públicos, o que onera substancialmente as práticas e as estratégias voltadas à televisão.

Tempo de exibição: com média de 30 segundos para cada comercial, como mencionado anteriormente, a televisão exige um bom número de inserções em relação aos demais meios.

Alto custo de produção: diferentemente de uma mídia impressa, por exemplo, que exige um arquivo com um anúncio impresso dentro dos formatos do espaço comercial do jornal, a televisão requer que todo e qualquer comercial seja produzido por uma produtora de vídeo. Pela complexidade do formato, do processo de captação, gravação e edição, são necessários profissionais que deem conta dessas demandas, que não são atendidas por um único profissional. Ou seja, o formato exige a contratação de profissionais conhecedores desse tipo de mídia para gerar os melhores comerciais, até mesmo para corresponder aos padrões estabelecidos pelas transmissoras.

Alto custo de veiculação: dependendo da escolha do programa e da faixa horária de exibição, há comerciais ou inserções que facilmente ultrapassam um milhão de reais. Jornal e novelas em horário nobre, por exemplo, em uma única inserção de 30 segundos, exigem investimentos muito superiores a isso, por inserção programada.

Seletividade: em virtude de sua capilaridade e penetração nas mais diversas classes sociais, faixas etárias e gêneros, é muito difícil prever o público telespectador exato dos canais de televisão.

2.2.5
Cinema

A fotografia, um dos mais tradicionais meios, surgiu com o registro de uma câmera escura em uma placa de vidro, em 1826, feito por Nicephóre Niépce. O filme cinematográfico surgiu em 1879, criado por Ferrier, e foi posteriormente aperfeiçoado por George Eastman. O cinematógrafo surgiu em 1895 pelas mãos dos irmãos Lumière. O cinema com som aliado à imagem apareceu em 1926. A maior indústria cinematográfica atual é a indiana: o cinema indiano não se restringe a Bollywood, indústria que produz entre 1.000 e 1.500 filmes por ano e emprega cerca de 250 mil pessoas, sendo que pelo menos 100 trabalham nos *sets* de filmagem (dados de 2017) (Diniz, 2022). Os indianos lotam as salas de exibição e sustentam a marca de 3,5 bilhões de ingressos vendidos por ano. O cinema é uma forma influente de meio de comunicação, por ser uma mídia visual que permite contar histórias e transmitir mensagens de uma maneira poderosa e envolvente.

Tem o potencial de alcançar grandes audiências em todo o mundo, por meio da exibição em salas de cinemas, televisão, *streaming* e outras plataformas. O meio impacta significativamente na cultura popular, influenciando áreas como a moda, a música, a linguagem e as tendências em geral.

É uma manifestação de arte que permite a expressão criativa e a exploração de temas complexos. Os filmes podem abordar questões sociais, políticas, culturais e históricas, possibilitando que o público reflita sobre esses assuntos e desenvolva uma compreensão mais profunda e empática do mundo ao seu redor.

Vantagens do cinema

Entretenimento e grande impacto visual: o cinema é uma das formas mais cultuadas de entretenimento em todo o mundo. As pessoas podem assistir a filmes em uma tela gigante e com som de alta qualidade e fidelidade, o que pode tornar a experiência mais envolvente e emocionante.

Forma de arte: muitos filmes são considerados obras-primas da arte cinematográfica. O cinema possibilita a contação de histórias de maneiras únicas e criativas, combinando a narrativa visual com a musicalidade da trilha sonora.

Seletividade e segmentação: o público do cinema normalmente é jovem e qualificado, ou seja, comumente tem por hábito frequentar as salas de projeção.

Cobertura: pelo número de salas exibidoras, dependendo da região, tem boa cobertura local.

Flexibilidade de ações pontuais e promocionais: permite ações diferenciadas de *marketing* e comunicação.

Desvantagens do cinema

Custo: ir ao cinema pode ser caro, especialmente se as pessoas quiserem comprar pipoca, refrigerante e outras guloseimas. Além disso, alguns cinemas cobram preços mais altos para filmes em 3D ou Imax. Nesse sentido, o custo de material para exibição em filme (cinema) pode ser tão ou mais alto do que em televisão.

Lentidão de impacto total: a cobertura geográfica pode ser boa, porém a audiência é lenta pela baixa frequência de boa parte dos espectadores.

Conteúdo inapropriado: alguns filmes podem ter conteúdo inadequado para crianças ou ofensivo para algumas pessoas. Isso pode limitar o público que deseja assistir a filmes no cinema, obrigando o anunciante a ampliar suas escolhas em gêneros e faixas etárias.

Experiência: alguns cinemas podem ter assentos desconfortáveis, temperaturas descalibradas ou problemas de som ou imagem que podem afetar a qualidade da experiência de visualização. Por outro lado, o espectador não tem a prerrogativa de usar um controle remoto para "zapear" e bloquear ou alternar a exibição de comerciais.

Forte concorrência de outras mídias: o cinema está competindo com outras formas de entretenimento, como *streaming* de filmes, programas de TV fechada e *videogames*. Pode limitar a quantidade de público que deseja desfrutar dessa mídia e afetar a lucratividade dos cinemas.

2.2.6
Outdoor

O OOH é exibido em ambientes externos, como ruas, avenidas, praças e estradas (normalmente dentro de terrenos particulares), para divulgar mensagens publicitárias. Nesses espaços há uma alternância de formatos de anúncios OOH: painéis luminosos, *banners*, letreiros, tótens, *outdoors*, entre muitos outros.

Sua ideia é impactar os diferentes públicos que estejam majoritariamente em movimento, ou seja, enquanto transitam pelas ruas, a pé, de carro, ônibus, trem ou metrô. Por essas características, os anúncios precisam contar com mensagens simples, rápidas, objetivas e impactantes, que possam ser lidas em poucos segundos ou de passagem.

Vantagens do *outdoor*

Exposição: ainda que óbvia, essa vantagem está diretamente ligada ao tamanho e ao porte das placas. O *outdoor* tradicional, por exemplo, conta com quase 27 metros quadrados de exposição, uma vez que as placas (normalmente) seguem o padrão 3:1, isto é, 9 metros de largura por 3 de altura.
Há ainda placas maiores geminadas em menores, como em tótens e mobiliários urbanos (MUBs).

Resultado: pela quantidade de impactos do meio (o indivíduo passa diversas vezes na frente de uma placa, por ser seu caminho de casa, por exemplo), o índice de *recall* do meio é muito bom.

Indicação/localização: as placas, dependendo da localização, podem servir como referências geográficas da marca, por exemplo.

Exposição: é de 24 horas por dia e, dependendo do local em que foi programado, se o tráfego de pessoas ou veículos for alto, seu impacto será proporcional.

Efeito de repetição: a instalação de um *outdoor* em um local frequente permite que o anúncio seja visto diversas vezes, o que pode ter um efeito positivo na lembrança da marca ou nas características e/ou imagens do produto.

Desvantagens do *outdoor*

Custo: ainda que seja uma mídia relativamente barata em relação às demais, uma das desvantagens da mídia pode ser o custo de produção, se forem utilizados, por exemplo, iluminações especiais, apliques, peças mecânicas, suportes diferentes de impressão, entre outros.

Capilaridade: cada região do Brasil tem uma política e um sistema de cobrança, portanto uma campanha nacional pode custar mais caro que o normal.

Avaliação de resultados: a não ser pela localização exata da placa (por exemplo, em um bairro de alta classe), é difícil mensurar com exatidão quais são os públicos impactados pelo meio.

Durabilidade: os *outdoors* tradicionais têm como prática comum a veiculação máxima por duas semanas ou até 14 dias, porque o papel – suporte da impressão e da mensagem –, em razão da chuva e do sol, por exemplo, pode se deteriorar muito mais facilmente do que outros modelos de mídia *outdoor*.

Restrições regulatórias: em algumas áreas, existem leis que limitam o tamanho, o local e o conteúdo dos *outdoors*, o que pode restringir a eficácia da publicidade.

Poluição visual: a grande quantidade de *outdoors* em algumas áreas pode levar a uma poluição visual e uma sensação de sobrecarga para algumas pessoas.

2.2.7
No media

No media é uma terminologia relacionada a uma abordagem na produção e distribuição de conteúdo que não depende dos canais tradicionais de mídia, como televisão, jornais e rádio, nem de ações digitais (internet e meios sociais), mas que serve de suporte para ações comunicacionais.

A abordagem *no media* pode ser vista como uma alternativa aos meios de comunicação tradicionais e *on-line*, que muitas vezes são controlados por um pequeno número de organizações e que, dependendo de sua aplicação, podem ter alto custo. Ao permitir que os indivíduos e pequenas organizações produzam e distribuam materiais diversos, o *no media* oferece a possibilidade de diversificar e personalizar a mídia, admitindo uma maior variedade de perspectivas e vozes.

Nesse caso, vantagens e desvantagens estão relacionadas a **cada ação que for planejada** para cada problema comunicacional de marcas, produtos e serviços. Como não pensamos *no media* como uma ação isolada ou como única ação de mídia, mas como suporte comunicacional, quanto melhor for sua personalização, melhores serão os resultados.

2.2.8
Internet e meios digitais

É difícil enquadrar a internet em uma categoria específica de mídia, por seu formato, sua atuação e sua abrangência. É um meio ou canal de comunicação, mas por sua complexidade é muito mais do que isso: acaba sendo uma reunião de múltiplas possibilidades, assumindo características de cada um dos meios já existentes e disponíveis.

A internet carrega o peso e a potência dos audiovisuais da televisão, o som e a capacidade do rádio, a interatividade do digital e da multimídia, a capilaridade e o alcance dos meios globais. Porém, é consenso que essa mídia ou tecnologia de comunicação tem um diferencial que a destaca em comparação a outros meios: diariamente se reinventa, evolui, permitindo e favorecendo novas experiências e práticas que os meios tradicionais não conseguem implantar tão facilmente. Não por acaso, é o meio (ou mídia) que mais cresce em termos de investimentos publicitários no Brasil ano a ano.

Vantagens da internet

Alcance global: a internet possibilita que as organizações atinjam um público global sem as limitações geográficas das mídias tradicionais.

Custo-benefício: a publicidade na internet geralmente é menos custosa do que em outros meios de comunicação, permitindo que organizações com orçamentos menores possam competir no mercado. Obviamente, quanto mais complexa for a campanha em termos de inserções, patrocínios e capilaridade, mais caras serão as ações planejadas.

Avaliação e análise: a internet possibilita que as organizações mensurem com precisão o desempenho de suas campanhas de mídia, incluindo o número de visualizações, cliques, compartilhamentos e conversões.

Segmentação: a publicidade na internet permite que as organizações segmentem seu público-alvo com base em diversos critérios e classes sociais, geográficas, etárias etc.

Interatividade: a internet oferece aos consumidores a possibilidade de interagir com as organizações de forma imediata, por meio de canais como *chat*, comentários, compartilhamento e *e-mails*.

Desvantagens da internet

Concorrência: a publicidade na internet é altamente competitiva, e organizações de todos os tamanhos estão disputando espaço no mercado digital.

Desconfiança do público: muitos usuários da internet ainda são céticos em relação a anúncios *on-line*, o que pode reduzir a eficácia das campanhas de publicidade. Isso se dá pelo ineditismo, mas também pelo excesso de exposição das marcas em alguns casos.

Sobrecarga de informação: o grande número de anúncios e informações disponíveis na internet pode levar à sobrecarga de informações acessadas pelos usuários, o que pode prejudicar a eficácia das campanhas de publicidade. Não raro, os usuários consideram essa prática invasiva.

Ameaças à privacidade: a publicidade na internet ainda suscita preocupações sobre a privacidade dos dados dos usuários, o que pode afetar direta e negativamente a confiança do público nas organizações.

Ad-blockers: muitos usuários utilizam bloqueadores de anúncios para evitar a exibição de publicidade *on-line*, o que pode limitar bastante o alcance das campanhas de publicidade.

Esses são apenas **exemplos de meios de comunicação possíveis** para compor um plano de mídia. A verdade é que **não existe um meio de comunicação melhor que outro** para veicular ou exibir determinada marca, primeiramente pela unicidade do caso e do problema e, em segundo lugar, pelo fato de que todos os meios carregam em si vantagens e desvantagens de aplicação. Apenas essa observação já faz caírem por terra as falsas promessas de meios e veículos que se autodeclaram "os meios ideais ou perfeitos para sua marca".

O que percebemos e reforçamos é a necessidade do desenvolvimento de um plano de mídia cada vez mais especializado, mais personalizado, voltado para as reais necessidades do cliente em questão.

A seguir, um presente deste livro para você: uma lista com dezenas de ações possíveis e alguns exemplos básicos para um cliente de mídia. Na figura, os veículos apontados são meramente ilustrativos.

Isso pode ser o ponto de partida para os seus planos de mídia! Aproveite!

Figura 2.1 Ações possíveis para determinados tipos de clientes

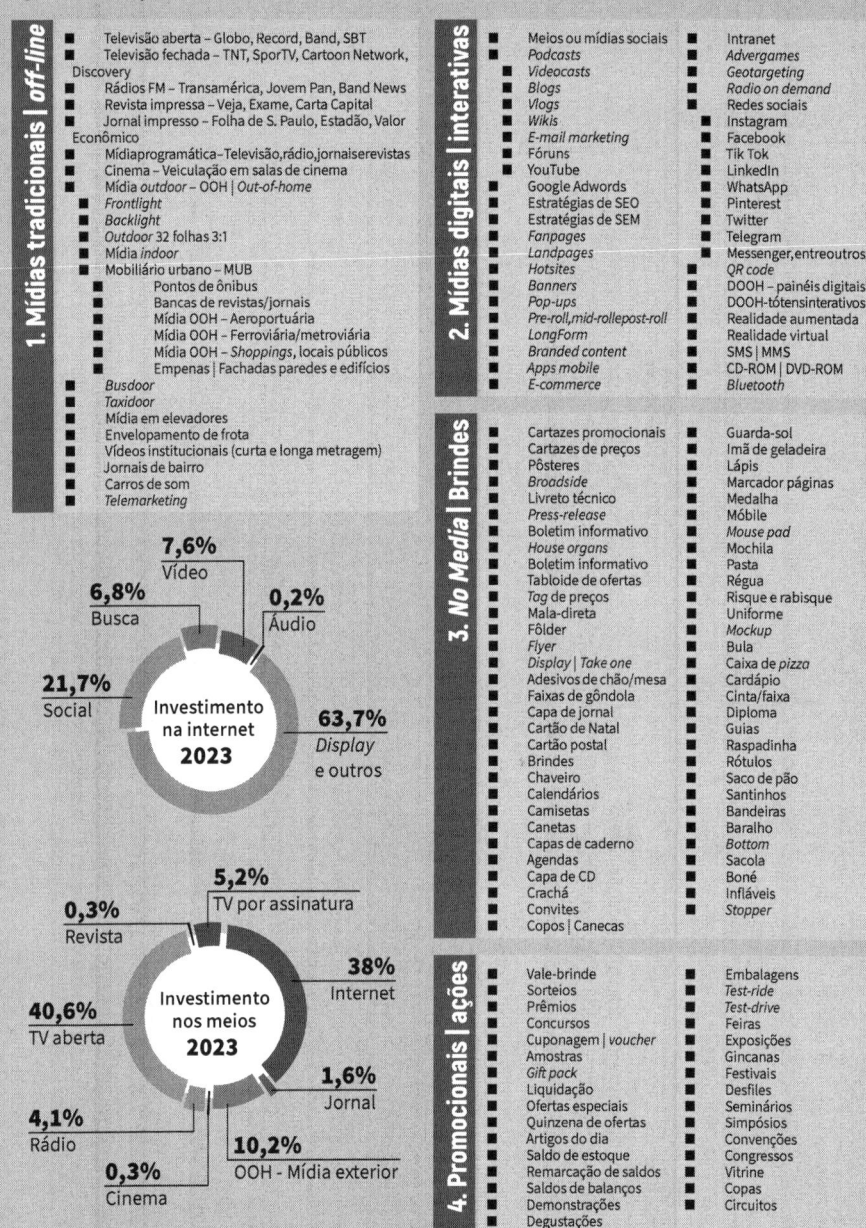

1. Mídias tradicionais | off-line
- Televisão aberta – Globo, Record, Band, SBT
- Televisão fechada – TNT, SporTV, Cartoon Network, Discovery
- Rádios FM – Transamérica, Jovem Pan, Band News
- Revista impressa – Veja, Exame, Carta Capital
- Jornal impresso – Folha de S. Paulo, Estadão, Valor Econômico
- Mídia programática – Televisão, rádio, jornais e revistas
- Cinema – Veiculação em salas de cinema
- Mídia outdoor – OOH | *Out-of-home*
  - *Frontlight*
  - *Backlight*
  - *Outdoor* 32 folhas 3:1
- Mídia *indoor*
- Mobiliário urbano – MUB
  - Pontos de ônibus
  - Bancas de revistas/jornais
  - Mídia OOH – Aeroportuária
  - Mídia OOH – Ferroviária/metroviária
  - Mídia OOH – *Shoppings*, locais públicos
  - Empenas | Fachadas paredes e edifícios
- *Busdoor*
- *Taxidoor*
- Mídia em elevadores
- Envelopamento de frota
- Vídeos institucionais (curta e longa metragem)
- Jornais de bairro
- Carros de som
- *Telemarketing*

2. Mídias digitais | interativas
- Meios ou mídias sociais
- *Podcasts*
- *Videocasts*
- *Blogs*
- *Vlogs*
- *Wikis*
- *E-mail marketing*
- Fóruns
- YouTube
- Google Adwords
- Estratégias de SEO
- Estratégias de SEM
- *Fanpages*
- *Landpages*
- *Hotsites*
- *Banners*
- *Pop-ups*
- *Pre-roll, mid-roll post-roll*
- *LongForm*
- *Branded content*
- *Apps mobile*
- *E-commerce*
- Intranet
- *Advergames*
- *Geotargeting*
- *Radio on demand*
- Redes sociais
- Instagram
- Facebook
- Tik Tok
- LinkedIn
- WhatsApp
- Pinterest
- Twitter
- Telegram
- Messenger, entre outros
- QR code
- DOOH – painéis digitais
- DOOH-tótens interativos
- Realidade aumentada
- Realidade virtual
- SMS | MMS
- CD-ROM | DVD-ROM
- Bluetooth

3. *No Media* | Brindes
- Cartazes promocionais
- Cartazes de preços
- Pôsteres
- *Broadside*
- Livreto técnico
- *Press-release*
- Boletim informativo
- *House organs*
- Boletim informativo
- Tabloide de ofertas
- *Tag* de preços
- Mala-direta
- Fôlder
- *Flyer*
- Display | Take one
- Adesivos de chão/mesa
- Faixas de gôndola
- Capa de jornal
- Cartão de Natal
- Cartão postal
- Brindes
- Chaveiro
- Calendários
- Camisetas
- Canetas
- Capas de caderno
- Agendas
- Capa de CD
- Crachá
- Convites
- Copos | Canecas
- Guarda-sol
- Imã de geladeira
- Lápis
- Marcador páginas
- Medalha
- Móbile
- *Mouse pad*
- Mochila
- Pasta
- Régua
- Risque e rabisque
- Uniforme
- *Mockup*
- Bula
- Caixa de *pizza*
- Cardápio
- Cinta/faixa
- Diploma
- Guias
- Raspadinha
- Rótulos
- Saco de pão
- Santinhos
- Bandeiras
- Baralho
- *Bottom*
- Sacola
- Boné
- Infláveis
- *Stopper*

4. Promocionais | ações
- Vale-brinde
- Sorteios
- Prêmios
- Concursos
- Cuponagem | *voucher*
- Amostras
- *Gift pack*
- Liquidação
- Ofertas especiais
- Quinzena de ofertas
- Artigos do dia
- Saldo de estoque
- Remarcação de saldos
- Saldos de balanços
- Demonstrações
- Degustações
- Embalagens
- *Test-ride*
- *Test-drive*
- Feiras
- Exposições
- Gincanas
- Festivais
- Desfiles
- Seminários
- Simpósios
- Convenções
- Congressos
- Vitrine
- Copas
- Circuitos

Investimento na internet 2023
- 7,6% Vídeo
- 0,2% Áudio
- 6,8% Busca
- 21,7% Social
- 63,7% Display e outros

Investimento nos meios 2023
- 5,2% TV por assinatura
- 0,3% Revista
- 38% Internet
- 40,6% TV aberta
- 1,6% Jornal
- 4,1% Rádio
- 10,2% OOH - Mídia exterior
- 0,3% Cinema

Fonte: Elaborado com base em Cenp, 2024.

Cabe ressaltar que especializar-se e aprofundar-se nesses meios faz parte do trabalho do mídia, para ter "na manga" as melhores opções de meios para seus clientes e para seus problemas comunicacionais.

No próximo capítulo, examinaremos alguns conceitos necessários e vitais para o dia a dia do *planner* de mídia. Lidar com cada um desses conceitos é tarefa cotidiana da área e de seus times.

Síntese

Precisamos conhecer o mercado para conhecer nosso campo de batalha. Sun Tzu, há mais de 2500 anos, já ditava uma das frases mais célebres em termos de estratégia: "Conheça teu inimigo e conheça a ti mesmo; e em cem batalhas você nunca estará em perigo".

Embora soe como um clichê, é a maior das verdades: Como posso ir para a guerra se não conheço meu exército e meu campo de batalha? Como investir milhares de reais em canais ou meios de comunicação que eu não conheço ou nos quais não tenho experiência? Por isso, neste capítulo, abordamos os principais meios de comunicação, bem como suas vantagens e desvantagens. Deixamos claro que não existe meio de comunicação que seja melhor; o que existe são múltiplas possibilidades que, quando bem trabalhadas, suprem necessidades emergentes relacionadas a cada um dos problemas dos clientes. Cada caso é um caso. E, para cada dor, um remédio, uma solução!

Questões para revisão

1) De que maneira as diferenças pontuais entre os múltiplos meios de comunicação podem ser utilizadas como fatores diferenciais em um planejamento de mídia?

2) A evolução da comunicação e da mídia é notável e constante. Qual é a importância de nos adaptarmos a essa realidade e compreendermos as mudanças nos hábitos e costumes do público consumidor para o sucesso de um projeto?

3) Por que o *prime time* sempre trouxe bons resultados em mídia?

   a) Reunia os melhores programas de uma mesma faixa de programação.
   b) Era a escolha aleatória de programas de comunicação de massa.
   c) Interagia com um número alto de ouvintes.
   d) Ouvintes e telespectadores sempre acessavam esse tipo de programa.
   e) Porque era a faixa horária de maior audiência, principalmente graças ao baixo número de canais de TV aberta.

4) Qual das seguintes opções apresenta uma **desvantagem** da internet?

   a) Permite que as pessoas se conectem e compartilhem informações com facilidade e rapidez.
   b) Pode ser usada como uma ferramenta para disseminar informações falsas e prejudiciais.
   c) Possibilita a realização de transações comerciais e financeiras de forma segura e confiável.

d) Oferece acesso fácil e gratuito a um vasto acervo de conteúdos educacionais e culturais.
e) Permite que as pessoas mantenham contato com amigos e familiares que estão distantes geograficamente.

5) Qual das alternativas a seguir **não** é uma vantagem do *outdoor*?
   a) Exposição 24 horas por dia.
   b) Resultado positivo de *recall* do meio.
   c) Possibilidade de servir como referência geográfica da marca.
   d) Capacidade de exibição de mensagens longas e detalhadas.
   e) Efeito de repetição para aumentar a lembrança da marca.

Questões para reflexão

1) Comente sobre um diferencial da revista que pode influenciar o valor de percepção do título da publicação.

2) Quais são as vantagens do jornal impresso em termos de flexibilidade de veiculação e credibilidade?

3) Como a questão da instantaneidade possibilita ao rádio – que é um veículo muito tradicional – criar formatos e tirar vantagem competitiva dessa característica?

Estudo de caso

Os terceiros da comunicação: Quem são os melhores fornecedores para agências de publicidade e propaganda da região? Um estudo de caso da ConnectCom

Contexto:

Uma agência de *marketing* e comunicação chamada ConnectCom foi contratada por uma Câmara de Comércio local para realizar um grande evento com as empresas e organizações que atuam no setor de mídia e entretenimento em uma determinada região do Brasil. O objetivo do projeto é entender a infraestrutura de produtos e serviços disponíveis na área de comunicação e *marketing* e, assim, identificar possíveis parceiros para futuras colaborações, parcerias comerciais e eventos.

Metodologia:

a) **Definição da região de estudo**: a pesquisa se concentra em uma cidade de médio porte e sua área circunvizinha, abrangendo uma área geográfica específica com um raio de 50 quilômetros.

b) **Levantamento preliminar**: a equipe da ConnectCom realiza uma análise inicial usando fontes públicas, como registros governamentais, dados da junta comercial da cidade, diretórios empresariais locais e associações do setor, para identificar empresas e organizações relevantes e passíveis de relações comerciais espalhadas pela região.

c) **Pesquisa de campo**: são realizadas visitas às organizações locais mapeadas, entrevistas e reuniões com representantes do setor terceirizado, incluindo editoras, gráficas, produtoras de áudio e vídeo e organizadores de eventos. Durante essas interações, são coletadas informações sobre os serviços oferecidos, a capacidade de produção, a reputação no mercado e as áreas de especialização de cada organização, bem como são sinalizadas para futuras parcerias comerciais.

d) **Análise de dados**: os dados coletados são organizados e analisados para reconhecer padrões e tendências de fornecedores que têm potencial para se tornarem parceiros comerciais da agência. Isso inclui a identificação de organizações líderes, lacunas no mercado, oportunidades de colaboração e áreas de crescimento potencial.

Esse estudo identifica uma variedade de empresas e organizações atuantes no setor de comunicação, *marketing* e entretenimento na região, incluindo editoras de livros e revistas, gráficas especializadas em impressão, produtoras de áudio e vídeo e empresas de organização de eventos. Algumas das empresas identificadas são reconhecidas como líderes de mercado nas respectivas áreas, enquanto outras estão emergindo como novos *players* com potencial de crescimento.

Prática:

No capítulo anterior, sugerimos a criação de um mapa com meios e veículos atuantes de sua região. Vamos agora realizar um levantamento de terceiros da comunicação? Quais são as organizações que prestam serviços em comunicação, *marketing* e eventos em sua região? Crie um guia de serviços terceirizados da região em que você mora ou atua. Essa carteira de fornecedores poderá ser importante para que você, amanhã ou depois, possa trabalhar profissionalmente com comunicação. Mãos à obra!

3

Conceitos básicos de mídia

Conteúdos do capítulo

- Mídia, meios e veículos.
- Conceitos de alcance e cobertura.
- Cálculo de audiência.
- Coleta de dados do audiovisual.
- Coleta de dados de mídia impressa.
- Mídia de *performance*.

Após o estudo deste capítulo, você será capaz de:

1. diferenciar os conceitos de mídia, meios e veículos;
2. entender conceitos importantes de mídia, como alcance, cobertura e audiência, compreendendo e naturalizando suas aplicações no cotidiano da função de planejamento de mídia;
3. compreender como ocorrem os diferentes tipos de coleta de dados e resultados dos meios, em especial do audiovisual e da mídia impressa;
4. entender o conceito de mídia de *performance*.

3.1
Mídia, meios e veículos

Quando pensamos em *mídia*, no contexto epistemológico da palavra, estamos nos referindo diretamente à forma como as informações comunicacionais são produzidas, disseminadas e recepcionadas pelos indivíduos e pela sociedade. Entendemos que a **mídia** é uma construção social que engloba múltiplos processos de produção, circulação e compartilhamento do conhecimento, afora questões políticas, econômicas e culturais.

Em comunicação, *mídia* remete à palavra francesa *médium*, que representa meio ou veículo, e ao conceito, em inglês, de *mass media*, que significa "mídia de massa" e contempla meios que impactam muitas pessoas, como TV, rádio e internet.

Buscando identificar conceitos ainda mais locais, percebemos outras acepções para o termo, como:

- o **profissional que trabalha** com as ferramentas e estratégias de mídia;
- a **área da agência de propaganda**, ou da agência de *marketing* digital, que é executora de planos e estratégias que envolvam meios e veículos de comunicação, primeiro compreendendo os problemas do cliente ou da marca e formatando planos que contemplem investimentos, frequência, impacto, tempo, alcance, entre outros fatores que, conjugados, deverão gerar resultados importantes para aquele *job* ou projeto.

Dito isso, cabe observar que os profissionais, os acadêmicos e os clientes utilizam sem distinção os dois termos como se fossem sinônimos: *meios* e *veículos*. Por uma questão de adequação de contexto, nesta obra, propomos uma diferenciação entre *meios* e *veículos*, sendo **meios** todos os suportes, recursos e/ou instrumentos comunicacionais como televisão, rádio, *display* e internet; e **veículos** os representantes ou exploradores concessionários desses recursos, suportes ou instrumentos, como *O Globo*, *Veja* e SBT.

Para Sant'Anna (2011, p. 29), "veículos são os meios, formas ou recursos capazes de levar ao conhecimento do público-alvo a mensagem publicitária". Assim fica mais simples compreender a diferença entre os meios – como suportes de transmissão de mídia – e os veículos – como representantes comerciais desses meios.

Ficou claro? Eis mais alguns exemplos:

- Meio: revista. Veículo: *Veja*.
- Meio: televisão. Veículo: Rede Record.
- Meio: internet. Veículo: G1.

Esses são alguns exemplos aleatórios entre múltiplas possibilidades.

3.2
Conceitos de alcance e cobertura

Alcance é o índice de diferentes pessoas ou domicílios (únicos, não duplicados) expostos **no mínimo uma vez** a um veículo ou a múltiplos canais e veículos. É expresso em porcentagem ou em número absoluto (*reach*).

Portanto, refere-se ao número de vezes, em um período predefinido (em média, quatro semanas ou um mês), que clientes ou públicos-alvo estiveram expostos ao veículo e, por consequência, à mensagem, ao comercial do cliente.

Se, por exemplo, a média for 5.0, é sinal de que o público-alvo estará exposto cinco vezes à mensagem. Felizmente, nem todos os indivíduos desse mesmo público serão impactados igualmente. Por isso mesmo não convém apostar em uma única mídia.

O melhor caminho de cálculo é a média: total de impactos dividido pelo total de pessoas expostas. Por exemplo, 3 milhões de impactos divididos por 1 milhão de pessoas (público) geram um fator de frequência igual a 3.0.

A **cobertura**, por outro lado, refere-se à porcentagem do público total que foi exposto à mensagem ou conteúdo específico. Em outras palavras, é a proporção do público total que recebeu a mensagem. No caso de um anúncio em *outdoors* tradicionais, em 3 diferentes pontos, por exemplo, e que impactou mais de 100 mil pessoas em um universo de 500 mil pessoas em uma cidade, a cobertura foi de 20%. Outra forma de calcular é por estimativa, usando-se justamente dados reais de veículos e meios, importantes para valorar esses números.

Vale lembrar que os bons veículos dispõem de dados importantes em seus *media kits*, tabelas de preços que podem auxiliar bastante na construção das defesas de mídia. No mercado, é consenso a seguinte métrica de avaliação de cobertura e alcance:

a) **alta cobertura**: alcance de 70% a 99% do público;
b) **média cobertura**: atingimento entre 40% e 69% do público;
c) **baixa cobertura**: até 39% de público impactado.

Investimento em comunicação e em mídias de alta cobertura colabora em diversos tipos de campanha e ações que precisem gerar resultados práticos rápidos.

3.3
Cálculo da audiência

Muito embora o termo *audiência* esteja relacionado diretamente com atividades ligadas ao rádio e à televisão, pode ser utilizado também em referência ao índice de pessoas que foram impactadas por diferentes suportes comunicacionais ou meios além do audiovisual, sendo a denominação comumente aceita pelo mercado.

A **audiência** pode ser entendida como a totalidade de pessoas que são impactadas pelo conteúdo editorial de uma revista ou jornal, indivíduos que assistem a um programa televisivo (ou parte), pessoas que trafegam em ruas que contam com placas de OOH, usuários que acessam a internet e, justamente por isso, são os diversos públicos-alvo de estratégias e ações de mídia.

Assim, a palavra *audiência* ganha novos contornos e definições contemporâneas de mercado. A audiência ainda é subdividida em diversos conceitos importantes, como veremos na sequência.

- **Audiência acumulada bruta**: é a soma das audiências de uma matriz ou grade de programação em determinado veículo, ou em diversos veículos, caracterizando-se a superposição. Para a audiência bruta, é preciso pensar em avaliar os impactos ou a soma total de impactos. Por exemplo, é a audiência acumulada bruta do veículo A é de 40 pontos; no veículo B, a audiência acumulada é de 20 pontos; o resultado nesse caso será de 60 pontos (A+B), ou a totalidade de GRP (*Gross Rating Points*) é de 60 pontos de audiência bruta acumulada. Aqui, são desprezados quaisquer valores de superposição que possa existir entre essas duas audiências.
- **Audiência líquida**: é a totalidade de indivíduos distintos (acesso único) que são impactados quando se considera a audiência de múltiplos veículos, desprezando-se a superposição. É o contrário da audiência bruta.
Como exemplo, vamos considerar dois programas distintos de rádio veiculados no mesmo horário, em diferentes canais: o programa A tem 30 pontos de audiência e o programa B tem 20 pontos; a superposição de audiência bruta acumulada entre ambos é de 10%, isto é, 10% dos ouvintes estão expostos aos dois programas (A−B).

- **Audiência média**: é a média de pessoas que são impactadas por um comercial transmitido em diversos veículos ou múltiplas vezes no mesmo veículo. É o resultado do somatório de audiências comprovadas nas diferentes inserções dividido pelo número de veiculação. Por exemplo, se a mensagem publicitária foi veiculada em quatro programas televisivos de, respectivamente, 25, 35, 10 e 20 pontos de audiência, a audiência média será de 22,5 pontos.
  - 25 + 35 + 10 + 20 ÷ 4 = 22,5 pontos = audiência média
- **Audiência primária**: é o público-alvo mais importante da mensagem publicitária, ou seja, a audiência qualificada que faz parte da audiência da campanha.
  É chamada também de *audiência efetiva*. Os indivíduos que não foram alcançados por essas métricas podem ser considerados como audiência secundária.
- **Audiência cativa ou audiência fiel**: é a audiência habitual, contumaz, de um determinado veículo de comunicação (canal televisivo, jornal etc.). É preciso tomar cuidado com dados de clientes "fiéis", ou clientes que costumam sempre consumir um mesmo tipo de mídia, pela volatilidade do conceito.
  Pessoas que desenvolvem fidelidade vão além de características unicamente de perfil social, de poder aquisitivo. Leitores, quando optam por mídia impressa, como jornais ou revistas, cortarão despesas de alguma outra coisa para poder continuar usufruindo de sua mídia predileta.
- **Audiência duplicada**: são os indivíduos impactados por uma mensagem transmitida por diversos veículos.
  Tal fenômeno é denominado *superposição* ou *duplicação*.

3.4
Coleta de dados do audiovisual

A audiência é calculada por meio do audímetro, que é um pequeno aparelho eletrônico que registra intercaladamente (minuto a minuto) as emissoras escolhidas ou sintonizadas em determinado aparelho de televisão. Institutos de audiência ou pesquisa, como o Instituto Brasileiro de Opinião Pública e Estatística (Ibope), utilizam o *peoplemeter* (variação do audímetro) para essa aferição. Por meio do constante envio de ondas de rádio ou de conexão telefônica, o dispositivo remete, em tempos cronometrados (minuto a minuto, ou ainda, a cada cinco minutos), informações para uma central que arquiva dados acerca dos canais utilizados por aquele usuário, nesse caso, o telespectador que tem o aparelho instalado em sua residência.

Esses dispositivos favorecem o levantamento *real time*, ou seja, em tempo real, permitindo o monitoramento dos canais, que podem modificar sua programação ou atração também em tempo real, adaptando suas grades para contemplar um maior número de público e aumentar sua audiência. No Brasil, segundo levantamento da *Folha de S.Paulo*, existem instalados mais de 4 mil aparelhos *peoplemeter*, sendo que só na Grande São Paulo existem mais de 700 rastreando os sinais de audiência residencial.

Todos os dados levantados pelo Ibope são compilados no projeto denominado Painel Nacional da Televisão, que é disponibilizado pela empresa para seus assinantes. A escolha da família que utilizará o aparelho é bastante criteriosa e tem dados consolidados do Instituto Brasileiro de Geografia e Estatística (IBGE) para a amostragem. O Ibope não remunera a família que emite as informações durante o período de vigência da parceria (em média, de um a quatro anos), porém costuma presentear os domicílios colaboradores com lembranças. Um dado interessante e relevante e que deve ser sempre pesquisado é a quantidade de domicílios com televisão no Brasil. Segundo a EDTV PYXIS Ibope 2022, os números são os mostrados na tabela a seguir.

Tabela 3.1 Domicílios com televisão no Brasil, em 2022

Regiões	Domicílios com TV	Posse
Norte	4.983.420	91,26%
Nordeste	17.508.052	94,66%
Sudeste	30.744.877	97,56%
Centro-Oeste	5.297.637	95,57%
Sul	10.617.196	97,40%

Fonte: Elaborado com base em Kantar Ibope Media, 2024.

3.5
Coleta de dados na mídia impressa

Enquanto na mídia audiovisual são utilizados instrumentos de medição eletrônica, nos impressos, como publicações semanais, por exemplo, o critério de mensuração de quantidade é justamente o de circulação total do periódico.

Assim, existem institutos como o Instituto Verificador de Comunicação (IVC), que é o responsável pela contagem e pela medição da tiragem dos impressos das editoras que são suas afiliadas. Desse modo, a média nacional é estabelecida pela contagem dos exemplares impressos de determinada edição multiplicada por quatro. Isso porque quatro é a média de leitura líquida nacional, ou seja, para cada edição impressa, estabelece-se como padrão que quatro pessoas deverão ler aquele mesmo impresso.

É difícil afirmar com uma certeza de dados que esse tipo de medição é fiel, justamente porque essa leitura pode variar para mais ou para menos, não sendo assim um reflexo preciso ou exato da realidade. Contudo, a medição é necessária e importante.

O ideal é não utilizar esses dados de forma isolada; no entanto, eles devem ser levados em consideração por causa da ausência de dados mais precisos para esse tipo exclusivo de mídia.

Fórmula de contagem dos impressos

Número de impressos de 1 edição × 4 leitores = média de leitura

O IVC costuma ainda enviar relatórios periódicos para seus assinantes, aferindo e registrando comprovantes de impressão e separando os números em vendas para assinantes, vendas avulsas e circulação gratuita, por exemplo.

3.6
Mídia de *performance*

Uma das maiores dúvidas de pessoas que passam a investir em comunicação, nos seus mais diferentes canais, meios e veículos é: **Qual será o retorno desses investimentos para o meu negócio?**

Em termos de mídias tradicionais, os métodos de mensuração e valoração de resultados evoluíram significativamente nos últimos 15 anos, com demonstrações cada vez mais claras dos recursos aplicados *versus* resultados obtidos.

Quando pensamos em mídias digitais ou *marketing on-line*, esses números aparecem ainda mais claramente para os investidores, pela possibilidade de rastreamento, de monitoração de todos os passos do cliente até o ato da compra, do fechamento do negócio.

Quando falamos em mídia de *performance*, estamos tratando diretamente de canais ou veículos pagos passíveis de serem utilizados como recursos de propaganda ou comunicação digital.

Já vimos ao longo deste livro que, quando optamos por investir (e não gastar) em mídias digitais, buscamos índices como precisão, agilidade e eficiência para o atingimento dos objetivos de mídia.

Tal como na mídia tradicional, quando se trata de planejamentos de mídia digital, existe na ponta um anunciante com um objetivo e uma meta claros para aquele momento do negócio – a utilização de uma plataforma de mídia (buscador, portal, *blog*, meio, rede ou mídia social) que obviamente tenha aderência e alcance em relação ao público desejado.

A capacidade de segmentação e de personalização de mensagens faz das mídias sociais (não confundir com redes sociais) e do *marketing* digital ferramentas eficazes e assertivas por lançar mão de análise precisas por meio de instrumentos específicos disponíveis nas próprias plataformas e redes (Google Analytics, Facebook Analytics, Instagram Analytics, WhatsApp Analytics, entre outras), os quais, por meio de seus *dashboards* de verificação e análise, fornecem recursos, métricas e atalhos visuais importantes para o diagnóstico das ações da marca, do produto e do serviço.

Nesse tipo de veiculação ou campanha, é possível monitorar todo o desempenho da propaganda e publicidade, bem como ações, rastros e passos do usuário na plataforma, especialmente aquelas atividades que geraram resultados. Aqui, observa-se o diferencial desse tipo de veiculação, de comunicação: o cliente (anunciante) só pagará pelas ações que efetivamente trouxerem resultados, ou por sua *performance*, diferentemente do que ocorre na mídia tradicional, que é paga por veiculação, trazendo ou não resultados para a marca.

No caso, por exemplo, da televisão, ao se anunciar nacional ou regionalmente, independentemente do programa em que sejam feitas as inserções, o retorno imediato do investimento naqueles trinta segundos de comercial não é garantido. Pode ser até mesmo que tais comerciais passem desapercebidos aos olhos dos consumidores. O pagamento da veiculação é realizado pela quantidade de audiência que determinado comercial pode atingir, e não pelo número de pessoas que de fato foram impactadas pela mensagem.

A mídia de *performance* vem justamente para – por meio do rastreamento das ações do usuário ao ser impactado por uma mensagem (via publicidade e/ou propaganda) – possibilitar a tomada de decisões e a escolha de caminhos (jornada do cliente) que culminam no fechamento do negócio. É por essas ações efetivas que o anunciante deverá pagar. Esse ciclo serve também para apontar que ações podem ser corrigidas ao longo da conversação com o cliente. Isso faz com que os resultados, além de revistos, sejam otimizados. O que der certo é novamente programado para uma nova veiculação, e o que deu errado precisa ser revisto (em termos de mensagem e de ferramenta de inserção). O objetivo é buscar eficiência máxima nas ações por meio da mídia de *performance*.

É importante que os objetivos e as metas de uma campanha sejam muito claros, para que os principais números (indicadores-chave) estejam relacionados com os números que o anunciante realmente deseja. Métricas como indicadores de vaidade (curtidas no Facebook e no Instagram, por exemplo) não devem contar como resultado.

São múltiplas formas e conceitos de métricas e indicadores a serem avaliados para a mensuração de resultados de mídia de *performance*, entre os quais podemos indicar os mais importantes:

- **Return on Investment (ROI)**: pode ser traduzido como "retorno sobre o investimento". Esse é um importante indicador gerencial para avaliar os resultados financeiros de um investimento realizado. Quando positivo, o resultado é o lucro; quando negativo, implica prejuízo. Para calculá-lo, deve ser deduzido do valor total de ganho percebido o valor que foi empregado em determinada ação de comunicação ou *marketing*, dividindo-se o resultado pelo valor do investimento empregado.
  ROI = (ganho obtido – investimento inicial) / investimento inicial
  Para obter a média percentual, basta multiplicar o resultado final por 100.
- **Gross Rating Points (GRP)**: pode ser traduzido como "soma total dos pontos brutos de audiência". É o resultado da adição de audiências de dois ou mais veículos de comunicação. Por exemplo, a audiência acumulada bruta de um veículo de 30 pontos de audiência contra outro de 40 pontos será um total de 70 pontos, derivando um total de GRP de 70 pontos. Aqui, são desprezados valores de superposição entre os veículos de mídia.

- **Cost to Acquire a Customer (CAC)**: corresponde ao custo de aquisição de cliente. É a métrica para se descobrir quanto é necessário investir em *marketing*, comunicação e vendas para que um cliente potencial se transforme de fato em cliente da marca. É o total da soma de valores investidos em *marketing* e pela promoção de vendas dividido pelo número exato de clientes conquistados com a ação em um mesmo período. Quando se trata de *marketing* e comunicação, são indicadores: ferramentas, total de investimentos em mídia paga (compra de anúncios), relações públicas (RP) e todos os artifícios que forem utilizados para exposição de produtos e serviços, geração de clientes potenciais (*leads*) e oportunidades que forem planejadas para as equipes de vendas. Para avaliar em vendas, é preciso considerar salários, comissões, ferramentas de vendas, telefonia, viagens para visita e prospecção, além de toda a infraestrutura utilizada pelo corpo ou time de vendas para a conversão de novos clientes. Para fazer a avaliação, utiliza-se o número exato de novos clientes que forem conquistados no mesmo espaço de tempo da análise. Aqui, todos os canais e meios de contato com o cliente devem ser levados em consideração.

CAC = (valores investidos em marketing + valores investidos em promoção de vendas) / número de clientes conquistados

Passo a passo para análise do CAC:
a) Defina o tempo ou período que quer calcular de aquisição de novos clientes.
b) Identifique e liste todos os investimentos realizados em *marketing* durante todo o período.
c) Identifique as despesas com promoção de vendas (e estratégias e ferramentas) também no mesmo período.

d) Realize um levantamento preciso de clientes conquistado ao longo do período.
e) Some as despesas e faça a divisão do total pelo número de novos clientes.
f) Com o resultado, exercite cruzamentos com outras métricas possíveis, como ROI, *Lifetime Value*, o *ticket* médio do cliente, entre outros.

- **Taxa de conversão**: é todo o retorno aferido de cada investimento de uma organização, seja tempo, seja investimentos em relação direta com as vendas aferidas naquele espaço de tempo. Para obter a taxa de conversão de *leads*, por exemplo, é necessário dividir as conversões obtidas pela sua audiência.

Por exemplo, se a marca ganhou novos 500 *leads* em um universo de 2.000 visitantes/audiência, a taxa de conversão (de sucesso) de *leads* é de 25%. A fórmula é:

Leads / número de visitantes × 100

Entender as taxas de conversão permite enxergar claramente o quão eficiente é determinado canal de vendas (como o *e-commerce* de uma marca) e serve como importante indicador de acompanhamento dos negócios como um todo.

Campanha a campanha, os profissionais de dados, mídia ou inteligência poderão avaliar a quantidade de pessoas ou usuários que se tornaram *leads* convertidos (que evoluíram para o fechamento) *versus* a quantidade de visitas ou impactos da comunicação. Esse indicador servirá para cálculos precisos do quanto foi investido em tempo e dinheiro para cada um dos canais.

- ***Click-through Rate* (CTR)**: se traduzido literalmente, significa "taxa de cliques". Essa taxa, que não deve ser avaliada isoladamente, está relacionada com a exposição de um *link* e, por consequência, o número de cliques ou visitas que ele recebeu.

A fórmula é simples:

CTR = quantidade de cliques / número de impressões × 100

Hipoteticamente, se determinado botão ou *banner* foi apresentado 1.000 vezes em páginas de buscas ou de resultados de pesquisas, também chamado de *Search Engine Results Page* (SERP), e esse botão foi clicado 20 vezes, então o CTR da página é de 2%. Esse indicador serve principalmente para demonstrar quão orgânica foi a busca por aquela marca ou organização. Esse indicador também pode ser usado em *links* patrocinados, em mídias *display* e em redes sociais. Outro formato que pode usar esse recurso é o *e-mail marketing*, pois, quando o remetente é visualizado, aparecem ainda o campo de assunto e parte do início da mensagem, que são fundamentais para o destinatário pensar se deve ou não abrir aquela mensagem ou correspondência.

O principal objetivo de análise desse indicador é criar formas e recursos para otimizar o tráfego orgânico de *websites* e também qualificar a posição desse *site* nos resultados de busca.

Fica claro que o pagamento do anunciante só será efetuado se o cliente ou usuário decidir tomar uma ação, ou seja, a cobrança está condicionada a ações específicas dos públicos da marca ou da organização: ao clicar em um *banner* ou anúncio, ao preencher um formulário *on-line* de ofertas ou ao finalizar uma jornada de compras e fechar negócio. Há uma compreensão de contrapartida de negócio aqui: o anunciante só pagará se tiver resultados. Assim, os custos de anúncios não são fixos, sendo variáveis segundo o alcance, a penetração e a *performance* da campanha. Há múltiplos formatos de precificação de veiculação e campanha, porém o que invariavelmente é levado em consideração é a qualidade e, principalmente, a relevância do comercial para o público que acaba de ser impactado.

Com base nesses formatos, independentemente do tamanho ou porte do cliente, os negócios competem em condições de igualdade, sendo isonômicos principalmente pela atenção e pela conversação direta com os clientes. Aqui, não é só o valor do orçamento que conta, mas, a qualidade e a relevância dos anúncios.

Quando falamos em custos (entendidos como investimentos em comunicação), existem quatro tipos principais de pagamento:

- Custo por mil (CPM): um dos mais antigos formatos de custos, originalmente utilizado na indústria gráfica, é mensurado quando o anúncio digital é exibido mil vezes. Para o cálculo do CPM, é preciso dividir o valor investido pelo número de impressões × 1.000:

   CPM = valor investido / número de impressões × 1.000

Síntese

Conhecer os termos e os conceitos mais usados em mídia e sua aplicabilidade é condição necessária para pensar o plano com suas estratégias e táticas e, mais do que isso, projetar os resultados práticos ao final de cada uma das ações.

Independentemente do ambiente das práticas (*on-line* ou *off-line*), seja em mídia tradicional, seja em mídia digital, todas os planos devem ter caráter de exclusividade e estabelecer como norte ou objetivo o alcance daquilo que foi prometido. Esta é a verdadeira razão do trabalho do mídia: foco nos resultados.

Questões para revisão

1) Neste capítulo, propusemos uma diferenciação semântica entre *meio* e *veículo*, justamente para tentar diminuir a confusão que os profissionais, os clientes e o mercado inadvertidamente cometem bastante. Como esses conceitos e a distinção entre eles podem influenciar na construção de um plano de comunicação?

2) Se avaliarmos o contexto de audiência e seus amplos conceitos, como a audiência cativa pode pesar na defesa de uma estratégia de mídia e impactar esse público tão específico?

3) Média cobertura é consenso entre os *planners* de mídia quando atinge:
   a) entre 13% e 19% do público.
   b) entre 40% e 69% do público.
   c) entre 35% e 70% do público.
   d) entre 21% e 42% do público.
   e) entre 39% e 61% do público.

4) *Media kit* de um veículo é:
   a) um vale-brinde aos anunciantes.
   b) um *kit* de divulgação de um evento.
   c) um conjunto de acessórios que facilitam a veiculação.
   d) um documento que contém as tabelas de preços e dados geográficos.
   e) um *kit* de boas-vindas ao anunciante.

5) Os maiores indicadores de custo e resultados de uma campanha publicitária com base na mídia são:
   a) CPM (custo por mil), GRP (pontos brutos de audiência) e ROI (retorno sobre o investimento).
   b) CP (custo promocional), PI (pedido de inserção) e PA (pedido e autorização).
   c) PA (pedido e autorização), GRP (pontos brutos de audiência) e RCOM (relatórios de comunicação).
   d) ROI (retorno sobre o investimento), PI (pedido de inserção) e PBV (prévias de bonificação por volume).
   e) BV (bônus por volume), ROI (retorno sobre o investimento) e B2B (negócios para negócios).

Questões para reflexão

1) Quais são os métodos utilizados pelo Instituto Verificador de Comunicação (IVC) para o estabelecimento da média nacional de leitura de impressos? Explique por que esses instrumentos não são totalmente precisos ou exatos.

2) Quais são os diferenciais de mídia de *performance* em comparação com a mídia tradicional? De que forma ela permite um pagamento mais efetivo por resultados?

3) Quais são as principais métricas utilizadas pelas áreas de comunicação para mensurar resultados em mídias de *performance*? Como essas métricas auxiliam na tomada de decisões estratégicas?

Estudo de caso

Você é um profissional de *marketing* de uma empresa de bebidas que está planejando uma campanha publicitária para promover um novo refrigerante em uma região específica. Para garantir o sucesso da campanha, você precisa entender melhor o público-alvo, a frequência de exposição do anúncio e o alcance potencial da campanha. Você decide realizar uma consulta de mídia para obter essas informações.

Instruções:

a) Definição do público-alvo: para determinar o público-alvo da campanha, considere fatores como idade, gênero, interesses e comportamentos de compra relevantes para o produto (por exemplo, jovens adultos entre 18 e 35 anos interessados em um estilo de vida ativo e saudável).

b) Seleção dos veículos de mídia: escolha os veículos de mídia mais adequados para alcançar o público-alvo definido. Isso pode incluir televisão, rádio, mídia impressa, mídia digital e mídia exterior (*outdoors*, transportes públicos etc.).

Consulta de mídia:

1) TV: entre em contato com emissoras de televisão locais e regionais para obter informações sobre os programas e horários mais assistidos pelo público-alvo. Consulte também os dados de audiência para determinar a frequência estimada de exposição do anúncio.

2) Rádio: pesquise estações de rádio que atinjam o público-alvo desejado e obtenha informações sobre os programas mais populares e os horários de maior audiência. Consulte os dados de audiência para estimar a frequência e o alcance do anúncio.

3) Mídia impressa: consulte jornais e revistas locais com uma base de leitores alinhada com o público-alvo. Obtenha informações sobre as edições e as seções mais lidas para determinar a frequência de exposição do anúncio.
4) Mídia digital: explore opções de publicidade *on-line*, como anúncios em *sites* relevantes, redes sociais e plataformas de vídeo. Utilize ferramentas de análise para estimar o alcance e a frequência do anúncio.
5) Mídia exterior: contate empresas de mídia exterior para obter informações sobre locais estratégicos de exposição, como *outdoors* em áreas movimentadas da cidade. Avalie o tráfego e a visibilidade dos pontos de exibição para determinar o alcance potencial do anúncio.
6) Cálculo do GRP (*Gross Rating Points*): com base nas informações coletadas sobre a frequência e o alcance estimados de cada veículo de mídia, calcule o GRP total da campanha. O GRP é calculado multiplicando-se a frequência pela porcentagem do público-alvo alcançado em cada veículo de mídia e somando-se os resultados de todos os veículos.

Análise e decisões: analise os dados obtidos durante a consulta de mídias para avaliar a eficácia potencial dos veículos e mídias escolhidos na campanha. Considere ajustes nas alocações de orçamento e nos planos de mídia com base nos resultados para maximizar o impacto da campanha.

Nota: Os dados e resultados obtidos nessa consulta de mídia são hipotéticos e servem apenas para fins de exercício. A realização de uma consulta de mídia real exigiria a coleta de dados reais de audiência e publicidade nos meios e veículos específicos na região-alvo.

Prática:

Procure criar alguns planos de comunicação em que você consiga utilizar algumas das métricas vistas neste capítulo para calcular, por exemplo, o ROI de um cliente real ou hipotético, para avaliar a cobertura e a audiência ou mesmo para criar um plano completo de investimentos para uma marca ou organização.

4
Campanhas publicitárias

Conteúdos do capítulo

- Simulação de uma sequência lógica de mídia.
- *Brief* e *briefing* de mídia.
- Tipos de campanhas publicitárias.
- Remuneração de mídia.
- Modelo de *brief*.

Após o estudo deste capítulo, você será capaz de:

1. compreender o passo a passo do processo de um projeto de mídia em uma agência, por meio da simulação de uma sequência lógica de passos;
2. entender que não é um modelo fechado, mas que a maioria das áreas de mídia adota procedimentos semelhantes, se não iguais;
3. distinguir os conceitos de *brief* e *briefing*;
4. reconhecer os diferentes tipos de campanhas publicitárias possíveis de serem executadas, cada uma com um escopo ou objetivo próprio.

4.1
Simulação de uma sequência lógica de mídia

Para que você possa conhecer a prática do profissional de mídia, montamos uma rápida sequência de ações cujo objetivo é facilitar a compreensão das atividades dessa área passo a passo.

Essa sequência obviamente deverá variar caso a caso, de uma agência de propaganda e publicidade *full service* para uma agência de *marketing digital* ou, ainda, da área de comunicação para um *bureau* especializado exclusivamente em mídia, por exemplo. O mesmo vale para o porte da agência: não podemos exigir de uma pequena agência os mesmos processos ou passos aplicados em uma grande agência, com todas as áreas e times muito bem alinhados. Atualmente, existem múltiplos recursos eletrônicos e digitais como *softwares* e aplicativos que auxiliam e otimizam essas tarefas, reduzindo ou diminuindo parte dos passos a seguir.

Vamos começar do início de um processo, isto é, da conquista do novo cliente, até chegarmos à avaliação dos resultados do plano de mídia.

a) O atendimento faz a **prospecção**[1] (ganha a conta), e o primeiro *job* de um cliente Y começa a demandar outros *jobs* para a agência. Toda nova conta deve ser comemorada, mas sem se esquecer dos antigos clientes; desse modo, quando um desses solicita uma nova campanha,

---

[1] Prospecção: a atividade de buscar novos clientes para compor a carteira da agência.

isso também deve ser motivo para comemorações.
É a certeza do trabalho bem-realizado.

b) O atendimento efetua a primeira reunião com o cliente e formula o primeiro *brief* com o levantamento prévio da marca, produtos ou serviços.

c) Assim, é convocada uma reunião de *briefing* com os diferentes times da agência, para que todos os responsáveis de áreas tenham o primeiro contato com a marca, seu portfólio ou catálogo (com produtos e serviços) e o *job*, a ser desenvolvido. Nesse processo de *briefing*, normalmente se reúnem o diretor de criação, o atendimento responsável pela conta, o coordenador de mídia, o profissional de pesquisa, enfim, líderes de times que construirão o projeto até a sua aprovação ou mesmo veiculação.

d) O atendimento, responsável direto pela representação do cliente dentro da agência, divide com os representantes das demais áreas e times todo o levantamento prévio de mercado, abordado anteriormente (com o cliente) por meio do *brief*. Assim, são apresentados todos os elementos importantes do levantamento e, obviamente, aquilo que o cliente aguarda como meta e objetivo naquela demanda, naquele trabalho em particular. Dessa forma, é preciso pensar soluções para cada um dos *jobs*, porque assim deve ser: para cada problema, uma solução, uma estratégia.
É aqui que o atendimento discute e apresenta também o orçamento (a verba) para aquela campanha.

e) Com a verba e a estratégia definidas, o mídia (ou os profissionais de mídia) começa a desenhar uma estratégia da área de mídia para aquele *job*, para aquela necessidade. Então, iniciam os estudos para a construção do plano de mídia exclusivo para aquele trabalho. Concomitantemente, os demais times ou áreas desenvolvem suas partes no projeto. A criação vai se concentrar na linha criativa, a pesquisa vai se debruçar no histórico (passado e presente) da marca, o planejamento vai desenhar as estratégias e táticas da campanha.

f) Diferentes áreas devem subsidiar os caminhos do planejamento para as áreas: a pesquisa tem de providenciar relatórios relativos ao cliente, à sua história e ao projeto em andamento, que forneçam dados acerca da marca e seu mercado, seus produtos e serviços, considerando-se os objetivos do planejamento.

g) O time de mídia decide qual o é plano ideal para o cliente: Existe um melhor *mix* de mídia? É necessário escolher os meios e os veículos, bom como as estratégias e as táticas de mídia, de acordo com o orçamento, sem estourar a verba destinada à mídia, tendo em vista os diferentes públicos-alvo, as metas e os anseios do cliente.

h) Em seguida, o mídia inicia a negociação com meios e veículos: cotação, orçamentos e comparação de preços, diretamente com os contatos publicitários dos múltiplos veículos, desejados exclusivamente para aquele plano, para aquele problema pontual. Valores são amplamente negociados, prazos de faturamento são alinhados e é esboçado o cronograma de ações de mídia. Aqui, o plano de mídia começa a ganhar forma.

i) A área de mídia finaliza sua parte, o atendimento (ou o tráfego) reúne as demais partes do "grande quebra-cabeças" – artes, planejamento, criações etc. –, e o plano finalmente segue para ser apresentado ao cliente pela primeira vez.

j) O cliente avalia todos os materiais, o que normalmente é feito pelo time da área de *marketing*. Os diretores e a alta administração da marca conferem as ações uma a uma e checam os valores de mídia. Alterações invariavelmente são solicitadas e, feliz ou infelizmente, refações de planos fazem parte do cotidiano da mídia. Raras são as oportunidades ou *cases* de aprovação integral de um plano. Sempre há uma ou outra alteração, seja nos custos, seja nos meios e veículos apresentados como solução. Assim, o *job* retorna à agência para essas correções pontuais.

k) O cliente recebe novamente o plano, readequado conforme o que havia sido combinado. Agora, o responsável pela marca aprova integralmente o plano de mídia e assina todos as autorizações que validam o plano. Em conjunto, aprova também todos os materiais gráficos, visuais, audiovisuais ou comerciais que serão veiculados com parte integrante de sua campanha publicitária.

l) Na reta final, os responsáveis pela mídia renegociam com os meios e os veículos, com a intenção de conseguir mais alguma vantagem para aquele planejamento. Tal negociação precisa ser o mais objetiva e transparente possível, com o cliente anunciante acompanhando todas as etapas. Esse acompanhamento é fundamental para que se consiga manter uma ótima relação entre a agência de propaganda e o cliente/marca. Lembremos: trabalhamos integralmente com o dinheiro e com o tempo de nosso cliente, e estes são os ativos mais importantes de uma relação.

m) Finalmente, a agência emite uma autorização por meio de cartas-acordo a todos os meios e veículos que fazem parte do planejamento de mídia, explicitando as condições estabelecidas, tais como os termos de contrato, as negociações, as condições e, principalmente, as inserções (exibições ou publicações) e os valores totais acordados para aquele *job*. Importante saber que com cada veículo é realizada uma negociação, uma reserva, uma ação.

Se o cliente for nacional e a veiculação precisar atingir um número grande de capitais e/ou municípios, por exemplo, é sabido que o trabalho é proporcional ao número de meios e veículos que serão utilizados. Pode ser que (e não é raro que isso aconteça) uma grande emissora tenha 27 afiliadas espalhadas pelo Brasil com uma mesma tabela, mas cada uma com uma política de negociação.

A seguir, apresentamos um exemplo de fluxograma do departamento de mídia.

Figura 4.1 Passos de um *job* dentro da agência

```
                Integração          Planejamento         Implementação
                de dados            de mídia             do plano
```

1. Briefing
Avalição de dados do cliente/da marca

Pesquisa de mídia
- Marca
- Consumidor
- Produto/serviço
- Avaliação de mercado
- Concorrência

Avalição do *mix de marketing*
- Produto
- Preço
- Praça/PDV
- Promoção

2. Objetivos
Definição dos **objetivos** para aquele *job*
- Organizacional
- Âmbito do *marketing*
- Promoção
- Mídia

5. Avaliação
Análises da contribuição do plano de mídia e da eficácia da comunicação em face dos objetivos definidos

3. Estratégias
Definição das **estratégias** para o *job*
- Posicionamento
- Definição do público-alvo
- Definição do *mix* de mídia
- Lançamento
- Sustentação
- Encerramento
- Contingências
- Alternativas

4. Tática
Definição das **táticas** para o *job*
- Meios
- Veículos
- Estimativas e custos
- Programação
- Pedido de autorização de inserções
- *Checking*

Resultados e contribuição do plano de mídia

Na Figura 4.1, temos um modelo de fluxo de um *job* dentro de uma agência: para a integração dos dados, há uma reunião de *briefing* para apresentar o *brief* que foi produzido antecipadamente no cliente e, assim, há a avaliação desses dados, a avaliação do cliente e da marca, do consumidor, do produto ou do serviço oferecido, a avaliação do mercado e da concorrência. Existe ainda, no passo 2, a avalição do *mix* de *marketing*: produtos, preços, praças ou pontos de vendas e as promoções já realizadas pelo cliente ou pela marca.

Como passo 3 da integração, temos a definição dos objetivos comunicacionais especificamente para esse *job*: objetivos organizacionais, de âmbito do *marketing*, de promoção e de mídia. Aqui, já está sendo considerado também o planejamento de mídia; em seguida, são determinadas as estratégias para o *job*: que ações serão realizadas para posicionamento, definição do público-alvo, do *mix* de mídia, lançamento, sustentação, encerramento. São avaliadas igualmente as contingências e as alternativas possíveis para o cliente.

Na implementação das ações (passo 4), pensa-se nas táticas para o *job*: quais meios, veículos, estimativas de custos, programação, pedidos de autorização de inserções e modelos de *checking* serão utilizados para a efetivação das ações.

Por fim, no passo 5, é necessário analisar as contribuições do plano de mídia e a eficácia da comunicação em face dos objetivos definidos nos passos 1 e 2 da formulação do *job*.

n) Cada um dos veículos devolve a carta-acordo com ciência e rubrica de sua área comercial ou de vendas.
o) Pronto! Agora o mídia está apto a começar a preparar os pedidos de inserção (PIs) que autorizam os veículos contratados a inserir os comerciais programados. Todo veículo tem o próprio modelo de PI, eletrônico, digital ou físico. Os

mapas de inserção ou programação são muito parecidos; alteram-se apenas o nome e/ou a marca do veículo ou algumas formas de preenchimento do pedido. Alguns veículos dispõem de um sistema próprio e *on-line* de autorização e pedido de inserção, que devem ser preenchidos e demandados digitalmente.

p) Em seguida, a agência envia as autorizações de pagamento (APs) para que os clientes deem ciência e assinem na véspera das veiculações.

q) Finalmente, com todos os passos cumpridos, a campanha vai ao ar.

r) Nesse momento, o mídia tem como tarefa principal acompanhar simultaneamente todas as programações realizadas nos diferentes meios e veículos.

s) Material veiculado, o *checking* de mídia realiza as conferências para verificar se todas as inserções, publicações e veiculações foram cumpridas pelos meios e pelos veículos de comunicação, isto é, se tudo o que fora comprado foi entregue em veiculação e espaço comercial.

t) A área administrativa da agência envia as faturas para que o cliente pague pelas veiculações já comprovadas.

u) O mídia realiza o trabalho de pós-veiculação, analisando e avaliando todos os resultados e formatando as planilhas que comprovem as inserções, para fazer a prestação de contas ao cliente juntamente com os resultados auferidos com a campanha veiculada finalizada.

v) Se o cliente aprovar integralmente os resultados, parte-se para novos desafios! Caso contrário, é preciso verificar em que momentos (meios e veículos) se obteve um baixo resultado para que, na próxima ação, seja possível corrigir o desempenho.

w) Agora a agência está pronta para encarar um novo *job*.

Em tempo: vale reforçar que esse modelo de etapas pode (e deve) variar de agência para agência, por exemplo. Não raro, o atendimento faz a função de planejamento, a mídia assume todas as funções inerentes à sua área e assim por diante. Isso vale para a sequência de autorizações, que varia segundo as organizações.

São inúmeras combinações de fluxos de trabalho, que variam conforme as organizações envolvidas na negociação, na empreitada, no *job* ou conforme o porte das agências que comporão o agente técnico da comunicação da marca.

4.2
O *brief* e o *briefing*

Apenas para evitarmos uma discussão semântica acerca de um tema importante, nesta obra diferenciamos os conceitos de *brief* e de *briefing*. Ainda que o mercado, os profissionais e os clientes entendam o *briefing* como algo uno, indissociável e pétreo, academicamente é importante lembrar que existem diferenças mínimas, mas relevantes para uma exata utilização desses termos.

No Dicionário Escolar Oxford (2007), *brief* está referenciado como um adjetivo ou verbo. Já *briefing* (Oxford, 2007) aparece como "instruções e informações essenciais".

Dessa forma, podemos inferir que *brief* pode ser considerado um documento (resumido, breve) com os dados mais relevantes de uma marca ou organização para que, por meio do conhecimento dessas informações, profissionais envolvidos no processo ou no *job* também se informem sobre a organização. Como mencionado, o profissional do atendimento é, além de responsável pela prospecção e pelo atendimento ao cliente, a pessoa que vai transmitir tais dados aos demais pares do projeto por meio de reuniões de *briefing*, para retroalimentar a criação, a mídia, o planejamento, a pesquisa, entre outras áreas. Assim, *brief* e *briefing* servem como norteadores das ações.

4.2.1
Brief

A seguir, descreveremos algumas etapas da construção de um *brief*, para que a formatação desse importante documento seja executada da forma mais profissional possível.

a) Primeiro, precisamos avaliar, por meio de ferramentas como SWOT[2], ciclo de vida do produto, BCG, entre outras, em que nível, de que forma a marca está organizada ou, ainda, como vão as estratégias empresariais da organização ou do produto ou serviço em questão. Isso porque, se o produto for um lançamento, será adotada uma estratégia X; se for um produto que precisa de posicionamento, será uma estratégia Y; se for uma campanha promocional, será uma ação Z. Para cada problema, uma ação.

b) Construção de um histórico da organização: referências importantes como criação, sociedade, CNPJ, estrutura, matriz, filiais, faturamento global e dados que sirvam como norte ou ponto de partida para os profissionais. Nota importante: nem sempre as organizações assumem o repasse de dados sigilosos para a agência trabalhar e não há problema niso. Não precisamos saber minúcias

---

[2] A ferramenta SWOT será trabalhada com mais detalhes no Capítulo 5 desta obra.

estratégicas de nosso cliente, até porque as organizações estão levando a Lei Geral de Proteção de Dados (LGPD) muito a sério, e isso é excelente.

c) Panorama situacional da organização: lançar mão de ferramentas e/ou instrumentos como SWOT, ciclo de vida de produtos e/ou serviços e matriz BCG para compreender em que patamar a marca atua ou se posiciona. Isso é fundamental para que a criação possa pensar em estratégias de "ataque" à concorrência ou de "defesa" de mercado.

d) Descritivos de mercado e áreas de atuação: certamente nem todos os envolvidos no *job* conhecem uma marca 100% a ponto de trabalhar criativa e estrategicamente para ela. Quanto mais detalhada for a forma de repasse de informações inerentes ao cliente, maior será o nível de conhecimento da marca.

e) Quem são os concorrentes potenciais? Diretos, indiretos e substitutos? Diretos são os *players* que literalmente nos "roubam" mercado, clientes e consumidores; indiretos são aqueles concorrentes que, muito embora não sejam diretos, podem nos "roubar" importante fração de participação de mercado; e, por fim e não menos importante, o substituto: "Em detrimento do consumo da minha marca (produto ou serviço), o que o público-alvo tem realmente comprado, levado para casa?" Vejamos um exemplo prático: determinada marca de automóvel lança um carro médio no valor de R$ 100.000,00 no mercado nacional. Os concorrentes diretos são todos os veículos de outras marcas, na mesma faixa de valor e com características semelhantes; os concorrentes indiretos são todos os veículos de forma geral, que tenham como característica (por exemplo) levar o cidadão em segurança de um lado para o outro; e, por fim, os concorrentes substitutos são produtos ou serviços que nosso cliente troca por necessidade e alcance aquisitivo. Por exemplo, o brasileiro médio, via de regra, trabalha de sol a sol, com diversos objetivos, como prover sustento para a família ou crescimento pessoal e profissional, mas dois se sobressaem: aquisição da casa própria e de um veículo para transporte. Pela característica de sua classe social, ele precisa optar por comprar a casa própria ou um veículo. Nesse momento, o automóvel tem como concorrente substituto a casa própria, que pode adiar, ainda que por algum tempo, a conquista da compra de um automóvel para o transporte da família.

f) Contratação de pesquisas profissionais de *marketing*: A organização já usou esse tipo de serviço? Quais foram os resultados? É fundamental coletar tudo o que configurar histórico já realizado pela marca, em termos de pesquisas, mesmo que os resultados não tenham sido satisfatórios. Se não usou, deve-se discutir a possibilidade da criação de pesquisas de mercado para subsidiar e sustentar as campanhas futuras.

g) Enumeração dos produtos e dos serviços: detalhar o catálogo ou portfólio de produtos (e serviços), sua verdadeira razão, atributos principais, vantagens e desvantagens em relação aos *players* concorrentes, além de tudo o que for importante para a marca.

h) Avaliação da identidade visual: detalhar a embalagem, avaliar sua estética, sua facilidade de uso, formas ou formatos de apresentação e descrições necessárias e completas do produto ou serviço em questão.

i) Qual o *share* (fatia de mercado) pelo qual a marca ou organização é responsável? Como estão os índices de lembrança de marca? Nossos diferentes públicos defendem e indicam nossos produtos e serviços?

j) Política de preços e de lucro: detalhes possíveis sobre preços, precificação, preço base ou recomendado de fábrica, custos, gastos, investimentos, descontos, prazos e modelos de pagamento, políticas (próprias ou não) de crédito etc.

k) Praça, pontos de vendas, distribuição, representação: Quais são os diversos modelos de aproximação da marca, por meio dos produtos e serviços ofertados, com o público-alvo? É indispensável citar todas as formas de contato: *marketplaces*, *website*, *e-commerce* próprio, lojas físicas, lojas virtuais parceiras, representações, política de distribuição e logística, entre outros fatores importantes para a compreensão de como o produto ou serviço sai do "forno" e chega aos clientes da marca.

l) Vendas: índices e métricas de mensuração de promoção e vendas. Como estão os números? Há possibilidade de crescimento? De extensão de linha de produtos, de promoções importantes?

m) Planos para um breve futuro: Há previsão de lançamentos? De aumento de participação de segmento (*share* de mercado)? Expansão ou extensão para novos públicos consumidores? Em que nível se encontram os investimentos de pesquisa e desenvolvimento (P&D)? Há novas perspectivas para a marca?

n) Histórico de mídia: A marca tem um retrospecto de investimento em mídia, *marketing* e comunicação? Se sim, quais ações trouxeram mais retorno, mais resultados? Lembremos que trabalhar com planejamento implica nos apropriarmos do passado (padrão) e nos alinharmos ou somarmos com o futuro (planos). Plano = padrão (passado) + plano (futuro).

o) Objetivos e nortes: Quais são as metas para a marca? Há alguma lacuna de oportunidade, vigente ou com perspectivas de exploração? Aonde queremos chegar a médio e longo prazo? Quais são nossos objetivos em termos de mercado e público?

p) Finalmente, a verba: De quanto vamos dispor em termos de orçamento para a realização das novas campanhas? Quais serão os investimentos em *marketing*, mídia e comunicação? Talvez este o item mais importante e sério dessa construção. Saber planejar é tão importante quanto saber investir. Essa decisão é que balizará todas as práticas que surgirão do novo plano de comunicação.

4.2.2
Briefing

Briefing é a reunião dos profissionais que estarão diretamente envolvidos em um *job*. É o repasse de todos os conceitos descritos no *brief*. De acordo as teorias da comunicação, o *briefing* surgiu durante a Segunda Guerra Mundial, quando os comandantes militares ingleses esboçavam as melhores estratégias e táticas e posteriormente ordenavam (comandavam) pontualmente os melhores ataques (principalmente aéreos), instruindo líderes e oficiais sobre estratégias para que estes, em seguida, as recomendassem a seus exércitos e comandados.

Atualmente, o *briefing* é muito utilizado, por exemplo, em provas automobilísticas e de motos, em que os diretores de pista, antes da corrida (*warm up*), instruem equipes, pilotos e responsáveis a respeito de tempo (condição climática), pista, entorno, entre outras importantes informações relativas ao evento.

Na mídia e no planejamento, esse método é fundamental para o repasse assertivo de informações para todos os envolvidos no projeto, do cliente aos profissionais que efetivamente colocarão a mão na massa.

4.3
Tipos de campanhas publicitárias

A seguir, descrevemos alguns tipos de campanhas publicitárias possíveis para cada tipo de problema comunicacional que o cliente possa apresentar. A definição da dificuldade e da melhor solução para o caso é imprescindível para a continuidade dos planos.

Campanha institucional

Esse tipo de campanha tem como objetivo construir, fortalecer e posicionar a imagem e a reputação de uma marca ou organização, em vez de promover um produto ou serviço específico. Se, por exemplo, uma organização ainda não tem uma marca forte, ela pode (e deve) primeiramente consolidar e posicionar essa marca para depois pensar em campanha de produto, por exemplo.

Campanha de produto

Esse tipo de campanha visa promover um produto específico, de modo a destacar suas características e benefícios, deixando a campanha institucional "em segundo plano".

Obviamente que por vezes os clientes desejarão utilizar o "todo" da campanha (bem como sua verba) para comunicar "tudo ao mesmo tempo agora". É preciso ter responsabilidade e coerência com o momento e tentar demonstrar com uma boa defesa e números a necessidade de se criar passo a passo uma campanha.

Campanha de conscientização

Tem como objetivo ampliar a conscientização do público sobre um problema ou questão social, sem necessariamente promover um produto ou serviço específico.

Campanha de lançamento

Esse tipo de campanha é usado para promover o lançamento de um novo produto ou serviço no mercado, com o objetivo de gerar interesse e aumentar as vendas.

Campanha sazonal

Esse tipo de campanha é projetado para capitalizar em eventos sazonais ou feriados, como Natal e Dia dos Namorados, com a finalidade de aumentar as vendas.

Campanha de fidelização

Esse tipo de campanha é direcionado para clientes já existentes, com o objetivo de incentivá-los a continuar comprando e recomendando a marca ou produto.

Campanha de promoção

Esse tipo de campanha é usado para oferecer descontos, brindes ou outras ofertas especiais, a fim de incentivar as vendas de um produto ou serviço específico.

Campanha política

É um esforço organizado e planejado de propaganda para um candidato, partido ou grupo político, com o objetivo de conquistar votos e persuadir o eleitorado a apoiar suas propostas e ideias. As campanhas políticas envolvem atividades como discursos, debates, propaganda e publicidade em meios de comunicação, eventos, comícios, mobilização de voluntários, além de outras estratégias para alcançar e engajar eleitores. Ocorrem em diferentes níveis, desde eleições municipais até eleições nacionais, e podem ter duração variada, dependendo das leis eleitorais que vigoram no país. Durante a campanha, os candidatos geralmente buscam se apresentar como a melhor opção para liderar ou representar um grupo de pessoas, mediante a exposição de propostas concretas, de ideais políticos ou da imagem pessoal que assumem.

4.4
Remuneração e negociação de mídia

Entre múltiplos desafios que os gestores de uma agência de comunicação ou *marketing* enfrentam em seu dia a dia está o de estabelecer as formas de remuneração de suas ações e campanhas publicitárias especialmente planejadas para seus clientes. Aliás, esta é uma das dúvidas mais recorrentes entre aqueles que começam a trabalhar diretamente com mídia e propaganda e publicidade: "Qual valor devo cobrar para criar uma campanha?"

Pensar na sobrevivência de um negócio deve ser o norte desses profissionais. A primeira pergunta a ser formulada é rápida e objetiva: "O que você pretende para o seu negócio?" Vale mais entregar um serviço por 10 mil reais e encerrar sua prestação de serviço neste momento ou estabelecer um contrato de dez vezes de mil reais e tentar, com o passar do tempo, oferecer novas oportunidades de negócios para este cliente? Não existe uma resposta padrão ou uma resposta certa para essas perguntas.

E quais são as diversas modalidades de remuneração de uma agência de propaganda e publicidade ou de um time de *marketing* digital? Primeiramente, é preciso conhecer as diferentes formas de remuneração de uma agência para então compreender o que o pagamento correto de peças, criações e produção tem a ver com os diferentes tipos de gestão do negócio.

Precificar não é (nem pode ser) uma tarefa simples. E pode ser a diferença entre a ascensão e a derrota de uma agência, de um trabalho de *freela* ou de um *job* isolado.

Em 1965, durante o maior congresso de propaganda e publicidade do Brasil, foram definidos os primeiros formatos de remuneração das agências que, em parte, vigoram até hoje e regulamentam a profissão. A Lei n. 4.680, de 18 de junho de 1965 (Brasil, 1965), e o Decreto n. 57.690, de 1º de fevereiro de 1966 (Brasil, 1966), regulam nossas práticas e favorecem a precificação dos negócios.

Além dessas diretrizes, foi criado no Brasil, em 1998, por iniciativa de diferentes associações que representam agências de propaganda e publicidade, anunciantes e meios, o Conselho Executivo de Normas Padrão (Cenp), com atuação e abrangência nacionais e com o objetivo de garantir e manter boas práticas e assegurar o modelo brasileiro de propaganda e publicidade.

As duas leis citadas e as normativas e regramentos do Cenp servem como parâmetro para a criação e a precificação das agências até hoje.

Atualmente, existem basicamente cinco formas de remuneração para os trabalhos de agências de propaganda e publicidade:

1) comissão padrão;
2) remuneração por projeto/*job*;
3) *fee* mensal;
4) remuneração por resultados;
5) remuneração por horas trabalhadas (*timesheet*).

Vamos abordar cada um desses formatos a seguir.

Comissão padrão

O art. 11 da Lei n. 4.680/1965 e o art. 11 do Decreto n. 57.960/1966 estabelecem o denominado *desconto-padrão de agência*. O modelo Cenp de 1998 determina que apenas as agências certificadas e filiadas ao Conselho têm direito a receber um comissionamento de 20% do total destinado ao veículo e encaminhado e autorizado pela agência em nome do anunciante/cliente. Assim, a obrigação preconizada pelas duas leis se tornou facultativa pelo estabelecimento e aplicação das normas-padrão. Dessa forma, as normas estabeleceram que ficou facultativa à agência e aos seus clientes a formulação conjunta de um acordo pelo qual abrem mão integralmente do desconto (repasse) de veículo de comunicação; este, por sua vez, não poderá conceder descontos no valor cobrado aos anunciantes e/ou clientes.

Em síntese, a partir de 1998, agências e anunciantes têm a concessão para não utilizar desconto-padrão como formato de remuneração, mas, se ambos decidirem lançar mão do desconto, obrigatoriamente ele terá de ser de 20%.

Ao resgatarmos as normativas das leis de 1965 e de 1966, fica claro que o desconto ou comissão não se restringe apenas a veículos como rádio e TV. A norma permite ainda que as agências regularmente estabelecidas possam receber uma comissão padronizada de até 15% a cada autorização enviada a outros fornecedores e terceirizados da comunicação, como gráficas, editoras, produtoras de áudio e vídeo, de mídia digital, agência de modelos e serviços fotográficos.

Tanto os 15% de terceiros, de fornecedores da comunicação, como os 20% de veículos, em tese, são fixos justamente para haver uma equidade entre veículos, fornecedores e agências, independentemente de seu porte ou do tipo de cliente. Essa forma de remuneração regula que a agência vai escolher os veículos e os fornecedores considerando o critério do benefício e não os diferentes valores de comissão a serem pagos, porque ela é fixa.

Em 2019, o Cenp lançou uma nova tabela e forma de remuneração, com diferentes faixas de percentual negociável, que passou a vigorar em 2020.

Tabela 4.1 Percentual negociável/desconto-padrão

Total de investimentos	% Negociável
Menor que R$ 2,5 milhões	0%
De R$ 2,5 milhões a R$ 7,5 milhões	2,0%
De R$ 7,5 milhões a R$ 25 milhões	3,0%
De R$ 25 milhões a R$ 40 milhões	5,0%
De R$ 40 milhões a R$ 55 milhões	6,0%
De R$ 55 milhões a R$ 70 milhões	7,0%
De R$ 70 milhões a R$ 85 milhões	8,0%
De R$ 85 milhões a R$ 100 milhões	9,0%
Acima de R$ 100 milhões	10,0%

Fonte: Elaborado com base em Lemos, 2019.

Remuneração por projeto/*job*

Esse formato ou modelo de remuneração considera o trabalho – a demanda – que agência foi exclusivamente chamada a realizar. Assim, a base de negociação é a complexidade do trabalho a ser realizado.

Nesse caso, é função da agência:

- elaborar os objetivos de comunicação com base nos problemas apresentados pelo cliente;
- definir as ações, estratégias e táticas que darão conta do projeto;
- criar estimativas e orçamentos para cada ação e o total do valor do *job*.

Nesse modelo, os valores finais estão relacionados com as ações e, por isso, exigem um controle ainda maior da verba, pela pulverização dos valores para se conseguir a integralização de todas as estratégias comunicacionais, *jobs* e campanhas publicitárias.

A ideia de remuneração nesse caso é cobrar por ações ou por peça criada, produzida e veiculada (ou publicada e exibida).

Para precificar essas ações, é necessário utilizar uma das diversas tabelas referenciais com preços de execução sugeridos por sindicatos como o Sindicato das Agências de Propaganda (Sinapro[3]) ou de associações profissionais.

O problema desse formato de remuneração é a falta de previsibilidade de trabalhos ou projetos, o que pode ser de difícil administração, justamente porque a gestão da agência não tem como prever quantos trabalhos serão demandados nos próximos meses. Esse tipo de remuneração não favorece a gestão de uma agência em razão de seus custos fixos mensais, de remuneração de salários, entre outras contas. Para o cliente, não deixa de ser interessante, justamente porque, quando não há demanda, o cliente não despende recursos para manter a estrutura.

Fee mensal

É uma forma de remuneração fixa, que assegura para a agência uma entrada certa e garantida mensalmente. Esse é o modelo mais utilizado pelas agências e responde à pergunta que fizemos no início deste tópico: É melhor receber um bom valor uma vez ou bons valores dez vezes, que vão auxiliar na manutenção dos custos fixos da agência e ainda permitir uma relação comercial mais duradoura com o cliente, podendo gerar novas possibilidades de negócios? Partimos

---

[3] Cada estado brasileiro tem um Sinapro regional.

do pressuposto de que, em um único pagamento, a relação comercial se esvai ao final da jornada.

No projeto Operand – Censo de Agências 2022, o *fee* mensal aparece como primeira opção em quase 72% das escolhas. É uma vantagem indiscutível para um formato de remuneração que se consolida entre as agências e dita propriamente o mercado.

Gráfico 4.1 Formas de pagamento mais praticadas

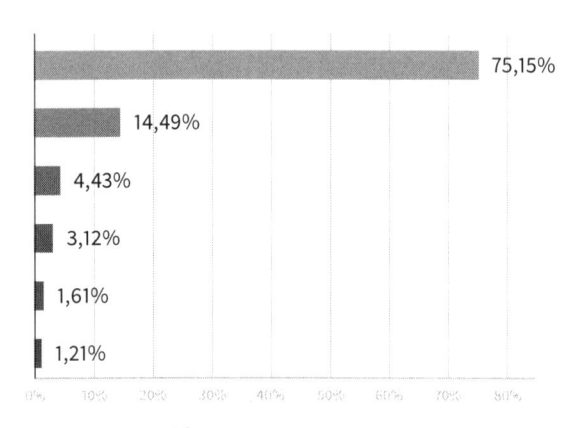

- 75,15%
- 14,49%
- 4,43%
- 3,12%
- 1,61%
- 1,21%

- *Fee* mensal fixo
- Por trabalho realizado (*job a job*)
- Comissão/Honorário
- Por controle geral de horas (*timesheet*)
- Outro
- *Success Fee*

Fonte: Operand, 2024.

Nesse gráfico estão indicados os modelos de remuneração publicitária mais utilizados, sendo o *fee* mensal fixo mais escolhido, com 75,5% em segundo lugar, aparece a forma de trabalho realizada *job a job*, com 14,49%; em terceiro lugar, a comissão e/ou honorário, com 4,43% dos casos; em seguida, o *timesheet*, com 3,12%; outros modelos de remuneração representam 1,61% dos casos e 1,21% sendo remunerado porcorresponde à remuneração por *success fee*. Este último ocorre quando a remuneração é estimada segundo os retornos exitosos, obtidos com os resultados de campanhas.

Esse modelo goza de vantagens importantes, se comparado aos demais, pela previsibilidade de entrada financeira, possibilitando planejamento a médio e longo prazo para as agências. Como estão promovendo um contrato a médio e longo prazo, agência e cliente formalizam uma relação mais duradoura, o que facilita a demonstração de relatórios que transparecem o crescimento do cliente e da agência, além de oportunizar o atendimento de diferentes projetos para o mesmo cliente, em diferentes frentes.

O importante do *fee* mensal é o desenho de "direitos e deveres" dos dois lados do contrato: é importante, por exemplo, limitar a quantidade de ações a serem demandadas mês a mês; obviamente, o que estiver além desse "pacote" deverá ser cobrado unitariamente, por meio de uma tabela referencial de serviços, por exemplo.

Remuneração por resultados

A única forma de a agência ser remunerada por esse tipo de pagamento é assegurar que todas as ações e serviços que serão praticados terão uma altíssima *performance* e garantirão o cumprimento integral do contrato. Para tanto, a agência precisa contar com profissionais voltados a esse tipo de trabalho e com alto rendimento. O pagamento pode ser feito via percentual (dos resultados alcançados) e/ou um valor fixo a cada jornada.

Contudo, para o êxito desse formato, a apuração e os cálculos têm de ser avaliados não apenas com base em volume de vendas: é preciso avaliar paralelamente o crescimento da participação e da fatia de mercado e também o posicionamento da marca mais os retornos efetivos alcançados com a imagem que a organização detém em face de seu público. Todas essas percepções e métricas podem ser medidas e analisadas a partir de pesquisas de *marketing* e avaliações de resultados.

Remuneração por horas trabalhadas (*timesheet*[4])

É um modelo de remuneração com base no registro de horas trabalhadas por um profissional (ou time) em um determinado projeto ou tarefa. O termo *timesheet* se refere a um registro de horas trabalhadas por um indivíduo em determinado período, geralmente em um único *job*.

Nesse modelo, a agência registra o tempo gasto em cada atividade realizada durante o *job*, e o cliente paga de acordo com as horas registradas. Esse formato permite que a organização avalie com precisão o tempo gasto em cada projeto e faça ajustes de acordo com as necessidades do cliente.

Success fee

É uma comissão sobre o resultado de uma campanha ou ação realizada entre a agência de propaganda e publicidade e seu cliente. Em tradução literal, significa "taxa de sucesso". É uma forma de premiação ou remuneração alternativa que deve ser acordada entre a agência e o cliente antes da jornada e da realização do *job*, justamente para que não existam

---

[4] *Timesheet*: controle de horas gastas para o cumprimento integral de uma atividade.

discordâncias ou desentendimentos na hora do pagamento dos trabalhos e/ou projetos.

Basicamente, a agência pode receber uma taxa de sucesso baseada em quantas vendas ou conversões foram geradas pela campanha. A ideia por trás do *success fee* é incentivar o desempenho bem-sucedido e alinhar os interesses da agência de propaganda e publicidade (ou *marketing*) que está prestando o serviço com os resultados desejados pelo cliente.

4.5
Modelo de roteiro para *brief*

Nesta seção, apresentaremos um modelo de roteiro para *brief* bastante útil e a partir do qual você pode desenvolver seus próprios modelos, segundo as características e o segmento de seus clientes.

Use sem moderação e adapte-o de acordo com suas necessidades! Lembre-se sempre: para cada cliente, uma solução; para cada problema, um *brief*.

Modelo referencial de brief: levantamento prévio de mercado

1. O QUE vendemos?

Detalhe ao máximo a marca e seus produtos, construindo um histórico:

a. desenvolva um roteiro com as informações mais relevantes do cliente;
b. aborde dados primários: sócios, CNPJ, endereços – matriz e filiais;
c. portfólio ou catálogo que contemple produtos e serviços;

d. relações de preço;
e. vantagens e desvantagens do produto ou serviço em relação aos *players* concorrentes;
f. concorrentes diretos, indiretos e substitutos;
g. formas e formatos de apresentação, detalhes de uso, frequência de aquisição;
h. meios e processos de produção e/ou fabrico;
i. demais detalhes que favoreçam o trabalho dos profissionais que se envolverão no *job*.

Importante: A empresa já realizou pesquisas acerca dos produtos e serviços oferecidos?

Todos esses detalhes são fundamentais. Pode ser que nem todos os envolvidos no *job* conheçam o cliente ou o conheçam profundamente. Quanto mais completo for o *brief* nesse momento, mais informações (e conhecimento) poderão embasar a campanha publicitária. Sacadas, motes, tiradas e *insights* podem surgir justamente desse levantamento prévio do cliente.

2. A QUEM vendemos?

Identifique os diferentes públicos que a organização abrange:

a. Qual é o público-alvo da marca?
b. Quem é o consumidor dos produtos/serviços?
c. Qual é o custo do produto/serviço praticado no mercado?
d. Qual é a faixa social ocupada pelos públicos?
e. Quais detalhes geográficos e demográficos são importantes para o roteiro?
f. A marca tem histórico de gênero, idade, renda, ocupação e educação de seus públicos-alvo?

> g. A organização tem dados de hábitos de consumo de seus clientes e consumidores?
> h. A marca sabe distinguir influenciadores e decisores de compras e uso?
> i. Relacione as possíveis atitudes (racionais e emocionais) estabelecidas pelos diferentes públicos com a precificação, a qualidade dos produtos/serviços e a conveniência de uso.

Afinal, quem são os diversos públicos-alvo da organização e de nosso cliente? Conhecer os verdadeiros usuários (clientes e consumidores) da marca é imprescindível para a definição dos possíveis caminhos a seguir pela campanha, pelo *job*. São esses dados, principalmente, que servirão de base importante para a criação do planejamento de mídia.

3. ONDE vendemos?

> **Liste onde os clientes e consumidores podem encontrar a marca e seus produtos:**
>
> a. Onde seu produto ou serviço é vendido (hipermercados, quiosques, restaurantes e bares, *marketplaces*, *e-commerce*, *websites*, lojas próprias, parceiros e/ou representantes)?
> b. Área geográfica dos pontos de vendas (PDVs): Atinge zona rural ou urbana? Apenas capital ou tem capilaridade no interior?
> c. Vendemos e entregamos *on-line* ou fisicamente?
> d. Temos centros de distribuição (CDDs)? Onde?
> e. Podemos expandir as praças? Ampliar as áreas de vendas?
> f. Como é a logística de entrega nos PDVs e/ou praças?

> **g.** Os processos de entrega e reposição são ágeis, diferenciais?

Onde os públicos podem encontrar sua marca? Como aumentar a capilaridade e a oferta de seus produtos e serviços para clientes e consumidores? Como promover o aumento de conhecimento da marca e, por consequência, o aumento de vendas? Também pode ser papel da agência e do planejamento sugerir possibilidades de crescimento no conhecimento da marca e da distribuição dos produtos ou serviços.

4. QUANDO vendemos?

> **Identifique qual é o momento de venda de produtos e serviços:**
>
> **a.** Em que momento do dia você vende mais?
> **b.** Em que período (estação do ano, dias da semana, finais de semana, feriados)?
> **c.** Vende mais em ocasiões especiais? Em datas comemorativas?
> **d.** É uma marca segmentada? Dirigida?
> **e.** A venda é sazonal? Para uma fase específica do ano?
> **f.** Qual é a frequência de compra (uma, duas, três vezes ao dia, ao mês, ao ano)?

Qual é a hora da verdade de sua marca, de seu produto ou serviço? O produto ou serviço é de nicho? Sazonal ou de venda diária, varejo? Compreender esse processo de contato da marca com seus diferentes públicos também é importante para pensar em ações pontuais de mídia e comunicação.

5. COMO vendemos?

Determine como agir em relação a orçamento, verba e mídia:

a. A verba de promoção é adequada? Como você distribui esse orçamento?
b. O orçamento garante vendas continuadas?
c. Como a verba é distribuída entre os diferentes meios e veículos de comunicação?
d. Quais são os fatores principais de escolha dos meios e veículos?
e. Quais são as suas vantagens competitivas em termos de estratégia de *marketing* e comunicação?
f. Qual é o histórico de campanhas publicitárias anteriores?

Conhecer o padrão (antigas campanhas publicitárias) é fundamental para pensar em novas estratégias e táticas (planos) para o cliente. Tentar descobrir quais ações deram certo e quais não foram bem-sucedidas faz parte do levantamento de práticas comunicacionais da marca.

6. Detalhes visuais da marca/identidade e embalagem

Verifique se, visualmente, a marca (produto ou serviço) se garante:

a. Visualmente, o produto, a embalagem e a marca são práticos? Forma e formato são compatíveis com a qualidade do produto?
b. Em termos de *design*, a embalagem (cores, formato, qualidade de informações, especificações gerais de conteúdo) está entregando o suficiente?

c. Todas as especificações exigidas por legislação estão contempladas?

Essas informações são importantes como pontos de partida para se pensar em novas embalagens, novos formatos, enfim, novas possibilidades de diversificação de produto ou serviço para a marca.

7. Planejamento de mídia

Aspectos importantes para pensar planos de mídia:

a. Qual é o público objetivado pelo cliente?
b. Quais serão o âmbito e a variedade de pontos de contato possíveis?
c. Campanha de mídia regional ou nacional?
d. Qual é a atividade de mídia dos concorrentes?
e. Quais são os caminhos possíveis e a natureza da mensagem, para evitar a dissociação entre mensagem e mídia?
f. Quais são as oportunidades a serem exploradas?

É necessário dispor de um conjunto de informações precisas para pensar o plano de mídia e orientar as ações junto aos meios e veículos para a campanha publicitária.

8. Formas, formatos e ações

Quais táticas e estratégias poderão ser utilizadas?

a. A campanha será ofensiva ou defensiva? Será lançamento do produto ou serviço, concorrência ou sustentação?
b. Quais são os objetivos e as metas de campanha?

c. Qual é a verba de campanha?
d. Como é definido o montante de verba para propaganda (porcentagem, relocação de investimentos)?

É importante sempre alinhar com o cliente os formatos e as ações, utilizando como ponto de partida todas as informações por ele transmitidas. Isso facilitará em muito o trabalho do planejamento, principalmente subsidiando as melhores tomadas de decisões e otimizando os passos e os processos, de modo que se atinjam os objetivos e as metas predefinidas.

Essas são sugestões ou "gatilhos" de questionamentos que podem ser levantados junto ao cliente ou *prospect*, no sentido de reunir informações importantes e valiosas que serão posteriormente utilizadas pelos times que trabalharão na consecução da campanha e certamente diminuirão as margens de erro ou incorreção nas táticas e estratégias delimitadas.

No próximo capítulo, vamos apresentar um plano de mídia, seus objetivos, suas formas de análise e todos os seus elementos.

Síntese

Brief ou *briefing*? Neste capítulo, abordamos esses dois conceitos, a função desse importante documento e a importância que o repasse das informações adquire ao longo do processo. Além disso, descrevemos as diferentes formas de remuneração praticadas pelo mercado, que movem e alavancam os negócios.

Questões para revisão

1) Apresentamos o passo a passo de um *job* de mídia, do início ao fim das negociações. Afinal, qual é o momento mágico em que a campanha está, em definitivo, pronta para ser finalmente veiculada?

2) Qual é o trabalho realizado durante o *checking* de mídia, após a efetiva veiculação da companha publicitária?

3) A fórmula mágica do planejamento de uma marca ou organização, em que o objetivo é pensar todas as ações históricas ou não, é:
   a) reunir padrão e passado.
   b) estudar o passado, promover o presente e aguardar o futuro.
   c) pesquisar e compreender o padrão e pensar o plano para o futuro.
   d) esquecer o passado e mirar o futuro.
   e) referenciar o passado e pensar exclusivamente em ações presentes.

4) Qual é o objetivo de uma campanha de conscientização?
   a) Promover um produto específico.
   b) Fortalecer a imagem e a reputação de uma marca ou organização.
   c) Aumentar a conscientização do público sobre um problema ou questão social.
   d) Promover o lançamento de um novo produto ou serviço no mercado.
   e) Oferecer descontos, brindes ou outras ofertas especiais para incentivar as vendas de um produto ou serviço específico.

5) Qual é o objetivo de uma campanha política?
   a) Difamar os adversários políticos.
   b) Conquistar votos e persuadir o eleitorado a apoiar as propostas e ideias do candidato, partido ou grupo político.
   c) Aumentar a abstenção nas eleições.
   d) Divulgar notícias falsas para prejudicar a imagem dos concorrentes políticos.
   e) Promover exclusivamente o voto facultativo para maiores de 16 anos.

Questões para reflexão

1) Vimos as diferentes áreas que interagem e atuam em uma agência de publicidade e propaganda. Uma das áreas que, a princípio, não participa efetivamente do processo criativo, mas é fundamental para o sucesso da organização, é a administrativa. Após a veiculação de uma campanha, qual é a responsabilidade da área administrativa de uma agência?

2) Qual é o trabalho da área de mídia após a veiculação da campanha, isto é, o trabalho de pós-veiculação?

3) De acordo com a distinção feita no capítulo, explique a diferença entre *brief* e *briefing*.

Estudo de caso

A empresa de consultoria em marketing MarkGenius foi contratada por uma rede de academias de ginástica para desenvolver uma campanha publicitária com vistas a aumentar o número de matrículas em suas unidades localizadas na Região Norte do Brasil. Para iniciar o projeto, a equipe da MarkGenius precisa coletar informações detalhadas sobre o cliente, o público-alvo, os objetivos da campanha e outros aspectos relevantes.

Brief para levantamento de informações:

Informações do cliente:

    Nome da empresa: FitnessMax Academias
    Setor: *Fitness* e bem-bstar
    Localização: Cidade X, Estado Y
    Descrição da empresa: breve histórico da empresa, principais serviços oferecidos, missão e valores.

Objetivos da campanha:

- Aumentar o número de matrículas nas unidades da MAXFitness Academias nas cidades da Região Norte do Brasil.
- Melhorar o reconhecimento da marca e a percepção de valor junto ao público-alvo.
- Aumentar o engajamento com a marca nas redes sociais e outros canais de comunicação.

Público-alvo:

Faixa etária: 18-45 anos
Gênero: ambos, com leve inclinação para mulheres
Interesses: estilo de vida saudável, *fitness*, bem-estar, preocupação com a saúde e a forma física.
Comportamento: interessados em atividades físicas, frequentadores de academias, aspirantes a atletas amadores etc.

Canais de comunicação preferenciais:

Televisão: canais locais de entretenimento e estilo de vida, programas matinais e noturnos.
Rádio: estações de rádio populares entre as pessoas que compõem o público-alvo, com programas de música e estilo de vida.
Mídia impressa: jornais e revistas locais com seções de saúde, bem-estar e estilo de vida.
Mídias digitais: redes sociais como Facebook, Instagram e YouTube, bem como anúncios em *sites* de notícias locais e *blogs* de saúde e *fitness*.
Mídia exterior: *outdoors* e *banners* em locais de grande circulação na cidade X, como pontos de ônibus, estações de metrô e academias concorrentes.

Orçamento disponível (verba):

Orçamento total para a campanha: R$ 50.000,00
A divisão do orçamento entre os diferentes canais de comunicação será determinada com base nas recomendações da equipe da MarkGenius após a análise inicial.

Cronograma:

Início da campanha: 1º de março de 2025
Término da campanha: 31 de maio de 2025
Principais entregas: detalhamento das etapas de planejamento, criação, implementação e monitoramento da campanha ao longo do período estabelecido.

Prática:

Está na hora de desenvolver um *brief* completo de um cliente real. Escolha um cliente (ou possível cliente) real de sua cidade e procure levantar informações que você considere importantes para a construção de um *brief* completo para elaborar um plano de comunicação. Utilize o modelo proposto neste capítulo e siga o passo a passo da construção. É muito satisfatório desenvolver esses caminhos!

5
Planejamento de mídia

Conteúdos do capítulo

- Plano de mídia.
- Objetivos de um plano de mídia.
- Elementos de um plano de mídia.
- Ferramentas de diagnóstico: 4 Ps, SWOT, ciclo de vida e BCG.
- A negociação e a verba do cliente.
- A programação e o cronograma.

Após o estudo deste capítulo, você será capaz de:

1. formatar um plano de mídia, especificando seus objetivos e seus elementos constituintes;
2. dominar o conceito e a aplicação das ferramentas 4 Ps, SWOT, ciclo de vida e BCG;
3. entender as diferentes formas de negociação em relação à liberação de verba por parte do cliente;
4. elaborar a programação e o cronograma de mídia;
5. compreender o conceito de *prime time*.

5.1
Plano de mídia

Plano é uma palavra do mesmo campo semântico de *planejamento*. Em comunicação, o **planejamento** tem uma fórmula muito simples: é o resultado da soma do padrão com o plano.

padrão + plano = planejamento

Compreender essa equação é fundamental para poder criar métodos e formas de planejamento. Cabe destacar que padrão significa pegar tudo aquilo que já foi planejado para a marca, o produto ou o serviço, separar o que deu certo e somar àquilo que se estabeleceu como planos para o futuro. Ou seja, padrão = passado e plano = futuro.

passado + futuro = planejamento

Nessa fórmula temos a soma do significado de uma ação do passado (padrão) com a ação de futuro que é o plano, obtendo-se como resultado o planejamento.

Não é demérito algum buscar saber por meio de pesquisas, fontes ou outros meios tudo o que a marca e a organização (produto ou serviço) já tentaram em termos de comunicação. Muito do que é investido e aplicado no passado pode (e deve) servir como referência para um plano futuro. Então, referenciar ações boas que deram certo é importante nessa matemática. Talvez surja aqui uma questão: "Mas a marca é nova, não tem registros de passado". Sem problemas!

Imaginemos que o nicho ou segmento em que essa marca atua não seja novo. Vamos então pesquisar tudo o que a concorrência já realizou em termos de mídia e comunicação. Com as ferramentas de pesquisa de que dispomos atualmente, com as possibilidades de acesso a dados, a tarefa de *benchmarking*[1] não é difícil de ser realizada.

Quando falamos especificamente de planos de mídia, é necessário avaliar e tomar decisões importantes, sobretudo no que diz respeito às mídias (meios de comunicação) a serem utilizadas e, mais ainda, aos veículos em que se deve aplicar a verba ou *budget* do cliente. Para tanto, o mídia deve compreender como os meios de comunicação atuam, quais são suas formas e formatos e qual deverá ser a cobertura da mídia.

Aqui cabe também uma rápida diferenciação entre mídia tradicional e novas mídias: a mídia tradicional (ou *off-line*) abarca todas as "antigas formas" de comunicação: televisão aberta, rádio, jornal impresso, *outdoor* etc.; as novas mídias (ou *on-line) abrangem display*, internet e ações essencialmente digitais.

Apesar de a revolução tecnológica ser uma realidade, os pequenos clientes não investem em comunicação digital por desconhecimento, por inoperância. Nosso trabalho como publicitários é justamente apresentar a esses clientes as múltiplas possibilidades de veiculação, seja em mídia *on-line*, seja em mídia *off-line*. Vamos ainda mais longe: muitos clientes mal sabem qual é a atividade de uma agência de propaganda e publicidade.

Esse cenário se estreita ou se fecha quando o local ou a região desse futuro plano de mídia se resume a uma pequena cidade, por exemplo. Pelo tamanho do município, em geral o número de meios e veículos diminui, não promovendo a livre

---

[1] *Benchmarking*: processo de avaliação de desempenho da concorrência, para buscar referências de práticas exitosas.

concorrência entre diversos jornais, rádio, retransmissoras de televisão etc.

Assim, o "cardápio" de meios e veículos passíveis de receber verba publicitária reduz consideravelmente.

Para que possamos compreender a amplitude do problema, recorremos ao Atlas da Notícia 2021[2], um dos mais importantes projetos de levantamento de dados sobre a comunicação e conhecido como Censo da Imprensa Brasileira. Em seu último relatório anual, o Atlas registrou um total de 13.734 veículos jornalísticos (*on-line* e *off-line*) distribuídos em todo o Brasil (Atlas..., 2022).

A Região Norte do Brasil é líder de regiões com "desertos de notícias", ou seja, populações inteiras sem acesso a nenhum veículo de imprensa ou informacional, independentemente de seu formato, seja tradicional (jornal impresso, televisão ou rádio), seja *blogs* e portais com conteúdo jornalístico ou de informação principalmente regional. Segundo o levantamento, das 450 cidades nortistas, 284 não dispõem de nenhum veículo de comunicação (Atlas..., 2022). Ao mesmo tempo que esse cenário é grave, é um amplo espaço de oportunidades. Trataremos mais desse importante projeto ao longo do livro.

Fica claro que, se pensarmos em locorregionalidade, precisamos pensar em como atuar com planos de mídia. O cenário contrário (veiculação nacional) também é muito verdadeiro: o Brasil, por suas dimensões continentais, exige um plano de mídia detalhadíssimo para cobertura dos quatro cantos do país. Os dois cenários – de poucos veículos ou mídias e

---

[2] O Atlas da Notícia pode ser consultado em: <https://www.atlas.jor.br/>.

de capilaridade gigantesca – são desafios constantes em um plano de mídia.

Assim, devemos pensar em como conseguir boa cobertura de mídia em um plano de mídia, que deve ter elementos básicos, como meios e veículos disponíveis na região, valor de verba (*budget*), público-alvo, análise de concorrência, entre outros.

É importante que o profissional de mídia lance mão de um cadastro, de uma agenda de fornecedores da comunicação por região, pois este é seu primeiro trabalho: realizar um levantamento completo de quais meios e veículos estão disponíveis para a criação de um bom plano de mídia.

Claro que, se a agência de atuação desse profissional tem como foco a região, resumindo-se a uma capital ou município, por exemplo, esse trabalho de levantamento das mídias se torna um pouco mais fácil, uma vez que são sempre essas mídias que serão acionadas.

Uma vez levantadas as possibilidades de inserção e veiculação de propaganda e publicidade, a segunda etapa do trabalho é o levantamento dos custos de cada um dos meios, mediante a solicitação de orçamentos *on-line* e a pesquisa de valores via contato com essas organizações (*e-mail* e atendimento). É preciso verificar ainda se tais organizações disponibilizam *media kits* ou tabelas de preços em suas páginas institucionais. Em muitos *sites*, tais acessos estão sob a forma de botões ou *links* de contato: "Anuncie", "*Media kit*", "Anuncie aqui", "Anuncie conosco", entre outras formas.

As tabelas normalmente são divididas por mercado (nacional ou regional), por veículo, por programação ou por regiões de penetração. É papel do mídia ligar para o veículo, apresentar a agência e solicitar o atendimento de um contato comercial para começar uma relação comercial, se ainda não existir.

5.2
Objetivos de mídia

Sem uma meta ou objetivo, para onde quer que o barco esteja navegando, estará bom. Seria uma boa metáfora se não estivéssemos trabalhando sobretudo com a verba (o dinheiro) do cliente.

Como o trabalho de comunicador social envolve justamente a responsabilidade com os clientes e com os clientes dos clientes, é necessário avaliar cada um dos passos, cada manobra, estratégica ou tática. Estipular os objetivos que devem ser alcançados com uma campanha é o *start*, o primeiro passo, para se pensar um *job*. Como vimos, a base para esse plano devem ser as avaliações já realizadas no âmbito das análises e dos objetivos do *marketing* e da comunicação.

A seguir, abordaremos alguns elementos importantes e indispensáveis a um plano de mídia, os quais também estarão explicados no que chamamos de *bases e conceitos para um planejamento*, que disponibilizaremos em seguida.

5.3
Elementos de um plano de mídia

Os processos e caminhos de um planejamento de mídia podem mudar de agência para agência e até mesmo de cliente para cliente, como mencionamos ao tratarmos da sequência lógica de um *job*. A regra de que cada problema é único, com as próprias características, especificidades e soluções, também se enquadra aqui.

Não nos cansamos de repetir: como cada cliente tem uma dor, um problema, é preciso criar para cada um deles uma solução.

Basicamente, podemos listar cinco etapas de um plano ou planejamento de mídia:

1) *briefing* ou revisão de conteúdo da marca, cliente, produto e/ou serviço;
2) definição dos objetivos;
3) definição do mercado e dos públicos-alvo;
4) definição do *mix* de mídia;
5) definições relativas à programação dos meios e canais;

As reuniões de *briefing* servem para que os envolvidos na consecução daquela campanha ou *job* possam trocar impressões, informações e conteúdo relativo ao negócio do cliente, principalmente para que toda a equipe passe a conhecer profundamente aquilo que em breve definirão como objetivos, estratégias e táticas.

Essas cinco etapas por si sós não originam um plano completo de mídia, porém servem como base, como ponto de partida para a produção de um planejamento completo, que contemple todos os processos e etapas.

Nenhum planejamento deve ser idealizado para entregar resultados em curtíssimo espaço de tempo. A não ser que sejam planos para fechamento de lojas, queima de ofertas (de estação, por exemplo), liquidações sazonais etc., essas estratégias devem, entre outros pontos, levar em consideração que flexibilizar ações implica inclusive rever passos, canais e investimentos, porque não raro os objetivos predeterminados podem servir como limitantes, requerendo ajustes de caminhos e ações corretivas.

Esse tipo de mudança de rumo não deve ser enxergado como derrota ou involução, mas como parte de um processo que, por essência, evolui diariamente, sobretudo quando se trata de mídia digital.

Como plano B para algumas estratégias, profissionais de mídia criam planos alternativos ou ainda deixam algumas táticas em *stand by* para possível aplicação e utilização no decorrer do projeto para correção ou incremento de objetivos.

Claro que sabemos também que, em tempos de mídia digital, estratégias ou planos de longo prazo tendem a ser reavaliados com mais frequência, porque as mídias, os formatos, os canais mudam quase que diariamente e, se não mudam, alteram configurações que afetam as ações de mídia.

Um exemplo recente foi a plataforma Instagram, que, em determinado momento, suspendeu o ícone de curtidas públicas (em que apenas o dono do perfil poderia enxergar o número de interações) e, logo em seguida, retomou a visualização por pressão de *influencers* e do próprio mercado que tem como métrica de popularização a quantidade de curtidas de determinado perfil social.

Essas mudanças afetam nossa prática cotidiana, mas, felizmente, tornam a comunicação social, a mídia e o *marketing* algo muito dinâmico, mutável, que se descobre e se reinventa quase que diariamente.

5.4
Ferramentas de diagnóstico: 4 Ps, SWOT, ciclo de vida e BCG

Existem diferentes formas de avaliação de um cliente, um produto ou um serviço. Apresentamos aqui apenas alguns dos caminhos possíveis de avaliação do negócio de um cliente para se criar um plano (estratégias e táticas) seja ele de comunicação ou de mídia. A ideia aqui não é diagnosticar ou resolver os problemas de um cliente, mas, sugerir caminhos de análise. Mais uma vez, para cada problema, uma solução.

5.4.1
4 Ps

Jerome McCarthy (1928-2015), pesquisador norte-americano, idealizou, na década de 1960, os 4Ps: produto, preço, praça ou ponto de vendas e promoção. Se pensarmos em como essa visão influencia diretamente o plano de mídia, devemos mais uma vez lembrar que investir em comunicação e mídia obriga o *planner* a pensar caso a caso, não cabendo planejamentos ou estratégias "remendadas", "adaptadas" ou "readequadas".

Era muito comum encontrar no mercado planos "*frankenstein*", porque diferentes áreas requentavam planejamentos para clientes completamente diferentes, com verbas e objetivos distintos.

Sob o ponto de vista do primeiro P, **produto**, existem métricas de avaliação de *timing* ou cenário por meio de análises em ciclo de vida de produtos, SWOT e matriz BCG, entre outras possibilidades. Recorrer aos responsáveis pela criação e pelo desenvolvimento do produto também pode ser uma ótima fonte de informações.

O segundo P, **precificação** (preço), também influencia diretamente o plano de mídia. O preço pode ser determinado de acordo com métricas de mercado, ser ajustado conforme movimentos da concorrência ou ainda ser influenciado por fatores macroambientais, como política de governo e alta do dólar, entre outros aspectos incontroláveis.

Se o preço interfere em margens de lucro da organização, perde força na construção do orçamento voltado para a propaganda, afetando diretamente o número de pontos de contato ou canais do *mix* de mídia utilizados na campanha.

Quando se trata de franquias, por exemplo, se a margem de representação da marca for baixa, o investimento em comunicação será proporcionalmente reduzido. Isso varia muito também quando falamos de indústria representada por varejistas e atacadistas.

Quanto menor for a margem de ganho, menores serão os investimentos em mídia; pode até ser que sejam escolhidos bons meios e veículos, porém a baixa verba pode comprometer a frequência e a intensidade de inserções e veiculações.

Estratégia de preços é a última variável nesse P, sendo que preço alto pode significar qualidade e prestígio de marca, e preço baixo não necessariamente representa custo baixo, mas baixa qualidade do produto. A mídia atua justamente para tentar reverter essa característica da precificação.

No que se refere ao terceiro P, **promoção**, é preciso considerar em propaganda e publicidade a promoção de vendas, que são os motores de impulsão para levar o produto ao consumidor. Obviamente que cada um desses canais deverá ter um plano específico para as necessidades de mercado do cliente, devendo-se lembrar que, mesmo que sejam situações pontuais para cada plano, não devem ser pensadas sem levar em conta todo da campanha.

Na condição de instrumentos de promoção e *marketing*, devemos observar que a função dessas áreas é uma: comunicar. A partir do momento que conseguimos realizar essa distinção, somos capazes de medir os resultados dos investimentos em mídia com mais exatidão.

Um dos objetivos de um plano de mídia é, por meio da comunicação nos pontos de contato, despertar ou aumentar a atenção dos clientes para a marca, divulgando a mensagem ao maior número de consumidores de um mercado-alvo, o mais rápido possível.

Uma das maiores riquezas de uma organização é seu banco de dados ou, ainda, a forma como a organização trata os dados de clientes, fornecedores, públicos etc. Atualmente, com sistemas avançados de ERP e de processos, ficou mais prática a salvaguarda de dados dos clientes que foram impactados ou tiveram alguma experiência com a marca, os produtos e os serviços da organização. **E, no caso da mídia, dados valem ouro.**

A correta organização dos dados permite a melhoria de processos, da rotina das diversas áreas de TI e inteligência e auxilia na experiência dos clientes com a marca. Tal investimento deve trazer benefícios importantes para a organização, desde o histórico de compras dos clientes até os hábitos, *tickets* médios e comportamentos de compras, não apenas impactando positivamente a produtividade das diferentes equipes, mas também favorecendo o alinhamento dos times, ressaltando e beneficiando os melhores resultados do mapeamento e do controle de dados.

Em termos de comunicação interna, o banco de dados pode favorecer a melhor comunicação entre as diferentes áreas, enriquecendo a forma como os diferentes atores se correspondem.

A experiência de aproveitamento e exploração de um banco de dados bem estruturado e bem gerido permite a integração de múltiplas áreas, alinhando expectativas, metas e objetivos por meio da gestão dos dados mais valiosos da organização.

Por fim, um banco de dados íntegro favorece a tomada de decisões por meio das conclusões baseadas em informações reais que refletem o cenário total da organização. Uma metodologia bem desenhada e uma mineração bem-feita em dados importantes da organização facilitam a solução de problemas correntes de gestão.

Sob o ponto de vista do *marketing*, o rico conteúdo de um banco de dados de uma marca (e seu portfólio de produtos ou serviços) fornecem detalhes pormenorizados de cliente a cliente, proporcionando, por exemplo, oportunidade de ações personalizadas, com a criação de soluções para cada um dos clientes da marca.

Esse movimento acrescenta ao *marketing* direto um *status* de mídia alternativa, personalizada e desenhada especialmente para cada uma das ocasiões.

Pesquisa e dados bem minerados favorecem qualquer plano de mídia. Quanto maior for o número de informações assertivas com relação a um cliente ou marca, melhores são as chances de uma campanha assertiva, de muitos resultados.

Dica importante: é fundamental no processo de *brief* (construção do documento) e nas reuniões de *briefing* (repasse das informações importantes) um levantamento prévio e completo de dados que esclareça as dúvidas possíveis de todos os envolvidos no plano de mídia da marca, do cliente ou produto e serviço a ser estudado e trabalhado, seja definido como produto, serviço ou produto e serviço. Essa definição é fundamental para que todos os atores do *job* possam delimitar bem o "objeto" que vão trabalhar e, em cima de suas particularidades e especificidades, possam desenhar estratégias e táticas para criar o melhor planejamento de mídia.

Ao trabalharmos em *marketing* ou em comunicação por meio da promoção um produto, devemos lançar mão de estratégias específicas para esse fim. Por outro lado, se trabalhamos com serviços, há uma série de regras que devemos levar em consideração, necessárias para a definição desse tipo de objeto. Produtos e serviços são diferentes.

Há diversas definições de mercado para *produto* e *serviço*, e uma das mais utilizadas e aceitas popularmente é a que aponta a tangibilidade do produto e a intangibilidade do serviço. Em outras palavras, o produto é algo que o consumidor pode pegar, sentir, cheirar, usar, experienciar, ou seja, é algo concreto.

Já o serviço é algo abstrato, que o cliente só pode avaliar ou mensurar se acompanhar o processo completamente, valorando o que foi entregue ao final da prestação desse serviço.

Todas as etapas e processos de um planejamento de mídia podem sofrer alterações ou podem ser afetados pela especificidade de um produto ou serviço.

Os estágios ou fases do ciclo de vida de um produto, por exemplo, podem alterar completamente uma estratégia de mídia. Essa análise é corrente na área do *marketing*, sendo muito utilizada para fazer a avaliação do tempo de vida de um produto ou serviço.

Por exemplo, um dos ciclos da matriz de um novo produto é justamente sua introdução no mercado a que pertence. Por ser novo, ele precisa chegar até o público consumidor em sua mais alta taxa de penetração, ou seja, deve ser propagandeado para o maior número de consumidores daquele nicho de mercado, preferencialmente o mais rápido possível.

Gráfico 5.1 Matriz de ciclo de vida de um produto

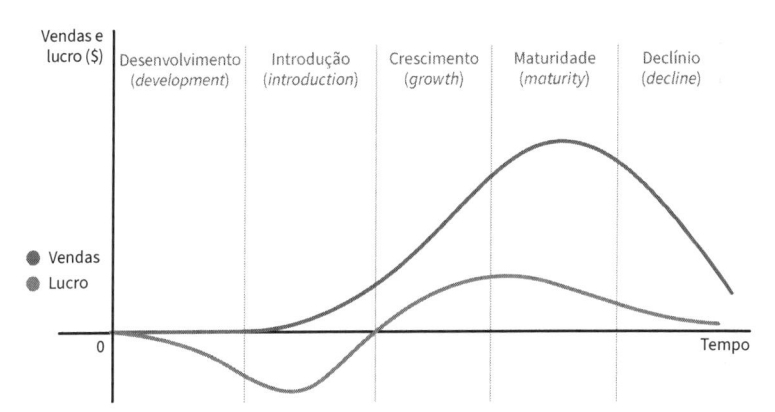

No Gráfico 5.1, temos a matriz do ciclo de vida de um produto: as curvas de vendas e de lucro e os quadrantes que devem variar conforme o "momento de vida" de uma marca, cliente ou produto e serviço: o primeiro quadrante é o desenvolvimento, o segundo é a introdução, o terceiro é o crescimento, seguido pela maturidade e, por fim, pelo declínio, no último quadrante.

A matriz de ciclo de vida[3] pode ser utilizada como ferramenta analítica para identificar o momento exato em que o produto ou serviço se encontra no mercado em que atua e é dividida em cinco etapas claras de posicionamento. O desenvolvimento (i) é o momento em que o produto é literalmente desenhado, planejado e concebido. São realizados os projetos de pesquisa e desenvolvimento (P&D) e têm início os testes e os estudos de proposta de valor para o produto e/ou serviço. A introdução (ii) ocorre quando o produto está pronto para ser colocado à prova no mercado de atuação e fica à disposição de seu público-alvo. O investimento em termos de *marketing* é fundamental para o conhecimento do produto e sua inserção no mercado. O crescimento (iii) acontece quando o produto já foi apresentado para os diferentes públicos e já ocupa certa fatia (*share*) de mercado, porém os investimentos ainda reforçam a necessidade de ganho de espaço entre concorrentes e de ajuste de alguma demanda advinda de seu público. A maturidade ocorre quando os investimentos em P&D já começam a ser pagos, o público reconhece a marca e o produto, e este caminha para atingir seu máximo potencial – quanto mais permanecer nesse quadrante, melhor –, justamente porque aqui ele se torna mais lucrativo e passa a exigir menos esforços mercadológicos. O declínio acontece quando o produto começa a perder força, mercado e público,

---

[3] A criação da matriz do ciclo de vida de um produto é atribuída ao economista Theodore Levitt (1925 -2006), pesquisador alemão radicado nos Estados Unidos.

deixando de ser vantajoso para o portfólio da organização, e é justamente aqui que ele precisa ser revisto, reinventado, repensado. Invariavelmente, todos os produtos e serviços passarão por essa etapa em maior ou menor grau, mas nem todos sobreviverão. Nem sempre direcionar investimentos pesados para reverter esse quadro poderá gerar resultados satisfatórios.

Se o produto e/ou serviço se encontra em um nível de maturidade, o plano de mídia deve prever a sustentação desse produto maximizando a quantidade de impactos nos pontos de contato com os clientes.

Gráfico 5.2 Ciclo de vida de um produto – maturidade

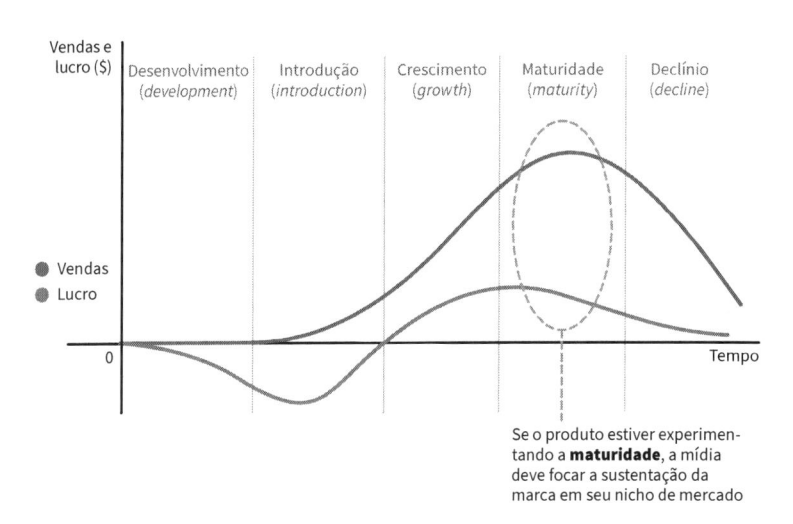

Se o produto estiver experimentando a **maturidade**, a mídia deve focar a sustentação da marca em seu nicho de mercado

No Gráfico 5.2, temos a mesma matriz do ciclo de vida de um produto, com as curvas de vendas e lucro, porém com ênfase no quadrante maturidade, no qual a mídia deve focar a sustentação da marca em seu nicho de mercado, realizando ações exclusivas para esse fim.

Conforme a característica e/ou quadrante em que o produto ou serviço se encontra, ações de mídia devem ser pensadas dentro de seu *mix* para contemplar cada uma das diferentes demandas. Para cada caso, uma solução. Existem outras ferramentas de *marketing* para avaliação ou análise de cenários e microambiente. Cada uma delas possibilita diagnósticos para cada caso de marca, produto ou serviço.

Nesses casos, o *marketing* é o responsável por subsidiar o departamento de mídia com o máximo de informações relacionadas ao *job* em prática naquele momento.

Importante!

Reforçamos que anteriormente destacamos a diferença entre *brief* e *briefing*. Há uma confusão semântica no uso dessas duas definições e aqui, por uma questão acadêmica e lógica, adotamos *brief* como o documento de levantamento prévio de dados acerca do cliente e *briefing* como a reunião de repasse e discussão dessas informações entre todos os envolvidos naquele trabalho especificadamente. O mercado e os clientes, em geral, adotam mais o termo *briefing* para as duas atividades. Não é um erro, é mera confusão de termos e está tudo bem. Não briguemos por isso.

5.4.2
Análise SWOT

Análise SWOT[4] é uma técnica de análise estratégica usada para avaliar as **forças** (*strengths*), ou seja, todos os pontos fortes em diversas dimensões da própria organização e que são controláveis, dependendo exclusivamente de ações da organização; as **fraquezas** (*weaknesses*), também relacionadas a características negativas ou fraquezas inerentes ao microambiente da organização; as **oportunidades** (*opportunities*), que correspondem às janelas de oportunidades que o macroambiente proporciona e que favorecem a organização; e as **ameaças** (*threats*), que dizem respeito a dimensões exteriores à organização que não são controláveis, que fogem da alçada da administração da marca.

O acrônimo SWOT reflete justamente isso: S = forças, W = fraquezas, O = oportunidades e T = ameaças. No Brasil, a tradução literal dos termos envolvidos resulta no acrônimo FOFA: forças, oportunidades, fraquezas e ameaças. A análise é feita por meio da identificação e da avaliação dos fatores internos e externos que afetam a organização ou o projeto. Os fatores internos incluem as forças e as fraquezas da organização, enquanto os fatores externos incluem as oportunidades e as ameaças que vêm do ambiente externo, mas que fogem totalmente do controle da organização, como políticas governamentais, leis e alta do dólar, por exemplo.

A análise SWOT é amplamente utilizada por organizações como uma ferramenta de planejamento estratégico, pois ajuda a identificar áreas em que elas podem aproveitar suas

---

4 Albert Humphrey (1926-2005), pesquisador e empresário, é considerado o autor da análise SWOT, na década de 1960.

vantagens competitivas, bem como áreas que precisam ser melhoradas ou protegidas. A análise SWOT pode ser realizada por meio de uma revisão interna da organização e de pesquisas externas de mercado e do ambiente competitivo. Os resultados da análise SWOT são geralmente utilizados para orientar as decisões estratégicas, como a pesquisa e o desenvolvimento de novos produtos/serviços, a entrada em novos mercados ou a revisão do plano de negócios. Tal análise, pode também determinar quais canais de mídia são viáveis e adequados para alcançar o público-alvo da organização e quais tipos de mensagens e campanhas poderão ser mais eficazes.

Podemos usar como exemplo um caso hipotético em que a análise SWOT identificou que a organização tem forte presença *on-line* e um público-alvo jovem e tecnologicamente conectado. Nesse caso, pode ser recomendável incluir campanhas publicitárias em meios e redes sociais, além de outras plataformas digitais. Por outro lado, se a análise identificou que a organização tem uma marca forte, mas batalha para se conectar com um público mais amplo ou diversificado, pode ser mais apropriado investir em publicidade em mídia tradicional, como TV, rádio ou jornais. A seguir, vemos um exemplo da disposição dos quadrantes da matriz SWOT.

Figura 5.1 Matriz SWOT

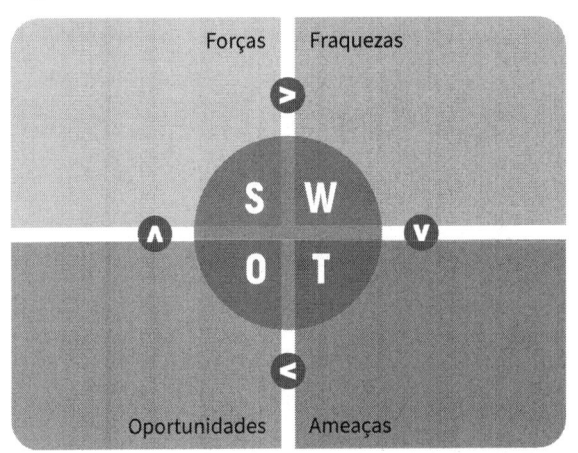

Na Figura 5.1, temos um modelo básico de matriz SWOT. Nos dois quadrantes superiores, estão representadas as forças e as fraquezas e, nos dois quadrantes inferiores, as oportunidades e as ameaças.

A matriz SWOT deve ser preenchida com todos os fatores positivos ou não de uma organização. Em seguida, mostramos um exemplo de como preencher a matriz SWOT.

Figura 5.2 Preenchimento da matriz SWOT

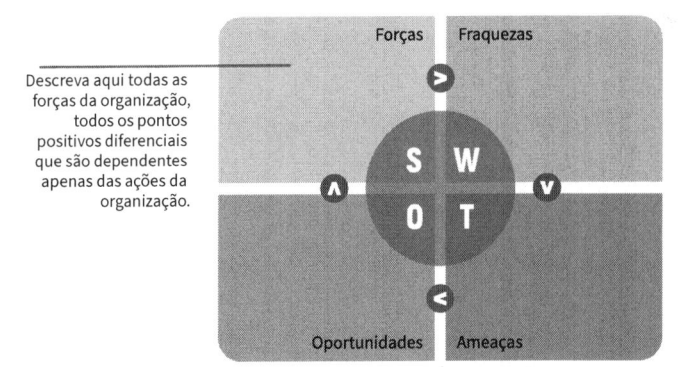

Descreva aqui todas as forças da organização, todos os pontos positivos diferenciais que são dependentes apenas das ações da organização.

SWOT

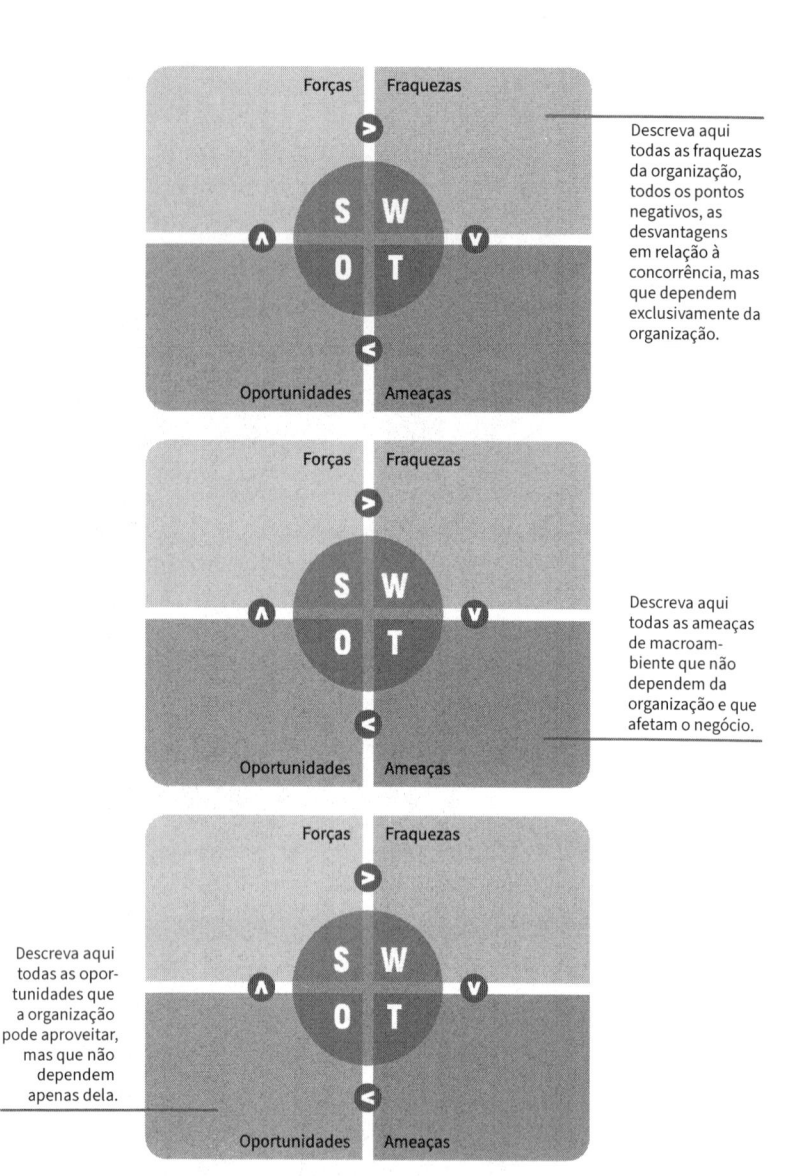

Forças | Fraquezas
Oportunidades | Ameaças

Descreva aqui todas as fraquezas da organização, todos os pontos negativos, as desvantagens em relação à concorrência, mas que dependem exclusivamente da organização.

Forças | Fraquezas
Oportunidades | Ameaças

Descreva aqui todas as ameaças de macroambiente que não dependem da organização e que afetam o negócio.

Descreva aqui todas as oportunidades que a organização pode aproveitar, mas que não dependem apenas dela.

Forças | Fraquezas
Oportunidades | Ameaças

Como mostrado na Figura 5.2, no primeiro quadrante de cima, devemos descrever todas as forças, os pontos positivos, os diferenciais, que dependem exclusivamente de ações advindas ou promovidas pela organização. No quadrante superior ao lado, devemos indicar todas as fraquezas, os pontos negativos, as fragilidades que podemos apontar em relação à concorrência, sempre lembrando que pontos fortes e fracos estão relacionados à organização (microambiente).

Nos dois quadrantes de baixo, devemos relacionar as oportunidades e as ameaças de forma a avaliar o macroambiente, ou seja, tudo o que a organização não tem alçada ou competência para evitar, mudar ou transformar. No quadrante das oportunidades, devemos descrever todas as janelas possíveis, favoráveis à organização, mas que não dependem dela para acontecer. No segundo quadrante inferior, devemos relacionar as ameaças que podem afetar diretamente o negócio.

Como cruzar os resultados da análise SWOT após seu preenchimento? Ao analisar os resultados da análise SWOT, é importante considerar como forças, fraquezas, oportunidades e ameaças se relacionam entre si. A seguir, apresentamos maneiras de cruzar os resultados dessa análise.

- **Alavancar as forças para aproveitar oportunidades**: considere como as forças internas da organização podem ser aproveitadas para capitalizar as oportunidades externas identificadas. Por exemplo, se o time da organização é altamente qualificado, é possível desenvolver novos produtos ou serviços para explorar uma nova oportunidade de mercado.

- **Neutralizar as fraquezas para enfrentar ameaças**: identifique como as fraquezas internas da organização podem ser superadas para enfrentar as ameaças externas. Por exemplo, se a organização está enfrentando uma ameaça de competição acirrada, pode ser necessário investir em treinamento e desenvolvimento do time para melhorar a eficiência dos processos internos.
- **Desenvolver estratégias defensivas**: considere como as ameaças externas podem ser neutralizadas ou minimizadas, de que modo é possível desenvolver novos produtos ou serviços que reduzam a concorrência ou investir em *marketing* para melhorar a presença e o posicionamento da marca.
- **Superar as limitações internas**: identifique como as fraquezas internas podem ser superadas para aproveitar oportunidades externas. Por exemplo, se a organização tem limitações financeiras, pode ser necessário buscar linhas de financiamento externas para expandir e aproveitar novas oportunidades.
- **Evitar riscos excessivos**: considere como as ameaças externas podem ser minimizadas evitando riscos excessivos. Por exemplo, se há uma ameaça de mudanças regulatórias de lei, importação ou exportação, alta ou baixa do dólar, a organização pode precisar investir em conformidade regulatória para evitar penalidades ou sanções futuras.

Ao cruzar os resultados da análise SWOT, é possível identificar estratégias que utilizem as forças da organização, corrijam suas fraquezas, aproveitem as oportunidades e enfrentem as ameaças.

5.4.3
Matriz BCG

A matriz BCG é um instrumento de análise de portfólio de produtos desenvolvida pela Boston Consulting Group (BCG)[5] na década de 1970. A matriz ajuda as organizações a avaliar a posição de seus produtos no mercado em relação à sua participação no mercado e ao crescimento do mercado.

A matriz BCG é dividida em quatro quadrantes, cada um representando uma categoria diferente de produtos, como observamos na imagem a seguir.

Figura 5.3 Matriz BCG

---

[5] Boston Consulting Group (BCG) é uma consultoria estratégica global, com sede em Boston, Massachusetts, nos Estados Unidos. Sua página na internet é: <http://www.bcg.com>.

Na Figura 5.3, vemos os quatro quadrantes da matriz BCG. A leitura se dá de baixo para cima, no sentido anti-horário. O primeiro quadrante é o abacaxi, no qual se inicia a jornada do produto. O segundo quadrante é a interrogação, com baixa participação de mercado e alto investimento. No terceiro quadrante, a estrela, quando o produto já alcança um *status* melhor de participação de mercado e começa a dar bom retorno aos valores investidos. Já no quarto e último quadrante, a vaca leiteira, o produto começa a enfrentar problemas, perdendo participação no mercado, mas garantindo o lucro por ter seus custos pagos ou diluídos; é quando começa a preocupação para manter, recolocar ou reposicionar o produto no mercado.

Estrelas são os produtos que têm alta participação de mercado e alto crescimento. São considerados em ascensão e têm grande potencial de lucro.

Vacas leiteiras são produtos com alta participação de mercado, mas baixo crescimento. Geram fluxo de caixa, mas não apresentam grandes oportunidades de crescimento.

Interrogações são os produtos que têm baixa participação de mercado, mas alto crescimento. Esses produtos apresentam incertezas e riscos, pois ainda não têm participação de mercado suficiente para gerar um fluxo de caixa sólido.

Abacaxis são produtos que têm baixa participação de mercado e baixo crescimento. Geram pouco ou nenhum lucro e geralmente consomem mais recursos do que geram.

A matriz BCG ajuda as organizações a decidir como alocar seus recursos para maximizar o retorno sobre o investimento. As organizações podem decidir investir mais recursos em produtos estrelas para aproveitar o potencial de crescimento ou podem optar por cortar gastos em produtos abacaxis que não geram lucro. Também podem decidir manter as vacas leiteiras para gerar fluxo de caixa, enquanto investem em novos produtos interrogações para explorar oportunidades de crescimento. Administrar o portfólio é obrigação de uma organização focada em lucros e crescimento. Na prática, a matriz BCG ajuda a ter clareza dos produtos que geram mais receita com menor investimento de tempo e dinheiro em *marketing* e vendas. O gráfico é atravessado por dois eixos, como ilustra a figura a seguir.

Figura 5.4 Eixos da matriz BCG

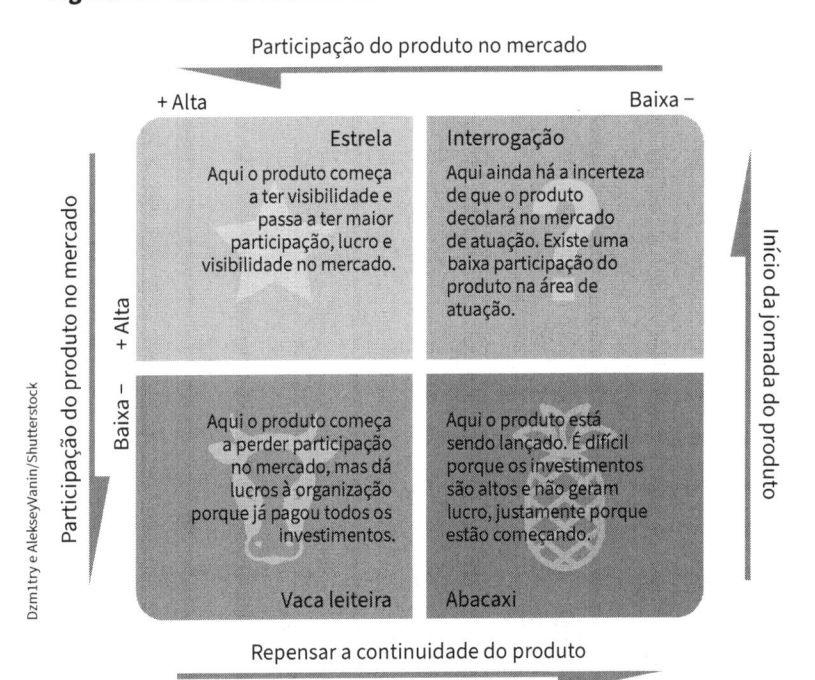

Participação do produto no mercado

+ Alta — Baixa –

Estrela
Aqui o produto começa a ter visibilidade e passa a ter maior participação, lucro e visibilidade no mercado.

Interrogação
Aqui ainda há a incerteza de que o produto decolará no mercado de atuação. Existe uma baixa participação do produto na área de atuação.

Vaca leiteira
Aqui o produto começa a perder participação no mercado, mas dá lucros à organização porque já pagou todos os investimentos.

Abacaxi
Aqui o produto está sendo lançado. É difícil porque os investimentos são altos e não geram lucro, justamente porque estão começando.

Participação do produto no mercado: + Alta / Baixa –

Início da jornada do produto

Repensar a continuidade do produto

Dzm1try e AlekseyVanin/Shutterstock

Na Figura, 5.4, vemos o resumo de cada uma das etapas ou quadrantes do produto no mercado. Na leitura anti-horária, de baixo para cima, temos o abacaxi, que se refere ao momento em que o produto está sendo lançado; os investimentos são altos e o produto não gera lucros, justamente por estar posicionado no início da jornada do produto.

No segundo quadrante, a interrogação, impera a incerteza de que o produto decolará no mercado de atuação; há uma participação do produto na área de atuação. No terceiro, a estrela, o produto começa a ter visibilidade e maior participação, lucro e visibilidade de mercado. No quarto e último quadrante, a vaca leiteira, o produto começa a perder participação de mercado, mas dá lucros (porque já pagou todos os seus investimentos) e agora é um produto rentável. É no início da transição para vaca leiteira (ou ao seu final) que a organização precisa pensar se o produto requer manutenção, se há necessidade de ser revisto ou reposicionado.

O propósito dessa matriz é utilizar e avaliar resultados e métricas de produtos para compreender o desempenho e o potencial (e o *timing* de mercado) de cada produto. Tal leitura facilita tomadas de decisão relacionadas com investimentos e estratégias de *marketing*, especialmente nos produtos e serviços – objetos da avaliação.

5.5
Negociação com os clientes

A relação cliente-agência de propaganda é uma parceria de trabalho colaborativa entre uma organização que deseja promover seus produtos ou serviços e uma agência de propaganda que fornece soluções criativas para ajudar a alcançar esses objetivos. Normalmente, essa não é uma relação simples.

Essa relação pode ser bastante complexa, envolvendo várias etapas do processo de criação e de produção de campanhas publicitárias. Para criar ações de relacionamento com os clientes, é preciso conhecer as formas que a marca ou organização utiliza para a definição da verba, do *budget* (orçamento).

A melhor negociação de *marketing* e comunicação, por mais óbvio que seja, deve ser realizada por pessoas da área, de dentro da organização. É comum nos depararmos com profissionais de compras, por exemplo, negociando propaganda e publicidade e opinando sobre ações de *marketing*. Se for inevitável, convém procurar alianças com profissionais das diferentes áreas do cliente, para subsidiar a construção do *brief*, por exemplo, e transmitir à agência mais informações.

O ideal é que pessoas relacionadas com os produtos e que conheçam a marca e o portfólio da organização contribuam nesse importante processo de coleta e de levantamento de dados, na ausência de profissionais de comunicação, justamente para manter e fortalecer a relação cliente-agência em todas as suas dimensões.

5.6
Programação e cronograma

Programação

A **programação** de mídia é o processo de planejamento, compra e colocação de anúncios em diferentes canais de mídia, como televisão, rádio, jornais, revistas, internet e mídia exterior, com o objetivo de alcançar o público-alvo da organização e realizar a promoção da marca e de seus produtos.

O processo de programação de mídia geralmente segue as etapas descritas a seguir, supondo-se que todas as etapas anteriores já foram cumpridas:

a) **Escolha dos canais de mídia**: com base nos objetivos de publicidade e no público-alvo, a organização deve escolher os canais de mídia que serão utilizados na promoção de seus produtos ou serviços. Por exemplo, se a organização está procurando alcançar um público mais jovem e urbano, pode optar por anunciar em plataformas de mídia social; se está tentando atingir um público mais amplo, pode optar por anúncios em TV aberta ou rádio.

b) **Determinação do orçamento de mídia**: a organização deve determinar o orçamento que será alocado para a programação de mídia, levando em consideração fatores como tamanho da campanha, quantidade de canais de mídia utilizados e tempo de exibição.

c) **Negociação com fornecedores de mídia**: a organização deve negociar com fornecedores de mídia, como emissoras de TV ou estações de rádio, para obter os melhores preços e condições de exibição de seus anúncios.

d) **Colocação de anúncios**: com base no planejamento anterior, a organização deve colocar seus anúncios nos canais de mídia escolhidos, garantindo que eles sejam exibidos no momento certo para atingir o público-alvo.
e) **Monitoramento e avaliação dos resultados**: a organização deve monitorar e avaliar continuamente os resultados da campanha de publicidade, a fim de determinar se os objetivos estão sendo alcançados e se a programação de mídia está atingindo seu público-alvo de maneira eficaz.

Assim, fica claro que a programação de mídia é um processo complexo que requer uma compreensão clara dos objetivos de publicidade, do público-alvo e dos canais de mídia disponíveis, além de habilidades de negociação, planejamento e monitoramento.

Cronograma

Um cronograma de mídia é um documento que mostra as datas e os horários específicos em que um anúncio ou campanha publicitária será exibido em diferentes canais de mídia. Esse documento é criado como parte do processo de programação de mídia e é usado para ajudar a garantir que os anúncios sejam programados no *timing* correto nos meios e veículos adequados para alcançar o público-alvo da organização.

Geralmente, inclui informações detalhadas sobre horário e duração dos anúncios, bem como o canal de mídia em que serão exibidos. Pode ser organizado por dia, semana ou mês, dependendo do tamanho e da complexidade da campanha publicitária.

Figura 5.5 Modelo de cronograma

AÇÃO | MEIO	CLIENTE: RED | Escola de Inglês																									TEMA DE CAMPANHA: Volta às aulas 2023 - 1º e 2º SEM.					CUSTO TOTAL: R$ 675.550,00	VERBA DE MÍDIA TOTAL: R$ 680.000,00	
	JANEIRO					FEVEREIRO					MARÇO					ABRIL					MAIO					JUNHO					FREQ.	VALOR UNIT.	VALOR TOTAL
	1	2	3	4	5	1	2	3	4	5	1	2	3	4	5	1	2	3	4	5	1	2	3	4	5	1	2	3	4	5			
Outdoor - placas 32 folhas		30 PLACAS					30 PLACAS					30 PLACAS															30 PLACAS					120 PLACAS	R$ 1.150,00	R$ 138.00,00
Revista | Educação	01 INS.					01 INS.					01 INS.					01 INS.					01 INS.									01 INS.	06 ANÚNCIOS INDETERM.	R$ 3.700,00	R$ 22.200,00
Jornal | Gazeta do Município	01 INS.		01 INS.			01 INS.		01 INS.			01 INS.		01 INS.			01 INS.		01 INS.			01 INS.		01 INS.			01 INS.		01 INS.			12 ANÚNCIOS	R$ 1.500,00	R$ 18.000,00
Rádio Capital	20 INS.	20 INS.	30 INS.	30 INS.	30 INS.	30 INS.	20 INS.	20 INS.	20 INS.	20 INS.	20 INS.	20 INS.	10 INS.	10 INS.		10 INS.	10 INS.	10 INS.	10 INS.		20 INS.	20 INS.	20 INS.	20 INS.		20 INS.					270 INSERÇÕES INDETERM.	R$ 390,00	R$ 105.300,00
Rádio CBN	20 INS.	20 INS.	30 INS.	30 INS.	35 INS.	35 INS.	20 INS.	20 INS.	25 INS.	25 INS.	20 INS.	20 INS.	10 INS.	10 INS.		10 INS.	10 INS.	10 INS.	10 INS.		35 INS.	35 INS.	20 INS.	20 INS.		20 INS.					270 INSERÇÕES INDETERM.	R$ 610,00	R$ 164.700,00
Rádio Cultura	20 INS.	20 INS.	30 INS.	30 INS.	30 INS.	30 INS.	20 INS.	20 INS.	20 INS.	20 INS.	20 INS.	20 INS.	10 INS.	10 INS.		10 INS.	10 INS.	10 INS.	10 INS.		20 INS.	20 INS.	20 INS.	20 INS.		20 INS.					270 INSERÇÕES INDETERM.	R$ 405,00	R$ 109.350,00
Mobiliário Urbano - 100 faces	01 SEM.					01 SEM.					01 SEM.															01 SEM.					400 INSERÇÕES INDETERM.	R$ 295,00	R$ 118.000,00
	Lançamento de Campanha															Sustentação de Campanha										Encerramento					**CUSTO TOTAL**		R$ 675.550,00

OBSERVAÇÕES: Custo estimado para veiculações e exibições. Criação e Produção não estão relacionadas nos custos.

Na Figura 5.5, temos um modelo simplificado de cronograma pensado para uma escola de inglês hipotética. São itens essenciais em um cronograma: nome do cliente; tema de campanha, para nomear a mídia e o material dentro do meio ou veículo; custos por mídia; verba total de mídia direcionada; custo total; frequência; valor unitário de inserção; e valor total das inserções, estimando-se ação e meio, os meses, dias, semanas, quinzenas ou bissemanas de veiculação – e as inserções, que serão divididas em lançamento, sustentação e encerramento da campanha completa. Há ainda um campo de observações, caso seja necessário algum apontamento importante para o comercial ou técnica do meio ou veículo.

No exemplo da escola de inglês, foi pensada uma campanha de janeiro a junho, sendo 120 placas de *outdoor*, 6 anúncios indeterminados na revista *Educação*, 12 anúncios no jornal *Gazeta do Município*, 270 inserções na Rádio Capital, 270 inserções na Rádio CBN e 270 inserções na Rádio Cultura Campeira, além de 400 inserções semanais de 100 faces de mobiliário urbano (MUB). O lançamento de campanha se dá na primeira semana de janeiro e vai até a última semana de março. A sustentação vai da primeira semana de abril à última semana de maio, e o encerramento segue da primeira semana de junho à última semana do mesmo mês. Para cada um dos meses, é estabelecida a quantidade de inserções que serão autorizadas e veiculadas em cada um dos veículos. No *outdoor*, com as 120 placas, temos um custo unitário de R$ 1.150,00 e um custo total de R$ 138.000,00; na revista *Educação* são 6 anúncios indeterminados de valor unitário de R$ 3.700,00 e valor total de R$ 22.200,00; no jornal *Gazeta do Município* são 12 inserções de R$ 1.500,00, com valor total de R$ 18.000,00; na Rádio Capital são 270 inserções com valor unitário de R$ 390,00 e valor total de R$ 105.300,00; na Rádio CBN são 270 inserções com valor unitário de R$ 610,00 e valor total de R$ 164.700,00; por fim, nas rádios hipotéticas, são 270 inserções na Rádio Cultura Campeira com valor unitário de R$ 405,00 e valor total de R$ 109.350,00. No mobiliário urbano, são 4 inserções de 1 semana (7 dias) de 100 faces com o valor unitário de R$ 295,00 e valor total de R$ 118.000,00.

Além disso, o cronograma de mídia também pode incluir informações adicionais, como o custo da colocação do anúncio, a frequência com que será exibido e a localização exata em que será exibido. Esses detalhes ajudam a garantir que a campanha publicitária esteja sendo executada de maneira eficaz e conforme o orçamento planejado.

Figura 5.6 Modelo de cronograma II

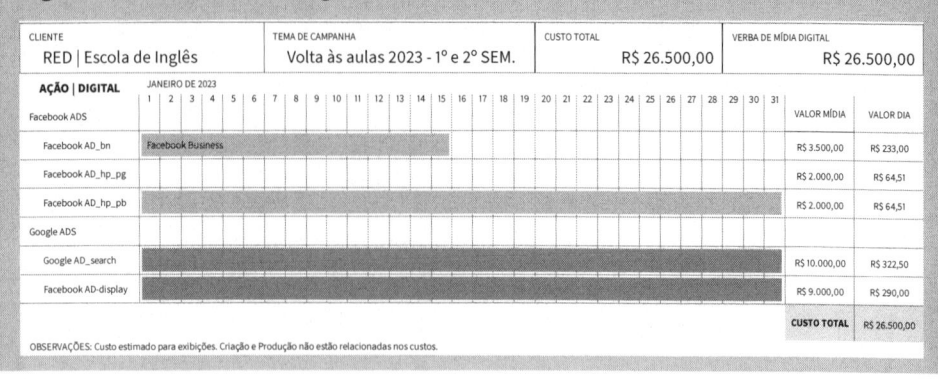

CLIENTE							TEMA DE CAMPANHA													CUSTO TOTAL							VERBA DE MÍDIA DIGITAL						
RED | Escola de Inglês							Volta às aulas 2023 - 1º e 2º SEM.													R$ 26.500,00							R$ 26.500,00						
AÇÃO | DIGITAL	JANEIRO DE 2023																															VALOR MÍDIA	VALOR DIA
	1	2	3	4	5	6	7	8	9	10	11	12	13	14	15	16	17	18	19	20	21	22	23	24	25	26	27	28	29	30	31		
Facebook ADS																																	
Facebook AD_bn	Facebook Business																															R$ 3.500,00	R$ 233,00
Facebook AD_hp_pg																																R$ 2.000,00	R$ 64,51
Facebook AD_hp_pb																																R$ 2.000,00	R$ 64,51
Google ADS																																	
Google AD_search																																R$ 10.000,00	R$ 322,50
Facebook AD-display																																R$ 9.000,00	R$ 290,00
																															CUSTO TOTAL	R$ 26.500,00

OBSERVAÇÕES: Custo estimado para exibições. Criação e Produção não estão relacionadas nos custos.

Na Figura 5.6, para o mesmo cliente (escola de inglês fictícia), temos um modelo que pode (e deve) variar de meio para meio e de veículo para veículo, mas com os campos necessários para preenchimento: nome do cliente; tema de campanha; valor unitário; valor total; verba de mídia digital; ações digitais com o nome das plataformas; e indicação de mês(es) e/ou dia(s) de campanha. Nesse exemplo, usamos Facebook Ads e Google Ads, que serão veiculados diariamente, sendo: Facebook AD_bn, do dia 1º ao dia 15 de janeiro, com valor unitário de R$ 233,00 por dia e R$ 3.500,00 no total da quinzena; Facebook_hp_pg, de 1º a 31 de janeiro, com valor diário de R$ 64,51 e valor mensal total de R$ 2.000,00; Facebook AD_hp_pb, de 1º a 31 de janeiro, com valor de R$ 64,51 por dia e R$ 2.000,00 por mês. A segunda ação é a veiculação no Google ADs, no formato *Search*, de 1º a 31 de janeiro, com valor diário de R$ 322,50 e R$ 10.000,00 ao longo de um mês, e no Facebook_AD, no formato *Display*, também ao longo de 31 dias, sendo R$ 290,00 diários e custo mensal de R$ 9.000,00. O custo total das ações digitais alcançou um valor de R$ 26.500,00 no mês programado. Não descrevemos ação a ação pelo fato de ser apenas um exemplo de modelo de cronograma, mas adiantamos que, quanto mais detalhado for esse processo (ao autorizar ações desse tipo), melhores serão os resultados. Vale lembrar que hoje existem diversas ferramentas que automatizam esse processo, facilitando os processos de reserva, autorização e veiculação.

Um cronograma de mídia é uma ferramenta essencial para o processo de programação de mídia, ajudando as organizações a garantir que seus anúncios sejam inseridos conforme a programação para atingir os objetivos desejados.

5.7
O fim das eras mágicas

Até bem pouco tempo atrás, era muito comum os publicitários lançarem mão de estratégias "matadoras", as quais, basicamente, consistiam na leitura de *briefs* elaborados pelos atendimentos das agências de propaganda em que a verba ou o orçamento eram conhecidos e robustos para a distribuição lógica do dinheiro diretamente para meios tradicionais, os quais de fato geravam bons resultados para os objetivos que tanto a agência quanto o cliente almejavam.

Afinal, a escolha dos melhores meios e veículos, há alguns anos, resumia-se à perfeita combinação de espaços comerciais no horário nobre (*prime time*) com uma boa distribuição de intensidade e frequência. Buscava-se veicular na primeira página de caderno de um importante jornal, na quarta capa daquela revista semanal badalada ou anunciar naquele bloco do jornal antes da novela. Mágico! Em regiões menores, procurava-se apostar na divulgação maciça em pequenos jornais de bairro e rádios do município que cobrissem o perímetro de atuação do cliente. Com um pouco de sorte, o público-alvo daquele planejamento seria perfeitamente impactado pela mensagem do cliente, afinal, não restavam a ele (consumidor) múltiplas alternativas de entretenimento, de comunicação. No Brasil, a televisão aberta, nas décadas de 1980 e 1990, limitava-se a poucos canais (veículos) diferentes de programação, mais algumas (poucas) alternativas de canais fechados, além de outros meios importantes, como jornal, cinema e rádio.

Esse era o resumo de alternativas de que dispúnhamos nos anos de 1980 e 1990:

- TV Record – criada em 1953.
- TV Bandeirantes – criada em 1967.
- TV Cultura – criada em 1960.
- TV Globo – criada em 1965.
- TV SBT – criada em 1981.
- TV Manchete – criada em 1983.
- TV Rede Vida - criada em 1992.
- TV MTV – criada em 1990.
- TV CNT – criada em 1993.

Tínhamos outras poucas opções em canais de TV abertos. Porém, alguns não tiveram força para seguir em frente. Nesse cenário, era nessas opções que os profissionais de mídia podiam pensar em veicular produtos e serviços. Para as TVs a cabo, um decreto de 1988 aprovou e legalizou a entrada de canais fechados como MTV e CNN no Brasil.

No início da década de 1990, os grandes grupos de comunicação passaram também a investir em produtos de TV fechada, e organizações como a Globo, que criou a Globosat, e o Grupo

Abril, que criou a TVA, saíram na frente na luta pelo novo formato de comunicação que começava a se expandir no Brasil.

Atualmente, é impossível listar precisamente quantos meios e veículos estão disponíveis no Brasil para veiculação comercial. Os grupos comunicacionais evoluíram e, com eles, os formatos, os clientes, a audiência, os modelos comerciais de divulgação.

No país, o modelo vigente é o de emissoras que se organizam em redes nacionais de televisão e que são predominantemente estruturadas por meio de cabeças de redes nacionais, estaduais e regionais em diferentes formatos e graus. Cada uma das cabeças é responsável pela inserção de programas e propaganda e publicidade, sendo geridas por meio de grades de programação para serem retransmitidas por conjuntos de emissoras locais que trabalham para dar conta das respectivas áreas de cobertura.

Os processos de seleção de audiência estão cada vez mais precisos, levando o profissional de mídia a se especializar ainda mais em ferramentas, dados e amostragens. Diferentemente do modelo tradicional de comunicação de massa, o novo modelo tende a se segmentar, a se fragmentar, com novos e diferentes mercados que precisam ser contemplados pelos planejamentos de mídia.

Sabemos, contudo, que, embora conhecer profundamente cada um de seus clientes seja o objetivo de todo *planner* de comunicação, essa tarefa é impossível de ser integralmente realizada, porque o mercado mudou, os clientes mudaram, a comunicação evoluiu.

Apenas para exemplificar o que mencionamos há pouco, no Brasil, em 31 de janeiro de 2018 o sistema ou sinal analógico de transmissão de televisão, parou de ser gerado. Ou seja, desde então, todos os domicílios nacionais passaram a ter a geração de canais integralmente digitais, em detrimento do antigo modelo, limitado e agora ultrapassado.

A partir desse momento, múltiplas oportunidades de transmissão são abertas, com qualidade ainda maior de imagem e mais alternativas de canais digitais, acelerando os processos interativos digitais. É notória a combinação de interatividade entre a publicidade e a mídia, bem como os resultados possíveis dessa união. A interação promove um melhor diálogo entre a marca e seu cliente.

Antigos modelos de levantamento de dados também precisaram ser revistos. Nesse sentido, as separações entre grupos sociais e etários, por exemplo, precisam ser revisitadas e reformuladas. Uma coisa é pensarmos em campanhas de massa; outra é planejarmos para pequenos grupos ou segmentos da sociedade.

Em tempos de *clouds*, *big data*, inteligência de mercado, entre outras definições comunicacionais e mercadológicas contemporâneas, pensar mídia se tornou um grande desafio de conhecimento e de aplicabilidade.

A seguir, destacamos a quantidade de organizações de mídia no Brasil, segundo o mercado em que atuam.

Quadro 5.1 Quantidade de organizações de mídia no Brasil

Empresas de comunicação – ano de 2023	Número de organizações
Atividades de rádio	7.624
Atividades de televisão aberta	1.911
Atividades de televisão por assinatura, exceto programadoras	110
Operadoras de televisão por assinatura a cabo	385
Operadoras de televisão por micro-ondas	14
Operadoras de televisão por assinatura por satélite	70
Impressão de jornais	350
Impressão de revistas, livros e outras produções periódicas	1.605
Edição de jornais	269
Edição de revistas	16.713
Provedores de internet	8.145
Bureaus de espaços comerciais	4.563
Promoção de vendas	549.961
Marketing direto	37.213
Agências de notícias	3.475
Agências de publicidade – certificadas pelo Cenp	1.153
Consultoria em publicidade	5.848
Web design	3.033
Provedores de voz sobre protocolo de internet – VoIP	152
Programadores	248
Criação de *stands* para feiras e exposições	275
Distribuição cinematográfica, de vídeo e de programas de televisão	572

(continua)

(Quadro 5.1 – conclusão)

Empresas de comunicação – ano de 2023	Número de organizações
Serviços de mixagem sonora em produção audiovisual	597
Design de produto	1.367
Atividades de exibição cinematográfica	1.495
Estúdios cinematográficos	1.724
Serviços de dublagem	1.889
Produção de filmes para publicidade	4.592
Portais, provedores de serviços de aplicações e serviços de informações *on-line*	20.634
Serviços de pré-impressão	25.884
Impressão de materiais para outros usos	22.903

Fonte: Elaborado com base em Grupo de Mídia, 2024.

Pelo volume de organizações ativas (regime 2023), é possível perceber a magnitude do mercado nacional, que contrasta com a involução de alguns meios de comunicação que ano a ano vêm perdendo mercado por diferentes motivos, os quais vão desde o crescimento de novas mídias até a mudança de hábitos de consumo de mídia nacional, entre outras hipóteses. Mas, como referenciamos ao longo desta obra, ainda que alguns meios percebam a diminuição de suas atividades ou tiragens, por outro lado, o número de representantes de áreas importantes para a comunicação cresce substancialmente. Devemos, cada vez mais, ter um mercado mais fortalecido, integrado e responsável como fornecedor de serviços e produtos para a comunicação e *marketing* de forma geral.

Síntese

Sem uma meta ou objetivo, para onde o barco estiver navegando, estará bom. Seria uma boa metáfora se não estivéssemos trabalhando, sobretudo, com a verba (o dinheiro) dos clientes.

O trabalho de comunicador social envolve justamente a responsabilidade com os clientes e com os clientes dos clientes, por isso devemos avaliar cada um dos passos, cada manobra – estratégica ou tática. Estipular os objetivos que devem ser alcançados com uma campanha é o *start*, o primeiro passo para se pensar um *job*. Neste capítulo, vimos que a base para esse plano devem ser as avaliações já realizadas no âmbito das análises e dos objetivos do *marketing* e da comunicação.

Examinamos ainda como avaliar os conceitos relacionados às diferentes formas de remuneração de um trabalho em propaganda e publicidade.

Por fim, vimos que acabou a era das fórmulas mágicas, quando anunciar no horário nobre e nos principais meios e veículos de comunicação disponíveis assegurava um bom retorno de mídia.

Questões para revisão

1) De que maneira os profissionais de mídia podem superar desafios específicos como atuar em uma pequena cidade, onde a oferta de meios e veículos tradicionais é limitada?

2) Diante da disparidade observada entre as diferentes regiões do Brasil, de que forma o profissional de mídia pode adaptar seus planos para contornar o "deserto de notícias" tal como existe na Região Norte, por exemplo?

3) Um banco de dados íntegro favorece a tomada de decisões por meio das conclusões baseadas em informação reais que refletem o cenário total da organização. Uma das formas de obter, por meio de pesquisa primária, dados de clientes é:
   a) pesquisa qualitativa dentro da própria organização.
   b) pesquisa *focus group*.
   c) ação de cliente oculto.
   d) *survey*.
   e) enquete digital.

4) Os 4 Ps criados por Jerome McCarthy, na década de 1960, contemplavam áreas de um composto mercadológico que avaliava quatro processos. Quais são eles?
   a) Produto, preço, praça e promoção.
   b) Precificação, produção, pré-venda e pós-venda.
   c) Produção, precificação, pontos de venda e parcerias.
   d) Pesquisa, planejamento, produção e pós-venda.
   e) Preço, produto, praça e pontos de venda.

5) A análise SWOT, importante indicador de ações e análise no micro e macroambiente, mensura:
   a) pontos fortes e pontos fracos, perspectiva e probabilidade.
   b) possibilidades, políticas, questões ambientais e sustentáveis.
   c) oportunidades e ameaças, políticas e perspectivas.
   d) saúde organizacional, tecnologia, operacionalidade e políticas.
   e) pontos fortes e pontos fracos, oportunidades e ameaças.

Questões para reflexão

1) Como a revolução tecnológica impactou a decisão dos pequenos clientes em investir em comunicação digital e que papel o publicitário deve assumir sendo um importante ator nesse cenário?

2) Como administrar e acompanhar as mudanças constantes (quase diárias) nas plataformas digitais?

3) Qual é a influência dos 4 Ps (produto, preço, praça e promoção) no desenvolvimento de um plano completo de mídia?

Estudo de caso

Lançamento regionalizado de um novo sabor de sorvete: estudo de caso da Gelobom

Empresa: GeloMAIS
Produto: Sorvete Trufa com Pimenta
Região: Sul do Brasil

Objetivo: aumentar a participação de mercado da GeloMAIS no Sul lançando um novo sabor de sorvete exclusivo para a região.

Desafios:

Conhecer as preferências do público sulista: a GeloMAIS precisava entender quais sabores de sorvete eram mais populares no Sul para desenvolver um produto que fosse bem recebido pelo público local.

Criar um sabor único e autêntico: o novo sabor de sorvete precisava ser diferente de tudo o que já existia no mercado, mas também tinha de ser autêntico e relevante para o público daRegião Sul, conhecidamente exigente.

Lançar o produto com sucesso: a GeloMAIS precisava lançar o novo sorvete Trufa com Pimenta de forma eficaz para gerar interesse e experimentação entre os consumidores da Região Sul, abrangendo Santa Catarina, Paraná e Rio Grande do Sul.

Estratégias iniciais:

Pesquisa de mercado: a GeloMAIS realizou uma pesquisa de mercado para entender as preferências do público das três cidades do Sul em relação ao consumo de sorvetes e gelados. A pesquisa revelou que os sabores mais populares na região eram chocolate, morango e coco. A pesquisa também indicou que os sulistas gostam de sabores picantes e exóticos.

Desenvolvimento do produto: com base nos resultados da pesquisa de mercado, a GeloMAIS desenvolveu o sorvete *premium* Trufa com Pimenta. O novo sabor apresenta uma base de sorvete de chocolate com um toque de pimenta e é coberto com chocolate belga e cacau em pó.

Campanha de *marketing*: a GeloMAIS lançou uma campanha de *marketing* integrada para promover o sorvete Trufa com Pimenta no Sul. A campanha incluiu anúncios em TV, rádio, mídia impressa e *on-line*. A GeloMAIS também fez parcerias com influenciadores locais para promover o produto nas redes sociais.

Resultados:

O sorvete *premium* Trufa com Pimenta foi um grande sucesso no Sul. O produto rapidamente se tornou um dos sabores mais populares da GeloMAIS na região.

A campanha de *marketing* da GeloMAIS foi muito eficaz em gerar interesse e experimentação entre os consumidores da Região Sul. Aumentou sua participação de mercado nos três estados da região com o lançamento do sorvete *premium* Trufa com Pimenta.

Lições aprendidas:

A necessidade da pesquisa de mercado: a pesquisa de mercado foi fundamental para o sucesso do lançamento do sorvete Trufa com Pimenta. A GeloMAIS só foi capaz de desenvolver um produto que atendesse às necessidades e preferências do público paranaense, catarinense e gaúcho porque realizou uma pesquisa completa de preferências, hábitos e consumo.

O diferencial de criar um produto único e autêntico: o sorvete Trufa com Pimenta se destacou da concorrência porque era um sabor único e autêntico. Os consumidores apreciaram o fato de que o produto foi criado especialmente para eles, idealizado segundo suas preferências e gostos.

A importância de uma campanha de *marketing* eficaz: a campanha de *marketing* da GeloMAIS foi fundamental para o sucesso do lançamento do sorvete *premium* Trufa com Pimenta. A campanha gerou interesse e experimentação entre os consumidores da região e ajudou a aumentar a participação de mercado da GeloMAIS na região.

Prática:

Neste capítulo, você vai elaborar um estudo de caso com o objetivo de desenvolver uma estratégia de mídia integrada regionalizada para uma campanha de lançamento de um novo produto em sua região.

- **Passo 1: identifique seu público-alvo e dados geográficos e sociais.**
  Defina seu público-alvo para a campanha de lançamento do novo produto.
  Considere fatores como idade, gênero, localização, interesses e comportamentos de compra.
- **Passo 2: escolha os canais possíveis de mídia.**
  Escolha os canais de mídia que são mais relevantes para seu público-alvo.

Considere canais como mídias sociais, publicidade *on-line*, publicidade em TV, rádio, mídia impressa e outras formas de mídia.

- **Passo 3: desenvolva sua mensagem.**
Desenvolva uma mensagem forte que alcance o público-alvo.
Certifique-se de que a mensagem seja clara, concisa e diferenciada da concorrência.

- **Passo 4: crie um plano de mídia para comunicação integrada.**
Desenvolva um plano de mídia integrada que inclua vários canais de mídia e táticas diferentes (*on-line* e *off-line*).
Por exemplo, você pode usar anúncios no Facebook Ads, Instagram Ads e Google AdWords, além de publicidade em mídias tradicionais, como TV e rádio em âmbito regional.

- **Passo 5: acompanhe e avalie seus resultados.**
Acompanhe e avalie seus resultados em cada canal de mídia para ver o que está funcionando e o que não está.
Use as informações obtidas para fazer ajustes em sua campanha de mídia e melhorar seus resultados ao longo do tempo.

Dica importante: ao longo da formulação de seu planejamento, considere o uso de ferramentas de análise de dados, como o Google Analytics, para monitorar o desempenho de sua campanha de mídia e identificar áreas para melhorias.

6
Glossário atualizado de mídia

Conteúdos do capítulo

- Glossário com os termos mais utilizados em propaganda, publicidade, jornalismo, *marketing*, *design* e relações-públicas.

Após o estudo deste capítulo, você será capaz de:

1. Compreender, avaliar e apreender o significado de termos que comumente integram o vocabulário da comunicação e do *marketing*, naturalizando alguns conceitos que, embora tenham diferentes origens, estão presentes no dia a dia do profissional dessas áreas.

AAAA – American Association of Advertising Agencies. Missão dos 4 As: os profissionais de *marketing* precisam mais do que nunca das agências para enfrentar os desafios incrivelmente complexos que continuam a surgir. Esses 4 As capacitam os membros a impulsionar o comércio, estimular conexões e moldar a cultura por meio da criatividade infinita. Investem no sucesso de seus membros, assim como se dedicam a ajudar as marcas a criar, distribuir e medir publicidade e *marketing* eficazes e perspicazes. Defendem o poder infinito da criatividade e as agências de valor, trazendo o crescimento dos negócios e a poderosa mudança cultural. Os 4 As impulsionam os negócios. *Site*: <https://www.aaaa.org/>.

ABA – Associação Brasileira de Anunciantes. Instituição civil sem fins lucrativos criada para representar e defender os interesses comuns para a evolução de profissionais e organizações anunciantes de todo o Brasil. Fundada em 29 de setembro de 1959 e sediada na cidade de São Paulo. Entidades internacionais parceiras: ISBA, WFA, ANA, ESOMAR. *Site*: <http://www.aba.com.br/>.

ABAP – Associação Brasileira de Agências de Publicidade. Instituição civil sem fins lucrativos que defende e divulga os interesses das agências de comunicação nacionais, sendo a maior da área na América Latina. Fundada em 1º de agosto de 1949. *Site*: <http://www.abap.com.br/>.

ABCOMM – Associação Brasileira de Comércio Eletrônico. Associação que estabelece interação com instituições governamentais e terceiros do varejo, além de prestadores nas áreas de tecnologia da informação, mídia e meios de pagamento. *Site*: <https://abcomm.org/>.

ABEDESIGN – Associação Brasileira de Organizações de Design. Fundada em 2005, em São Paulo, com o objetivo de ampliar o mercado de serviços de *design*. Comunica para o mercado, instituições e governo a importância e os resultados que o *design* entrega à sociedade brasileira, colaborando para o crescimento do país. *Site*: <http://abedesign.org.br/>.

ABEP – Associação Brasileira de Empresas de Pesquisa. Importante agente de *networking* entre as maiores organizações de pesquisa nacionais, que, somadas, são responsáveis por cerca de 91% dos investimentos em pesquisa realizados no país. *Site*: <http://www.abep.org/>.

ABERJE – Associação Brasileira de Comunicação Empresarial. Órgão profissional e científico sem fins lucrativos. Seu papel é fortalecer a comunicação nas organizações, oferecendo formação e desenvolvimento de carreira, além de produzir e disseminar conhecimentos em comunicação. *Site*: <http://www.aberje.com.br/>.

ABERT – Associação Brasileira de Emissoras de Rádio e Televisão. Associação sem fins lucrativos, fundada em 1962, que representa as emissoras de rádio e de televisão no Brasil. Seu objetivo é promover e defender os interesses de seus associados, bem como fomentar o desenvolvimento e o aperfeiçoamento do setor de radiodifusão no Brasil. A associação representa mais de 3 mil emissoras em todo o país, incluindo emissoras comerciais e públicas, além de canais de TV por assinatura. *Site*: <https://www.abert.org.br/web/>.

ABERTURA. Início de um programa com a inserção da marca dos patrocinadores, quando há a previsão de comercialização do espaço publicitário. Fala inicial de uma matéria, de um programa eletrônico e/ou transmissão ao vivo de TV ou rádio.

Síntese das matérias do dia de um telejornal, por exemplo. V. **Escalada**.

ABF – Associação Brasileira de Franchising. Associação com o objetivo de fomentar o desenvolvimento de *franchising* no Brasil, por meio de ações de representação, promoção, capacitação, certificação, pesquisa e defesa do setor. Reúne franqueadoras, franqueados, consultores, advogados e outros profissionais que atuam em *franchising*. *Site*: <https://www.abf.com.br/>.

ABI – Associação Brasileira de Imprensa. Entidade sem fins lucrativos, fundada em 1908, que tem como objetivo defender e promover a liberdade de imprensa no Brasil, bem como os direitos e os interesses dos profissionais da área. Representa jornalistas, editores, fotógrafos, cinegrafistas e outros profissionais da imprensa, além de manter um arquivo histórico e uma biblioteca com obras sobre a história do jornalismo no Brasil e no mundo. *Site*: <http://www.abi.org.br/>.

ABMN – Associação Brasileira de Marketing e Negócios. Associação reúne profissionais, empresas e instituições ligadas ao *marketing* e aos negócios, com o objetivo de fomentar a troca de informações, conhecimentos e experiências, além de promover ações para o fortalecimento e o crescimento do setor. *Site*: <https://abmn.com.br/home/>.

ABMP – Associação Baiana do Mercado Publicitário. Associação que atua na defesa dos interesses do mercado publicitário do Estado da Bahia junto às autoridades governamentais e outras entidades, buscando contribuir para o fortalecimento e o crescimento do setor na região. *Site*: <http://abmp.com.br/>.

ABOOH – Associação Brasileira de Mídia Digital Out of Home. Entidade civil que reúne pessoas jurídicas especializadas na transmissão de mensagens comerciais, com ou sem conteúdo editorial, por meio de sistemas estáticos e/ou de transmissão digital de som e/ou de som e imagem para leitura e/ou audiência em via pública e/ou por terminais de recepção colocados em espaços de frequência pública e/ou privada, inclusive as áreas comerciais de passagem, estada e/ou de acesso limitado e de organizações fornecedoras de tecnologia para a área de atuação de suas associadas principais. Criada em 18 de outubro de 2016. *Site*: <https://www.abooh.com.br/>.

ABORDAGEM (*approach*). Conceito criativo ou mote de campanha. Exemplo: Qual será a abordagem ou conceito criativo que utilizaremos na nova campanha publicitária? V. **Enfoque**.

ABOVE THE LINE. Em tradução literal, "acima da linha". Refere-se a um formato de mídia diferente do tradicional, que é ostensivo e dirigido a um público de comunicação de massa, sem a possibilidade de segmentação precisa.

ABNT – Associação Brasileira de Normas Técnicas. Órgão sem fins lucrativos responsável pela normalização técnica que promove o desenvolvimento tecnológico do país. Criado em 29 de setembro de 1940. *Site*: <https://www.abnt.org.br/>.

ABP – Associação Brasileira de Propaganda. Fundada em 16 de julho de 1937, no Rio de Janeiro. É a mais antiga instituição de caráter civil do país, sem fins lucrativos. *Site* (em reforma): <http://abp.com.br/>.

ABRACOM – Associação Brasileira das Agências de Comunicação. Associação que reúne agências de comunicação de diversos segmentos, como assessoria de imprensa, relações públicas, *marketing* digital e publicidade e oferece serviços como capacitação, *networking*, defesa dos interesses do setor, consultoria jurídica e apoio em questões regulatórias. Atua na promoção da imagem do setor de comunicação, por meio de iniciativas que buscam valorizar a importância da comunicação para as empresas e a sociedade em geral. *Site*: <https://www.abracom.org.br/>.

ABRAÇO BRASIL – Associação Brasileira de Rádios Comunitárias. Fundada em agosto de 1996, na Praia Grande em SP, com o objetivo de buscar a democratização da comunicação nacional. *Site*: <https://www.abracobrasil.org.br/>.

ABT – Associação Brasileira de Telesserviços. Associação que, desde 1987, defende organizações que atuam com telesserviços e que representam um dos setores que mais empregam. *Site*: <http://abt.org.br/>.

ABTA – Associação Brasileira de Televisão por Assinatura. Associação civil que congrega as principais empresas do setor de TV por assinatura, como operadoras, programadoras, distribuidoras e fabricantes de equipamentos, com o objetivo de fomentar o desenvolvimento do mercado, promover a inovação e a qualidade dos serviços oferecidos e representar os interesses do setor junto às autoridades governamentais e outras entidades. *Site*: <http://www.abta.org.br/>.

ACASO (*random*). Ocorrência, eventualidade, ao acaso. V. **Aleatório**.

ACRÔNIMO. Palavra formada pela combinação das letras iniciais ou sílabas de uma expressão ou nome composto. Forma abreviada de representar uma sequência de palavras ou termos. As letras iniciais ou sílabas são tomadas em ordem para formar o acrônimo, que é pronunciado como uma palavra completa. Exemplo: Abap – Associação Brasileira de Agências de Publicidade.

ACCOUNT. Em tradução literal, "conta". Nesse caso, conta publicitária, que se refere ao cliente. Exemplo: Tal organização é a nova conta da carteira de clientes de nossa agência de publicidade e propaganda.

ACCOUNT DIRECTOR. Diretor de conta publicitária (atendimento e/ou contatos publicitários).

ACCOUNT EXECUTIVE. Contato publicitário, executivo de contas. Em alguns mercados ou agências, o profissional também pode ser chamado de *atendimento*. Normalmente, encarrega-se de cuidar da conta de um ou mais clientes. Realiza a conversação entre a agência de comunicação e o cliente, a marca, a organização. É esse profissional que transmite e interpreta as soluções propostas pelos times para os problemas dos clientes. V. **Atendimento**.

ACCOUNT SUPERVISOR. Executivo supervisor de conta (de grupo ou de atendimento).

ACCOUNTABILITY. Termo para "prestação de contas". Conceito relacionado à responsabilidade e à prestação de contas de indivíduos, organizações ou instituições em relação às suas ações, decisões e uso de recursos. Fundamental para garantir a transparência, a integridade e a confiança nas operações.

ACCOUNTING. Contabilidade, contábil.

ACERVO. São todos os documentos organizados e sob guarda de uma biblioteca ou organização; conjunto de bens ou documentos que integram o patrimônio de uma organização.

ACESSIBILIDADE. Formas de garantir o acesso do usuário (com ou sem deficiência), por meio de ferramentas e estratégias, a páginas *on-line*.

ACETATO. Substância química em estado sólido derivada do sódio e do ácido acético, mais rígida e firme que o plástico. Utilizado em gráficas para janelas de envelopes, por exemplo.

ACÓRDÃO. Decisão de um órgão colegiado (Conar, por exemplo) que se diferencia da sentença, que é emanada por um órgão monocrático. Soluciona casos análogos.

ACTIVE PEOPLEMETER. Em tradução literal, "medidor de número de pessoas" ou de audiência. V. **Meter**, **Peoplemeter**.

AÇÕES COMUNICACIONAIS. Para Yanaze (2011), algumas das ações comunicacionais mais comuns à nossa disposição são: a) propaganda: anúncios em TV, rádio FM, mídia impressa, mídia externa (OOH), internet, cinema etc.; b) promoções de vendas: treinamento de equipe de vendas, canais de vendas, pré e pós-vendas, clientes finais etc.; c) *merchandising*: *design* de produtos, embalagem, *displays*, cartazes de ponto de venda, vitrinismo etc.; d) organização e/ou participação: em eventos, promocionais ou institucionais; e) televendas: ações de *telemarketing* e/ou *callcenters*; f) venda pessoal: vendas com representantes, contatos comerciais, executivos de vendas; g) *product placement*: inclusão de marcas no roteiro de novelas e filmes, fazendo com que os personagens interajam com a marca; h) comunicação digital: *sites*, meios sociais, redes sociais, *blogs* etc.

AD. Abreviação da palavra em inglês para "publicidade" e/ou "propaganda" (*advertising*). Nota: nos Estados Unidos, não há separação semântica (na prática) entre os dois termos da comunicação: publicidade e propaganda.

AD-BLOCK. *Software* ou aplicativo que possibilita aos usuários bloquear anúncios enquanto navegam na internet em diferentes plataformas e redes. Pode ser instalado como extensão do navegador ou como um aplicativo autônomo. Sua função é remover ou ocultar anúncios em *sites*, permitindo que o usuário navegue sem a exposição de propagandas *on-line*.

AD EXCHANGE. Mercado de espaços publicitários que facilita a aquisição e a venda de espaços de mídia de *ad networks* e DSP (*demand side platform*) ou, ainda, a compra e a venda de impressões individuais. A compra é em *real-time bidding* ou pelo formato "lance em tempo real". A maior oferta leva o espaço publicitário.

AD HOC. Em tradução literal, "para isso". Significa desenvolver projetos de pesquisa para uma organização, marca ou produto com objetivos específicos.

AD NETWORK. Rede cujo objetivo é conectar anunciantes a editores (*publishers*) que tenham impressões interessantes para a marca ou o cliente. Faz a correspondência entre os anúncios (e seus diversos tipos) e as demandas dos anunciantes.

AD PAGE EXPOSURE (APX). Em tradução literal, "exposição do anúncio publicitário na página".

AD SERVER (servidor AD). Plataforma que permite que anúncios publicitários pagos em múltiplos meios digitais sejam configurados e segmentados por *keywords*, preferências ou dados de clientes e usuários, além de servir como ferramenta analítica de resultados. Possibilita coletar resultados de desempenho em impressões, cliques e conversões.

AD SPEND BRASIL. Pesquisa do Kantar Ibope Media que mede os principais investimentos em digital no Brasil. *Site*: <https://iabbrasil.com.br/pesquisa-digital-adspend-2022-h1/>.

AD TECH (*advertising technology*). Em tradução literal, "tecnologia de publicidade". Conjunto de tecnologias e ferramentas utilizadas na propaganda e publicidade para a criação, a entrega e a análise de anúncios digitais.

AD VIEWS. Visualização de anúncios publicitários *on-line*. Avalia quantas vezes um anúncio foi visualizado, facilitando a análise, a mensuração e a eficiência de campanhas de *marketing* digital e propaganda e publicidade.

ADEQUAÇÃO. É a busca da mídia e de seu planejamento pelos melhores meios e veículos, mais adequados ao público-alvo do cliente ou anunciante, observando-se editorial, aderência e qualidade do ponto de contato para estabelecer uma comunicação.

ADMINISTRATIVO. Área ou profissional responsável pelas rotinas e processos administrativos de uma organização.

ADOBE. Adobe Systems Incorporated, fundada em 1982. Uma das maiores organizações de aplicativos para criação, edição e produção de imagens, audiovisuais, vídeo, áudio, vetores, imagens *raster*, gráficos e multimídia do mundo. Marca detentora de aplicativos como Photoshop, Illustrator, Premiere, InDesign, Audition e Acrobat, líderes na área. *Site*: <https://www.adobe.com/br/products>.

ADSL – *assymmetric digital subscriber line*. Em tradução literal, "linha digital assimétrica para assinante". É uma das múltiplas opções existentes no mercado que permite a conexão direta com a internet. No mercado brasileiro, utiliza o mesmo canal ou tronco da telefonia fixa, sendo uma alternativa módica para os consumidores.

ADS *SMALL*. Pequenos anúncios digitais comerciais, publicitários. São mais baratos, econômicos.

ADVB – Associação dos Dirigentes de Vendas e *Marketing* do Brasil. Referência para a gestão organizacional que oferece, desde 1956, cursos, palestras e eventos direcionados para profissionais de *marketing* e vendas. *Site*: <https://advb.org.br/>.

ADVERGAMES. Junção da propaganda de uma marca com um *game*. São jogos eletrônicos estruturados exclusivamente em torno de uma marca e que combinam mensagens dessa organização com experiências interativas e, normalmente, divertidas. A dinâmica do *game* é construída do início ao fim, respeitando características da marca ou de seus produtos.

ADVERTAINMENT. Junção entre propaganda e entretenimento. É a associação de uma marca ou produto com atividades de mídia, podendo abranger *marketing* de eventos, patrocínios e *product placement*. V. **Merchandising**, **Product placement**.

ADVERTISED PRICE. Preço anunciado de capa, estabelecido pela editora, dona do título. Preço de capa de revistas e jornais impressos, por exemplo.

ADVERTISER. Anunciante, cliente ou marca compradora de propaganda e publicidade.

ADVERTISING. Produzir ou realizar propaganda e publicidade.

ADVERTISING AGENCY. Agência de propaganda e publicidade.

ADVERTISING MAN/WOMAN. O profissional publicitário ou a publicitária. Profissionais de atividades publicitárias.

ADVERTISING MEDIA. Em tradução literal, "meios publicitários". Ferramentas ou recursos usados para veicular uma mensagem para o público da marca.

ADVERTISING MESSAGE. Mensagem publicitária.

AFILIADA. Emissora de televisão ou rádio afiliada a uma matriz (ou cabeça de rede) responsável pela retransmissão dos sinais da matriz e pela totalidade da programação da cabeça. Normalmente, as afiliadas têm gestão e/ou administração própria por meio de franquias da matriz.

AFINIDADE. Índice para conhecer a afinidade de um público a uma mídia – programa de televisão, rádio, revista ou página em redes sociais, por exemplo. V. **Índice de afinidade**.

AFICHE. Formato de cartaz, tradução de "pôster", em espanhol.

AFP – *advertiser funded programme*. Em tradução literal, "programa financiado pelo anunciante". Programa idealizado e gerido com investimentos e produção exclusivos do anunciante e não por um grupo ou canal de televisão. Exemplos de agências globais que fundaram organizações com esse objetivo: AFP – JWT Entertainment, BBH, Hubbub Communications, Now Inc., Mudra, WPP's Group M e Omnicom's Grand Central. V. **Branded content**.

AGÊNCIA DE NOTÍCIAS. Chamada também de *agência noticiosa*. Organização com viés jornalístico, especializada em coletar, apurar e distribuir dados e notícias das fontes do acontecimento para os veículos de comunicação social, como jornais, revistas, internet e emissoras de televisão. Alguns manuais jornalísticos focam os aspectos inerentes à distribuição, enquanto outros enfatizam aspectos valorativos, como a precisão da fonte e da informação e a velocidade na divulgação da notícia.

AGÊNCIA DE PROPAGANDA. Organização jurídica independente do cliente, podendo se apresentar em diferentes formas: *house*, quando atua dentro da estrutura do próprio cliente; independente, quando oferece seu *know-how*, seus produtos e serviços para os seus clientes; e, ainda, especialista em áreas como digital, mídia, *marketing* tradicional e digital. A remuneração e a relação com anunciantes, meios e veículos são amparadas pela Lei n. 4.680, de 18 de junho de 1965, e pelo Decreto n. 57.690, de 1º de fevereiro de 1966.

AGÊNCIAS SEM – *search engine marketing*. Em tradução literal, "*marketing* de mecanismos de busca". Agências de comunicação especialistas em digital e que atuam exclusivamente na prestação de serviços em um segmento específico, o de buscas (*search*) na internet. Definição para *bureau* de buscas.

AIDED RECALL. Em tradução literal, "lembrança induzida". É uma técnica de pesquisa de mercado em que são convidadas pessoas para responder sobre uma propaganda de determinada marca. Uma das técnicas utilizadas consiste em mostrar fragmentos de um anúncio de TV, por exemplo, e os entrevistados são convidados a relembrar de que marca é o comercial. O segundo passo relaciona determinados produtos e induz as pessoas a responder sobre a marca.

ALCANCE (*reach*). Índice de diferentes pessoas ou domicílios (únicos, não duplicados) expostos no mínimo uma vez ao ponto de contato (veículo) ou a múltiplos veículos. Índice expresso em porcentagem ou em número absoluto. Representa o número de pessoas que foram expostas a um anúncio ou conteúdo em um veículo (ou meio) de comunicação, *on-line* ou *off-line*. V. **Frequência**, *Reach*.

ALCANCE ACUMULADO (Cov%). Índice total de pessoas alcançadas individualmente (sem duplicação) durante o período estipulado.

ALCANCE EFICAZ (WCov). Índice de pessoas que foram impactadas segundo os parâmetros definidos para conceituar no projeto em questão. Exemplo: uma exposição de três ou mais vezes, sendo a mensagem eficaz a partir da terceira exposição.

ALCEAMENTO. Perfeito alinhamento de páginas ou cadernos para encadernação ou blocagem de um livro.

ALEATÓRIO. Índice amostral que permite obter uma parcela que represente o universo que se deseja verificar. Variáveis não controláveis durante a realização de uma pesquisa amostral. V. **Acaso**.

ALGORITMO. Sequência de instruções ou comandos que sistematizam os mecanismos de busca. Em redes, são *bots* que identificam quais publicações deverão ser entregues para mais ou menos pessoas, segundo o grau de relevância do conteúdo para cada uma. V. *Bot*.

ALINHAMENTO DE CÂMERAS. Alinhamento e ajuste dos diferentes controles técnicos da câmera de vídeo, como gama, nível de branco, nível de preto e balanço de cores. O objetivo é regular a câmera com a máxima fidelidade de imagem para captação e transmissão.

ALL NEWS. Emissora de televisão, por exemplo, especializada em transmitir exclusivamente notícias ao longo de sua programação. A grade de programação está baseada unicamente em programas de reportagens, análises, entrevistas, colunismo, com coberturas contínuas e abrangentes dos acontecimentos em tempo real.

ALLTYPE. Em tradução literal, "todo em tipo". Relacionado à criação de anúncios de jornal, revista e *outdoor*, que são diagramados apenas com textos (frases escritas), sem o uso de ilustração, imagens ou outros recursos gráficos.

ALTA DEFINIÇÃO. Imagem ou áudio captados, gerados, transmitidos e recepcionados (ou impressos) em altíssima definição. Formatos possíveis de resolução atuais para vídeo e áudio: 12k, 8k e 4k. Para impressão: 1.200 dpi e 600 dpi. Para fotografia: lentes de até 3.2 *gigabytes* de resolução. Quanto maior a resolução, mais caro o sistema, sendo a maioria inacessível para grande parte dos públicos.

ALTO CONTRASTE. Eliminação dos meios-tons, ressaltando apenas os contornos em preto e branco da imagem (gráfica estática ou cinematográfica). Nesse recurso, acentuam-se o branco, o negro e as cores principais.

ALTO-FALANTE. Dispositivo de saída (transdutor) que converte ondas eletromagnéticas em ondas sonoras; dispositivo de comunicação muito utilizado em praças e igrejas de pequenas cidades do interior como fonte de informações e notícias para os moradores.

ALWAYS ON. Em tradução literal, "sempre ligado", "presente". Refere-se a uma estratégia de *marketing* em que uma organização ou marca está constantemente presente e disponível para seu público-alvo em várias plataformas e canais de mídia. Essa estratégia envolve uma presença contínua e consistente em diversas plataformas, como televisão, mídia social, rádio, anúncios *on-line* e *e-mail marketing*.

AMMB – Associação de Marketing Móvel do Brasil. Principal associação sem fins lucrativos do ecossistema *mobile* no mundo. *Site*: <https://www.mmaglobal.com/pt-br/about>.

AMOLED. Abreviação para *active-matrix organic light-emitting diode*. Tecnologia de tela utilizada em dispositivos eletrônicos, como *smartphones*, *tablets*, TVs e *smartwatches*. Diferentemente das telas LCD (*liquid crystal display*), que, por meio de uma fonte de luz de fundo, ilumina os *pixels*, as telas Amoled emitem luz individualmente por meio de pequenos diodos orgânicos que são ativados eletricamente.

AMPLIFIER. Em tradução literal, "amplificador". De som, de imagem, de ondas de rádio ou sonoras.

AMPRO – Associação de *Marketing* Promocional. Associação que, desde 1993, reúne e representa todos os segmentos nacionais de *marketing* promocional. Representa o *live marketing*. *Site*: <https://ampro.com.br/ >.

AMPRO GLOBES AWARDS. Prêmio organizado pela Ampro desde o ano de 2000. Realizado em mais de 30 países e aberto a todas as agências do setor promocional.

AMOSTRA. Parcela representativa da população a ser pesquisada. Parte de um nicho de consumidores que podem representar o extrato de um total de população. Pequena parcela de um produto para experimentação de um público da marca.

AMOSTRA ALEATÓRIA. Tipo de parcela amostral que foi escolhida ao acaso ou por meio de conceitos probabilísticos. V. **Acaso**.

AMOSTRAGEM. Parte da teoria estatística que define os procedimentos que deverão ser empregados para a criação dos planejamentos amostrais, bem como as possíveis técnicas de estimação ou valoração que serão mais bem utilizadas. Pode ser também designação para amostras gratuitas de produtos. V. **Amostra grátis**.

AMOSTRA GRÁTIS. Distribuição gratuita de produtos em tamanhos reduzidos, sem valor comercial, em quantidade necessária para o consumidor conhecer a marca e um pouco do produto. Não pode ser confundida com bonificação ou distribuição de brindes. Pode ser anexada em meios como revistas e jornais impressos ou ser distribuída em feiras e eventos. V. **Brindes**.

AMPLITUDE MODULADA – AM. Técnica de modulação utilizada para transmitir informações em ondas de rádio de alta frequência (HF). A amplitude da onda portadora varia de acordo com a informação que se deseja transmitir, como um sinal de voz ou música. Era amplamente utilizada em radiodifusão de amplitude modulada, em que a informação de áudio é transmitida por ondas de rádio de baixa frequência que são moduladas em uma portadora de alta frequência. É mais suscetível a interferências eletromagnéticas e a variações na propagação das ondas de rádio, mas ainda é abastante usada em muitas regiões do mundo. O Decreto n. 9.270, de 25 de janeiro de 2018, prorrogou em 180 dias a data final de migração de todas as rádios AM para FM (frequência modulada). Segundo a Associação Brasileira de Emissoras de Rádio e Televisão (Abert), das 1.781 outorgas de rádio M no Brasil, 1.720 solicitaram mudança para a FM. V. **Abert**, **Frequência modulada**.

ANA – Associação Americana de Anunciantes. Líder da comunidade de *marketing* nos Estados Unidos, fundada em 1910. Seu *slogan* é "Impulsionando o crescimento para profissionais de *marketing*, marcas e organizações e a indústria para o benefício da humanidade". *Site*: <https://www.ana.net/about>.

ANAIS. Registro dos trabalhos apresentados em uma conferência, um congresso ou um simpósio. Essa publicação contempla os resumos ou os textos completos dos artigos, bem como informações sobre os autores e a programação do evento. Servem como registro dos trabalhos apresentados e fornecem uma oportunidade para os pesquisadores compartilharem suas descobertas e contribuições com a comunidade acadêmica.

ANÁLISE DE CONTEÚDO. Papel que incumbe a um curador e que envolve a avaliação e a postagem de determinado conteúdo em um *site* de marca, por exemplo.

ANÁLISE MULTIVARIADA (*multivariate data analysis*). Conjunto de métodos que favorece a análise simultânea de medidas múltiplas para cada objeto da análise, que permita uma verificação simultânea de duas ou mais variáveis que passam a ser consideradas multivariadas.

ANÁLISE DE *PATHS*. Rastros ou caminhos feitos pelos usuários dentro de um *site* que fornecem meios de análise de hábitos de navegação para a criação de estratégias personalizadas.

ANALÓGICO. Sistemas ou dispositivos que funcionam com sinais contínuos e variáveis, em oposição a sinais digitais, que, por origem, são discretos (tradicionais). Sinal contínuo (onda senoidal) que transporta informação como amplitude e/ou frequência.

ANATEL – Agência Nacional de Telecomunicações. Órgão regulador no Brasil. *Site*: <https://www.gov.br/anatel/pt-br>.

ÂNCORA. Profissional da bancada de um telejornal responsável pela apresentação ao vivo de jornais, noticiários televisivos, de rádio ou digitais.

ANCORAGEM. Trabalho de apresentação ao vivo dos noticiários com entradas e transmissão ao vivo de entrevistas. Programas de notícias e coberturas especiais em rádio, TV e internet.

ANER – Associação Nacional dos Editores de Revistas. Associação que defende os interesses das editoras associadas, o estímulo à liberdade de imprensa, a promoção da ética e da qualidade na produção de conteúdo editorial, além de fomentar o desenvolvimento do mercado de revistas no país. Foi fundada em 1986. *Site*: <https://www.aner.org.br/>.

ÂNGULO DE RETÍCULA. Ângulo preciso e exato que faz a disposição das retículas (gráficas físicas ou digitais) nas tramas de pontos.

ANIMATIC. Versão preliminar de uma animação ou de um filme animado, como se fosse o bruto ou o esboço de um filme. É formada uma sequência de imagens ou ilustrações de *storyboard*, filmada e editada com as faixas sonoras necessárias e com as vozes já inseridas dos personagens. Esse processo facilita o entendimento e a produção do filme. V. **Storyboard**.

ANJ – Associação Nacional de Jornais. Associação que defende a liberdade de imprensa, a promoção da ética e da qualidade na produção de conteúdo jornalístico, além de fomentar o desenvolvimento do mercado de jornais no país. Foi fundada em 1979. *Site*: <https://www.anj.org.br/>.

ANONIMATO. O Código de Defesa do Consumidor (Lei Federal n. 8.078, de 11 de setembro de 1990, art. 36), assim como a Constituição Federal (art. 5º, inciso IV), não permite a veiculação de mensagens publicitárias anônimas, justamente para que o consumidor possa identificar a organização responsável pelo produto comercializado.

ANNOUNCER. Em tradução literal, "anunciante". V. **Anunciante**.

ANSWER PRINT. Cópia final de um positivo de filmagem realizada para o cinema ou para a televisão. Cópia de aprovação.

ANTENA PARABÓLICA. Antena que capta ou recebe o sinal de canais de TV via satélite. Por meio de um refletor paraboloide, rebate o sinal para um receptor. O sinal chega de forma concentrada por causa do formato da antena e, com um decodificador, envia dados de imagem e som para um aparelho televisor.

ANTERROSTO. Página posicionada posteriormente à página de rosto (página de título). O anterrosto é uma página em branco que geralmente contém apenas o título do livro ou o título e o autor, sem outros elementos adicionais, sendo uma página opcional e que pode ser deixada em branco ou personalizada de acordo com as preferências do editor da obra.

ANTI-ALIASING. Sem tradução para o português. Recurso gráfico aplicado para suavizar ou minimizar os serrilhados decorrentes das mudanças de cores de um *bitmap*. V. **Jaggies**.

ANUÁRIO. Publicação impressa ou *on-line* que apresenta informações e recursos relacionados ao mercado publicitário, regional ou nacional. As publicações são compiladas por organizações ou associações relevantes, como clubes de criação (regionais) ou agências de propaganda e publicidade, servindo como fonte de referência para profissionais e organizações do setor. Exemplos de clubes de criação regionais que mantêm anuários: CCPR, CCSP, CCRJ.

ANUNCIANTE. O responsável pelo pagamento e pela mensagem veiculada em qualquer meio de comunicação. O anunciante pode veicular comerciais publicitários, por exemplo, via agência de publicidade na condição de cliente da carteira da agência ou diretamente com o veículo que deseja anunciar, sendo chamado de *cliente direto*.

ANÚNCIO. Gênero textual ou mensagem utilizada para a promoção de uma marca, produto ou ideia para um público-alvo, em um meio e em um veículo de comunicação. V. **Comercial**.

ANÚNCIO *BUMPER*. Formato curto de anúncio em vídeo que geralmente dura apenas alguns segundos, tipicamente de 6 a

15 segundos. Esses anúncios são rápidos, objetivos e envolventes, capturando a atenção do espectador em um curto período de tempo.

ANÚNCIO CLASSIFICADO. Anúncio especializado específico para espaços comerciais classificados. Exemplos: anúncio de veículos, de imóveis etc. Feito normalmente, sem a utilização de imagem (*alltype*), seu conteúdo deve ser o mais objetivo o possível.

ANÚNCIO COM MARGEM. Anúncio limitado por um quadro, margem ou cerco, que restringe a área de impressão do comercial, não ocupando todo o perímetro da página de uma revista ou jornal impresso.

ANÚNCIO CONTEXTUAL. Anúncio que é veiculado conforme o conteúdo do *website* ou da página, ou de acordo com a palavra-chave patrocinada pelo cliente anunciante.

ANÚNCIO COOPERADO. Também conhecido pelo termo em inglês *co-op advertising* (*cooperative advertising*). Estratégia de *marketing* em que dois ou mais parceiros comerciais compartilham os custos de uma campanha publicitária. Essa prática é comumente utilizada por fabricantes e revendedores que têm uma relação de cooperação, como um fabricante que deseja promover seus produtos por meio dos canais de distribuição de seus revendedores. Nesse tipo de arranjo, o fabricante e o revendedor contribuem financeiramente para a criação e a veiculação de anúncios, geralmente de forma proporcional ao benefício que cada parte obtém. Exemplo: um fabricante pode oferecer aos seus revendedores materiais de *marketing* prontos para uso, como folhetos, *banners* ou anúncios impressos, e compartilhar os custos de veiculação desses materiais.

ANÚNCIO DE LANÇAMENTO. Anúncio que inaugura a promoção de uma marca ou de um produto. Fase inicial da promoção. Início da veiculação de um programa de TV, rádio ou internet. V. **Lançamento**.

ANÚNCIO DE SUSTENTAÇÃO. Estratégia de manutenção da marca, produto ou ideia no ar, em rádio, internet ou televisão. Ideia de solidificação de presença no mercado de atuação. Normalmente, os níveis de investimentos em sustentação são mais baixos que a frequência e os investimentos em lançamento. V. **Sustentação**.

ANÚNCIO DETERMINADO. Quando a compra de mídia prevê o espaço exato onde o anúncio deve ser publicado (no caso de revista e jornal impressos) ou no caso de áudio e visual (rádio, internet e televisão). Quando a agência (ou um cliente direto, por exemplo) autoriza e predefine o espaço, o anúncio deve ser colocado exatamente onde foi combinado anúncio de meia página, capa da editoria de automóveis na edição de domingo ou, no caso de um anúncio de rádio, comercial de 30" no segundo *break* (intervalo) regional do programa X, por exemplo. Quando não se determinam o espaço e seus horários, o comercial fica sujeito à disponibilidade de vaga ou de janelas da programação, no horário em que for possível a inserção. V. **Anúncio indeterminado**.

ANÚNCIO ESPELHADO. Prática utilizada na publicação de impressos como revista e jornal. Colocação determinada (diferente da indeterminada) em que se decide a posição do anúncio na página, que pode ser justamente ao lado de um anúncio concorrente, sendo página ímpar contra página par, por exemplo. V. **Anúncio determinado**, **Anúncio indeterminado**.

ANÚNCIO INDETERMINADO. Quando não há uma determinação exata de inserção do anúncio ao longo da programação da rádio, TV ou internet e/ou quando não se define a posição exata do anúncio impresso em revista ou jornal nem se escolhe a posição em páginas pares ou ímpares, por exemplo.

ANÚNCIO INSTITUCIONAL. Anúncio relacionado à marca ou à organização. Tem o objetivo de vender exclusivamente o conceito da marca ou da organização sem explorar promoções de preços ou produtos do portfólio da marca.

ANÚNCIO INTERSTICIAL. Formato de anúncio utilizado em aplicativos móveis e *websites*. É exibido em momentos de transição ou pausa no conteúdo principal, geralmente entre diferentes telas ou páginas. Ocupa toda a tela do dispositivo e pode conter imagens, texto, vídeos ou até mesmo elementos interativos.

ANÚNCIO SANGRADO (*bleed*). Caracterizado pela invasão da área impressa, perfazendo uma margem de segurança no entorno do anúncio ou arte na página de uma revista ou jornal. Implica estender a imagem, por exemplo, além da margem normal do anúncio. V. **Anúncio com margem**.

AO VIVO. Transmissão em tempo real, em rádio ou TV. Na internet, a transmissão ao vivo tem a denominação de *live*. V. *Live*.

AP – autorização de programação. Documento que autoriza a inserção ou veiculação em TV, rádio e internet, que é a sinalização de utilização de parte (ou do todo) de uma verba publicitária, ou da autorização que o anunciante dá para a agência utilizar a verba em veiculação, por exemplo.

APARA. Resíduo gerado durante o processo de fabricação de papel, cortes em guilhotinas ou durante o seu uso e descarte. Consiste em fragmentos ou sobras de papel que podem ocorrer em várias etapas do ciclo de vida do papel. Durante a fabricação de papel, aparas podem ser produzidas quando o papel é cortado em tamanhos específicos, quando as bordas são aparadas para obter um formato adequado ou quando ocorrem defeitos na produção que resultam em partes indesejadas do papel.

APELO EMOCIONAL. Comunicação (anúncio ou mensagem) que apela para os fatores emocionais do público-alvo, que podem gerar *feedbacks* (respostas) positivos ou negativos.

APK – android package kit. Formato de arquivos do sistema Android.

APLICATIVO (ou APP). Programa desenvolvido para atuar em dispositivos e/ou *gadgets mobile*, como celulares, *smartphones* e *tablets*.

APOIO. Ação que não necessariamente implica investimento financeiro em um projeto. Pode ser a prestação de serviço, por exemplo, em troca da divulgação da marca. São ajudas estratégicas que garantem o alcance de objetivos comuns ao organizador e à marca apoiadora. Apoio é diferente de patrocínio. V. **Patrocínio**.

APP – Associação dos Profissionais de Propaganda (APP BRASIL). Sucessora da Associação Paulista de Propaganda, com sede em São Paulo. Congrega profissionais e organizações do setor. Fundada em 1937. *Site*: <https://appbrasil.org.br/>.

APPROACH. Em tradução literal, "abordagem". V. **Enfoque**.

APRESENTAÇÃO DE CAMPANHA. Momento da verdade, quando a agência apresenta ao cliente o conjunto de peças criadas e produzidas como solução possível para os problemas de *marketing* e comunicação levantados e planejados pelos profissionais da agência.

APROPRIAÇÃO DE VERBA. Detalhamento dos usos que uma agência realiza com parte ou o todo da verba do cliente destinada para determinado projeto. A apropriação também pode ser o documento que autoriza a agência a utilizar a verba, assinada pelo anunciante, cliente do projeto.

ARCHIVE **(REVISTA** *LUERZER'S ARCHIVE***)**. Uma das revistas *on-line* mais importantes para divulgação dos trabalhos publicitários pelo mundo. Os melhores trabalhos internacionais são veiculados nas edições da editora. *Site*: <https://www.luerzersarchive.com/>.

ÁREA GEOGRÁFICA. Área pré-delimitada de cobertura de uma mídia ou veículo.

ÁREA PRIORITÁRIA. Área que demanda uma atenção maior e uma cobertura prioritária nas ações de mídia. V. **Mercado prioritário**.

ÁREAS NIELSEN. Áreas geográficas definidas e mapeadas para a realização de pesquisas que abrangem todo o Brasil. *Site*: <https://www.nielsen.com/br/pt/>. V. **Nielsen**.

ARMAZENAMENTO. Processo de manter informações, dados ou objetos em um local seguro e acessível para uso contínuo. Isso pode envolver a utilização de dispositivos de armazenamento físicos, como discos rígidos, *pen drives*, cartões de memória, fitas magnéticas ou unidades de estado sólido (SSD), bem como serviços de armazenamento em nuvem, que permitem armazenar e acessar dados pela internet.

ARP – Associação Rio-Grandense de Propaganda. Associação que representa os profissionais e as empresas do mercado de comunicação no Estado do Rio Grande do Sul, no Brasil. *Site*: <http://www.arpnet.com.br/>.

ARQUIVAMENTO. Série de operações que têm como objetivo a guarda organizada de documentos *on-line* e *off-line*.
V. **Acervo**.

ARQUIVO ABERTO. Documento que só pode ser manipulado dentro do aplicativo em que foi criado. Sua edição posterior é possível, mas precisa estar "linkado" com os seus vínculos (fontes, imagens, ilustrações, logotipos etc.). Aplicativos que podem gerar arquivos abertos: CorelDraw, Illustrator, Photoshop, InDesign, entre muitos outros.

ART NOUVEAU. Arte que alia elementos clássicos e do barroco, com linhas onduladas e com temáticas que exploram o mundo vegetal. Surgida na França, na década de 1890.

ARTE. Peça gráfica, fruto da redação, da direção de arte e/ou da criação, que vai compor uma peça publicitária.

ART DÉCO. Estilo decorativo que surgiu em 1918, caracterizado por linhas aerodinâmicas e padrões geométricos mais simples ou ainda pontas, extremos angulosos, com cores essencialmente brilhantes.

ARTE-FINAL. Produto final da direção de arte ou criação. É com base nesse registro que a produção gráfica começa a trabalhar. Peça publicitária definitiva para a produção.

ARTICULISTA. Profissional que escreve artigos de opinião ou colunas em jornais, revistas, *blogs* ou outros meios de comunicação. Tais artigos geralmente refletem opiniões, análises ou pontos de vista pessoais do articulista sobre diversos assuntos, como política, sociedade, cultura, esportes, entre outros temas de interesse público.

ASA – american standard association. Sistema pioneiro para a classificação de sensibilidade à luz de filmes fotográficos. Quanto maior a ASA, mais sensível à luz. Com a digitalização das câmeras, o sistema ISO passou a ser utilizado em todo o mundo e representa a sensibilidade do sensor digital das câmeras digitais modernas. V. **ISO**.

ASSERTIVIDADE. Palavra de ordem na função do comunicador: quanto mais assertivos formos, mais objetiva e clara será nossa comunicação; depois devemos nos questionar quanto à responsabilidade social de nossa profissão: devemos acreditar nos produtos que vendemos e estes têm de realmente entregar aquilo que prometem, afinal, propaganda enganosa é crime. Discurso com conteúdo, porque hoje não basta apenas comunicar. Temos de trazer a nossa marca para conversar com os nossos clientes, com o objetivo de aproximar esses atores (marca e clientes), lançando mão de ativos importantes para a propaganda hoje em dia: experiência, engajamento e felicidade. Não basta mais veicular uma campanha publicitária e esperar o resultado da mensagem. Hoje, a marca precisa fazer com que seu consumidor, ao procurar seus produtos e serviços, viva uma verdadeira experiência.

ASSESSORIA DE COMUNICAÇÃO. Órgão que pode ser constituído por jornalistas, *designers*, publicitários, relações-públicas e profissionais de *marketing*. O objetivo é cuidar da imagem de uma organização, do posicionamento de imagem e de mercado, de campanhas de *endomarketing* ou comunicação interna e de tudo o que envolva comunicação. A ideia, nesse caso, é entregar uma campanha integrada de comunicação.

ASSESSOR DE IMPRENSA. Profissional que atua em agências de notícias ou de comunicação e que subsidia a mídia com informações inerentes aos clientes assessorados. É quem faz a ligação entre o cliente e a notícia.

ASSESSORIA DE IMPRENSA. Órgão cujo principal objetivo é estabelecer uma boa relação entre a marca e os meios e veículos e, em especial ,com os jornalistas desses canais para que, em momentos oportunos, possam divulgar notícias importantes para a marca, para a organização ou para o mercado. Outro objetivo é gerar mídia espontânea para as marcas que a assessoria representa, com comentários positivos sobre o mercado de atuação e a divulgação de eventos e produtos.

ASSINATURA. Marca do anunciante em um comercial. Acordo entre um veículo e um assinante em que será entregue, por um tempo determinado, conteúdo informativo relacionado com o tipo de editoria escolhido. Identificação sonora de um repórter ou entrevistador.

ASSISTENTE DE MÍDIA. Profissional júnior que assessora diretamente as diferentes áreas da mídia. Auxilia na pesquisa, na execução, no *checking*, entre outras funções.

ATELIÊ. Em tradução literal do francês, "oficina", "estúdio". Local de trabalho de quem faz arte. Oficina de quem trabalha com criação, arte ou *design*.

ATENÇÃO. Primeira percepção de um consumidor em relação a uma marca, produto ou mensagem. É a primeira impressão. Para o autor Barry Thomas E. (1999, p. 9), é a "primeira letra do acrônimo criado por Elmo Lewis (1899) ao citar que AIDA representa atenção, interesse, desejo e ação", que são os passos básicos para a persuasão completa, gerando uma jornada ou experiência de compra.

ATENDIMENTO PUBLICITÁRIO. Profissional que representa a agência perante o cliente ou o anunciante e que representa o cliente ou o anunciante perante a agência. Profissional que zela pela carteira de clientes da agência de propaganda e publicidade. É dar atendimento a um cliente. O atendimento representa a agência ao encontrar o cliente e personifica o cliente quando está na agência. Afirmar que o atendimento é responsável pela prospecção inicial, pelo *brief*, pela defesa e pela aprovação de uma campanha não significa nem superestimar, nem menosprezar a atuação dessa área. Para Bona (2012), a principal característica inerente à figura do atendimento (ou do profissional de atendimento) comercial é a empatia. Para a autora, esse profissional "precisa ter a capacidade de se colocar no lugar de seu público, com doses maciças de empatia para ambos os lados – agência e cliente" (Bona, 2012, p. 44). Além disso, deve ter como habilidade e competência a característica de ser um excelente vendedor, porque é basicamente essa a sua função. Afinal, é ele quem faz a prospecção, conquista o cliente e assume a conta, por meio de um "pacote" que reúne os benefícios e as mazelas que uma relação comercial pode gerar para as duas partes.

Essa transação é literalmente um relacionamento, ou seja, esse atendimento tem de saber administrar humores (má e boa vontade) das partes do processo. Para essa função, muitas vezes, o proprietário (ou gestor) da agência passa a assumir o papel de um dos contatos, dos atendimentos. Assim, é possível que, com um pouco de talento, ele perceba os movimentos do mercado, bem como as impressões que os clientes possam ter das atividades de uma agência. Sua função é interpretar aquilo que levantou de *brief*, desenvolvendo relatórios completos dos *jobs* que a agência deverá desenvolver, elencando tudo o que for importante, como características do cliente, objetivos e especificidades. Deve considerar desde as especificidades da marca até a composição de cores, meios e veículos possíveis (já utilizados), a verba a ser disponibilizada, entre outros recursos necessários para a planificação de uma campanha. Assim, são práticas e atividades comuns à função do atendimento publicitário: a) ser o ponto de contato principal (focal) entre a agência e o cliente, estando sempre disponível para atendê-lo e prestar esclarecimentos; b) identificar as necessidades e os objetivos do cliente, traduzindo-os em *brief* e informando-os por meio de uma reunião de *briefing* para as equipes internas da agência; c) elaborar propostas de trabalho e orçamentos para os clientes; d) acompanhar o processo criativo, garantindo que a campanha publicitária ou o projeto esteja alinhado com as expectativas do cliente; e) transmitir *feedbacks* aos clientes sobre o andamento dos projetos; f) identificar novas oportunidades de negócio com os clientes, ampliando a atuação da agência no mercado; g) gerenciar os prazos e os orçamentos dos projetos, garantindo que eles sejam finalizados no prazo e dentro dos valores acordados, em parceria com o profissional de tráfego; h) manter uma relação saudável e de resultados com os clientes, esperando sempre superar suas expectativas. V. *Account executive*, **Contato publicitário**, **Prospecção**.

ATINGIMENTO. Ativação da campanha perante o público-alvo por intermédio de mensagens publicitárias. Segmento de públicos cobertos por meio ou veiculação.

ATIVAÇÃO. Ferramenta que busca destacar a marca entre seus concorrentes com ações inéditas, distintas dos instrumentos tradicionais disponíveis para uma campanha publicitária. Criar experiências inovadoras e estabelecer novas conversações entre os clientes e as marcas é o escopo dessa ação. *Ativar*, nesse caso, pode significar também intensificar a ação da marca perante os públicos. V. *Brand awareness*.

ATRIBUIÇÃO. Os modelos de atribuição servem para que possamos reconhecer o peso de diferentes interações com possíveis *leads*, identificando o resultado prático de cada uma dessas ações de forma mais estruturada. Com base nesses dados, realizamos a tomada de decisões sobre a melhor estratégia a seguir.

ATRIBUTO. Qualidade ou característica própria de um produto ou serviço.

ATTITUDE TEST. Modalidade de pesquisa de opinião para determinar o comportamento de compra dos indivíduos relacionado a um produto ou serviço específico, exclusivo.

ATV – *average time viewing*. Em tradução literal, "visualização de tempo médio". O tempo em minutos que cada indivíduo assiste a uma faixa horária de programação.

AUDIENCE FLOW. Em tradução literal, "fluxo de audiência". É a mensuração da quantidade de pessoas que estiveram em um ponto de venda ou que transitaram em frente a um ponto de *outdoor*, mídia exterior (OOH) etc.

AUDIÊNCIA. Número de pessoas que foram impactadas pelo conteúdo da emissora de uma rádio ou televisão, de um programa de internet ou ainda que seguem ou assinam conteúdo de TV paga ou *streaming*, por exemplo.

AUDIÊNCIA, FIEL. V. **Fidelidade de audiência**.

AUDIÊNCIA, DIFERENTE. V. **Fluxo de audiência**.

AUDIÊNCIA ACUMULADA. Total da soma de pessoas ou audiências impactadas por uma programação em uma mídia, veículo ou grupo de veículos de comunicação. A audiência acumulada pode ser bruta ou líquida. V. **Audiência líquida**.

AUDIÊNCIA ACUMULADA BRUTA. Produto da soma de audiências de dois ou mais veículos de comunicação. Exemplo: a audiência acumulada bruta do veículo X, de 30 pontos de audiência, contra outro veículo Y, de 40 pontos, será o total de 70 pontos, derivando um total de GRP de 70 pontos. Aqui, são desprezados valores de superposição entre os veículos de mídia.

AUDIÊNCIA BRUTA. Resultado da soma ou da adição de audiências de dois ou mais meios (ou veículos) de comunicação. No caso do rádio, por exemplo, é a adição das audiências de cada emissão, prática contrária à da audiência duplicada ou da superposição.

AUDIÊNCIA CATIVA. Parte ou o todo de indivíduos leais a seus hábitos e comportamentos de consumo de mídia, que seguem uma rotina ou assistem aos mesmos programas e interagem habitualmente com eles, diariamente. Indivíduos que normalmente consomem os mesmos produtos comunicacionais. Telespectadores, leitores, usuários e/ou ouvintes fiéis.

AUDIÊNCIA DUPLICADA. Contagem do número de pessoas que estão superexpostas a dois programas simultaneamente. Exemplo: determinado programa de TV tem 15 pontos de audiência, e outro programa distinto tem 20 pontos de audiência; 5% das pessoas estão em teste expostas aos dois veículos simultaneamente. V. **Superposição de audiência**.

AUDIÊNCIA LÍQUIDA. Quantidade de pessoas, no âmbito do público-alvo, que foram alcançadas ou impactadas pelo menos uma vez pela mensagem publicitária. Total de indivíduos (únicos) que são impactados considerando-se a audiência de vários veículos. V. **Alcance**.

AUDIÊNCIA MÉDIA. Número médio de indivíduos que consomem produtos ou programas e que fazem parte da audiência, dos telespectadores, dos ouvintes ou dos usuários, dependendo do tipo de mídia, em relação ao restante da população. Esse índice é calculado dividindo-se a adição da audiência minuto a minuto pelo total de tempo do programa.

AUDIÊNCIA NÃO DUPLICADA. Audiência em que não há a superposição de audiência. V. **Audiência líquida**.

AUDIÊNCIA PRIMÁRIA. Audiência mais fiel a um produto ou programa, independentemente do formato ou meio. Audiência principal de um programa.

AUDIÊNCIA SECUNDÁRIA. Audiência flutuante de um programa televisivo, por exemplo. Não é suficientemente leal para ser considerada primária, mas contribui eventualmente para a audiência do programa.

AUDIÊNCIA ÚNICA. Quando um usuário é registrado em um *site* e contabilizado por algum processo de *Analytics*. Por mais que esse mesmo indivíduo entre mais vezes, no mesmo dia, em determinado endereço, seu acesso não será duplicado.

AUDIMETER. Em tradução literal, "audímetro".

AUDÍMETRO. Dispositivo eletrônico capaz de medir a audiência de programas de TV e rádio.

ÁUDIO. Relacionado a som e à audição. Forma de registro (gravação), reprodução e transmissão do som sob diversas forma – elétrica, óptica, digital, por exemplo. Parte audível.

AUTO-DOOR. Publicidade colocada em carros, geralmente em frotas de táxis que circulam por todas as regiões das cidades. Normalmente produzida em adesivo, adesivo *perfurade* ou papel resistente à água e iluminado por trás do suporte acrílico. V. **Perfurade**.

AUTOFLOW. Em tradução literal, "fluxo automático". Recurso de editoração gráfica que posiciona os blocos de textos automaticamente, automatizando a editoração.

AUTÔNOMO. Profissional sem vínculo empregatício fixo. Trabalho de forma liberal, por conta própria. Similar ao *free-lancer*. V. **Freelancer**.

AUTORIZAÇÃO. Instrumento que autoriza e regula as inserções, emitido no modelo do veículo pelo anunciante ou pela agência de comunicação responsável pela compra da mídia. Pode ser chamada também de *autorização de inserção* (AI) ou *pedido de inserção* (PI).

AUTORREGULAMENTAÇÃO. Importante mecanismo para a defesa de uma concorrência leal e justa que regula e estipula os limites e os parâmetros éticos da atividade publicitária no Brasil. É um processo regulatório no qual o próprio mercado, em vez de um órgão estatal ou governamental, define e aplica regramentos de conduta publicitária que devem ser observados por todas as organizações que atuem no ramo publicitário no país. O primeiro Código Brasileiro de Autorregulamentação do Brasil surgiu em 1978, redigido por Petrônio Correia e Luiz Fernando Furquim Campos, e foi a pedra fundamental para em seguida, em 1980, ser criado o Conselho Nacional de Autorregulamentação Publicitária (Conar), que passou a centralizar o sistema nacional de autorregulação publicitária brasileiro.

AVALIAÇÃO. Trabalho inicial de referências e pesquisas para áreas como criação, planejamento e mídia. Pesquisa, análise e comparação entre diferentes planos de mídia de produtos ou serviços para medição de resultados. Mensuração de resultados de *Analytics* e de relatórios de *performance* para avaliação e mensuração de resultados de campanhas publicitárias.

AVANT-PREMIÈRE. Expressão em francês que significa "antes da estreia". Usada para fazer referência a uma exibição especial de um filme, *show*, peça teatral ou evento artístico antes da estreia oficial para o público em geral.

AVATAR. Figura gráfica que pode aceder diferentes complexidades de imagens e que assume a representação identitária de um usuário ou internauta em *games*, na rede e em aplicativos.

AVERAGE FREQUENCY. Em tradução literal, "frequência média".

AVERAGE TIME SPENT. Em tradução literal, "tempo médio gasto". Tempo médio que o usuário ficou conectado em uma sessão *on-line*.

AWARD. Prêmio, concessão, recompensa, bonificação.

AWARENESS. Em tradução literal, "conhecimento". Estratégia de conhecimento e reconhecimento de marca. Ações realizadas para que a marca se posicione e seja conhecida por seus públicos-alvo. V. *Top of mind*.

AZIMUTE. Ângulo formado entre a projeção vertical do satélite na órbita da Terra e o norte geográfico, sempre contado em sentido horário. Esse resultado é o ângulo para o ajuste horizontal de uma antena parabólica para a recepção de um melhor sinal de transmissão.

B2B – business-to-business. Em tradução literal, "negócio para negócio". Relação comercial entre organizações e que não envolve o consumidor final. Os processos de negociação entre a marca anunciante, a agência e o veículo é uma relação comercial *business-to-business*, por exemplo. Processo de venda entre organizações.

B2C – business-to-consumer. Em tradução literal, "negócio para consumidor". Relacionamento contratado entre uma organização – criadora, fabricante, vendedora ou prestadora de serviços – e o consumidor final. Relação entre a marca (com seus produtos e serviços) e seus diferentes públicos e clientes.

BACKBUS. Anúncio publicitário colado na parte traseira de um ônibus ou coletivo. V. *Busdoor*.

BACK COVER. Contracapa de uma edição, quarta capa.

BACKDROP. Termo para "pano de fundo". Conceito relacionado a um elemento utilizado como plano de fundo em uma cena, por exemplo. Posicionado atrás de personagens, serve para criar uma ambientação específica, formando um contexto visual e dando à história uma atmosfera adequada. Pode ser uma parede pintada, um painel decorativo, uma lona ou tela estendida ou mesmo uma projeção. V. *Chroma-key*.

BACKLIGHT. Em tradução literal, "luz por trás". São diferentes painéis externos que normalmente são iluminados por trás da lona (retroalimentados), do adesivo ou do *perfurade* (vinil perfurado) que contém as mensagens publicitárias. O *backlight* permite a inserção de imagem dos dois lados da peça comercial, sendo iluminado por trás. Os mais comuns são produzidos com estruturas metálicas cobertas com lona translúcida que contém a mensagem publicitária, normalmente impressa por um sistema de impressão *plotter*. V. **OOH**.

BACKGROUND. Em tradução literal, "fundo", "plano de fundo". Imagem de fundo que pode ser projetada em um *chroma-key*. V. *Chroma-key*.

BACKLINK. *Link* de retorno. É um *link* de *site* externo que aponta (direciona) para o seu *website*. Conhecido como *link de entrada* ou *inbound link*. Backlinks têm papel significativo na classificação do *website* nos mecanismos de busca, pois, quanto maiores forem sua relevância e sua qualidade, melhor será sua classificação nos mecanismos de busca. As punições podem ser banimento dos resultados de pesquisa, reputação prejudicada e perda de classificações.

BACK PROJECTION. Em tradução literal, "retroprojeção". Imagem transmitida pelo retroprojetor.

BACKUP. Em tradução literal, "cópia de segurança". Cópia idêntica de um arquivo, em um lugar seguro, fora do computador de trabalho, por exemplo. Pode ser guardado em nuvem, em servidores, em mídias externas de armazenamento, entre outras formas. Exemplos de *drive* de *backups* na nuvem: OneDrive, Google Drive, Dropbox, iCloud.

BALANCE. Em tradução literal, "equilíbrio". Pode ser de cor, de tom, de som, de áudio.

BALANCEAMENTO DE CORES. Processo de ajustar as cores em uma imagem para obter uma representação visualmente equilibrada e realista. O objetivo do balanceamento de cores é ajustar a intensidade de cada canal de cor (vermelho, verde e azul) de modo que a imagem pareça natural e agradável aos olhos. É frequentemente usado em fotografia digital e edição de imagem para corrigir problemas de iluminação inadequada ou para criar um efeito específico.

BANCA. Antigo ponto de venda de jornais e revistas impressas, das mais variadas formas e segmentos, além de doces e refrigerantes. Sua essência é disseminar (e preservar) informação e cultura em todos os cantos do país. Muito embora sejam um serviço cada vez menos visto, pela diminuição de títulos impressos e pelo aumento dos periódicos *on-line*, na maioria das cidades, independentemente de seu porte, as bancas se mantêm firmes, resistentes ao tempo e às novas tecnologias.

BANCA DIGITAL ou VIRTUAL. Periódicos que têm endereço fixo na rede, oferecendo seus produtos e serviços de publicações *on-line*. Venda unitária ou por assinatura.

BANCO DE DADOS. Repositório de dados inter-relacionados que agrega múltiplas informações sobre um domínio ou assunto específico.

BANCO DE IMAGENS. Depositório de imagens disponíveis para compra da licença e uso e/ou *download* de imagens gratuitas, desde que citadas suas fontes e autores. Exemplos de depositórios pagos e gratuitos: iStockphoto, Shutterstock, Freepik, Pixabay, Unsplash.

BANDA. Conceito de conjunto de frequências que são utilizadas para a transmissão de informações e dados. Alguns exemplos: banda C (3,4 GHz a 6,4 GHz), banda Ku (10,7 GHz a 18 GHz), banda Ka (18 GHz a 27 GHz), banda larga. V. **Banda C**, **Banda Ka**, **Banda Ku**.

BANDA C. Micro-ondas variantes de 3,4 GHz até 6,4 GHz. Satélites e múltiplos sistemas de rádio operam nessas frequências. Funciona para a transmissão de dados analógicos e digitais. Tem a melhor estabilidade de sinal.

BANDA KA. Faixa mais elevada e o maior espectro de banda, operando entre 18 GHz e 27 GHz. É a mais propensa à degradação e à interferência do sinal. Solução para problemas de congestionamento em bandas mais baixas.

BANDA KU. Banda comercial que fica entre 10,7 GHz e 18 GHz. Utilizada para o movimento entre satélite e antena e vice-versa. Serve para captação de sinais de TV, radares e internet. São antenas mais simples e pequenas, porém mais expostas a interferências. A polícia também utiliza essa rede para transmissões e trabalhos com rádio.

BANDA LARGA (*broadband*). Conexão rápida e eficiente com velocidade acima de 128 kbps de velocidade e que sofre pouca interrupção ou interferência. Alcance superior em razão da transmissão de dados simultâneos.

BANDA SONORA. Trilha em que fica alocado o som, a música, ou a fala de um material audiovisual. É o conjunto de sons de um filme, de um programa, de uma atração da televisão, ou de um jogo de *videogame*. Essencial para criar diferentes dimensões em um material que tenha áudio e vídeo.

BANNER. Material muito utilizado como suporte gráfico para impressões de comunicação visual e identidade. Na maioria das vezes, feito de lona e impresso em *plotter*, serve como parte integrante de *backlights*, *frontlights* e totens. Pode ser impresso dos dois lados. Muito embora não seja um uso tão comum, também é utilizado em *outdoors* tradicionais 3:1, substituindo as 32 folhas de papel e garantindo uma maior durabilidade da placa. Seu formato de comercialização é realizado por sistema de metro quadrado (m^2). Quando se trata de digital, o *banner* é um dos múltiplos formatos possíveis de *link* (ou *hiperlink*), podendo ser estático, interativo, dinâmico, entre outras possibilidades. Em tradução literal, "bandeira". Peça promocional.

BANNER IMPRESSION. Em tradução literal, "impressões de *banner*". Quantidade de aparições de um *banner* programado para veicular em diferentes *sites* ou *blogs* e que, ao ser clicado, redireciona o usuário para a página definida por um *link*.

BANNER FORMATO. Um dos múltiplos formatos comerciais de um *banner* publicitário digital. Pode assumir diferentes formatos-padrão para cada um dos *sites* que o hospedam. O Google, por exemplo, aceita diferentes formatos de *banner*, como .swf, .gif, .jpg e .png, e diferentes dimensões, que podem variar pelo suporte ou dispositivo: 300 × 50 *pixels* (cabeçalho para celular), 468 × 60 *pixels* (para *banner* em geral), 728 ×

90 *pixels* (para cabeçalho), 250 × 250 *pixels* (para *banner* quadrado), 120 × 600 *pixels* (para *banner* arranha-céu) e 160 × 600 *pixels* (para *banner* arranha-céu largo). No *site* O Globo (https://oglobo.globo.com/), alguns dos formatos de *banners* podem ser: 345 × 98 *pixels* (o megasselo), 468 × 60 pixels (*full banner*), 300 × 250 *pixels* (arroba *banner*), 468 × 250 *pixels* (*full banner* expansível). Variam também seus valores e formatos de análise e verificação.

BARRIGA. Jargão muito utilizado no jornalismo em referência à situação em que um veículo ou profissional divulga uma matéria equivocada ou com erro grave ou sem consulta da veracidade da informação e do conteúdo (barrigada).

BASELINE. BENCHMARK. Termos que pode ser traduzido como "referência". Consiste em avaliar a concorrência examinando seus passos, ações e rastros, para criar parâmetros referenciais de atuação e ação. Análise aprofundada que pode otimizar custos, recursos e tempo para buscar estratégias bem-sucedidas que tragam aprendizado e resultados para uma marca. É a linha de base de um planejamento concorrencial. V. **Benchmarking**.

BEHAVIOR. Em tradução literal, "comportamento".

BEHAVIORAL TARGET. Estratégia por meio da qual se estuda o comportamento do consumidor ao longo de suas práticas de navegação na rede. Avalia interações, número de visitas e cliques, registra pesquisas e os rastros de compras. Serve para gerar relatórios e novas ações de planejamento *on-line*.

BELOW THE LINE. Em tradução literal, "abaixo da linha". Conceito utilizado para ações de comunicação ou publicitárias que sejam personalizadas para segmentos ou mercados específicos. Usa a criatividade, o ineditismo, a oportunidade e a surpresa como recursos de transmissão de mensagens.

BEM. Objeto físico ou intangível que possui valor econômico e satisfaz necessidades ou desejos humanos.

BEM DE CAPITAL. Bem utilizado na produção de outros bens ou serviços. Exemplos: máquinas, equipamentos, ferramentas.

BEM DE CONSUMO. Bem adquirido pelo consumidor final para uso pessoal. Exemplos: alimentos, itens de uso pessoal e higiene.

BEM DE CONSUMO DURÁVEL. Bem com vida útil relativamente longa, projetado para ser usado repetidamente ao longo de um tempo. Exemplos: geladeira, fogão, automóvel.

BEM DE CONVENIÊNCIA. Bem de consumo comprado frequentemente, de forma rápida e com pouco esforço de decisão. Exemplos: lanches, bebidas, xampu.

BEM IMATERIAL. Bem abstrato que não pode ser tocado ou percebido pelos sentidos. Exemplos: patentes intelectuais, direitos autorais, marcas registradas e segredos comerciais, o conhecimento humano, os relacionamentos humanos. Também pode ser chamado de *bem intangível* e está relacionado a serviços.

BEM INTERMEDIÁRIO. Bem utilizado na produção de outros bens, mas que não se incorpora ao produto final. Exemplos: matérias-primas, componentes, insumos.

BEM PÚBLICO. Bem de uso coletivo, não rival e não excludente, fornecido pelo setor público. Exemplos: parques, praias públicas, sistemas de segurança.

BEM PRIVADO. Bem de propriedade privada que pode ser adquirido, usado e transferido livremente. Exemplos: propriedades, veículos, eletrônicos.

BENCHMARKING. Em tradução literal, "comparação referencial". É a busca de uma referência, de uma análise feita por meio do estudo de organizações concorrentes ou do mesmo mercado, com o objetivo de identificar as melhores práticas por elas adotadas. Essas referências ou resultados de estudos devem ser utilizados como possibilidades de estratégias ou novas práticas dentro de uma organização, com o intuito de otimizar custos e tempo.

BENDAY. Sem tradução para o português. Aplicação de filme reticulado (varia de 5% a 95% de transparência pela abertura e fechamento dos pontos) utilizado em projetos gráficos por cima de letras e ilustrações. Antiga aplicação de retícula em projetos gráficos. Promove a inserção de meios-tons na base de um projeto gráfico, criando efeitos uniformizados de cores.

BERLINER. Formato de jornal impresso, um pouco maior que o modelo tabloide. Tem aproximadamente 315 mm de altura por 470 mm de largura, o que transparece maior compactação e melhor manuseio das matérias, se comparado, por exemplo, com o modelo tradicional (*standard*). V. **Tabloide**, *Standard*.

BEST-SELLER. Termo para "o mais vendido". Livro que alcança grandes tiragens e números de vendas em um curto espaço de tempo. São obras que têm forte apelo de público, nas mais diferentes áreas do saber.

BETACAM. As grandes e antigas câmeras analógicas utilizavam fitas de óxido de ferro com dimensões fora do padrão do mercado doméstico, mas com qualidade de gravação profissional. A indicação SP (*superior performance*) identificava uma versão de fita com qualidade superior, em razão das partículas magnéticas das fitas. Câmera ou videoteipe em formato Beta. Formato de meia polegada (1/2") criado pela Sony e que utiliza os sinais componentes de cor de alta capacidade.

BG. Abreviação de *background* (fundo ou segundo plano). Em áudio, pode servir como suporte de "som de fundo", geralmente utilizado com volume abaixo da locução, garantindo a qualidade e o entendimento da fala. Música que fica ao fundo, por exemplo, de uma locução. Em vídeo, pode ser suporte para a inclusão antes ou depois (na edição) de cenários e imagens relacionados com a narração ou a ação. V. *Chroma-key*.

BICOLOR. Impressora *offset* composta por duas unidades de cores, com capacidade de impressão apenas de duas cores por impressão. É a designação para trabalhos em duas cores.

BIG DATA. Em tradução literal, "grandes dados" ou "megadados". Muito mais que uma simples ferramenta de volume de dados, é um mecanismo estratégico de análise de informações e conteúdo. Além de permitir coleta, organização e armazenagem, favorece a visualização e o cruzamento de dados para a identificação de oportunidades de negócios, pela sua quantidade e volume de informações que podem favorecer a tomada de decisões de múltiplos setores e gestões. São três conceitos básicos: integração de dados; gerenciamento, organização e tratamento de dados; e análise dos resultados obtidos.

BILLBOARD. Em tradução literal, "painel publicitário". Pode ser *outdoor*, cartaz ou painel. Nome de uma revista voltada para a indústria musical fundada em 1894. Conceito alternativo para os créditos finais: pessoas ou fontes envolvidas em um programa, aplicativo ou filme. Corresponde ao expediente de um produto impresso. Chancela.

BILLING. Em tradução literal, "cobrança". Sistema de cobrança ou faturamento, capaz de gerar faturas de forma automática.

BIO. Redução de "biografia". Seção ou descrição de perfil utilizadas por usuários ou marcas para se apresentarem em plataformas de mídia social, redes sociais, *blogs* e outros. Resumo conciso e objetivo para que visitantes conheçam o indivíduo ou organização dona do perfil.

BIOMBO. Divisória de três ou mais partes que serve como separador de ambientes e de *display* articulado em pontos de venda.

BIRÔ DE MÍDIA. Aportuguesamento da expressão "*bureau* de mídia". Intermediário ou agenciador de compra de mídia em meios e veículos de comunicação, em canais tradicionais e digitais. Atua apenas nessa atividade. Ao comprar mídia em grande quantidade e, posteriormente, revender os espaços para anunciantes e agências de propaganda e publicidade, incorre na prática de *overprice* ou preço acima da média (superfaturamento), trabalhando com espaços exclusivos e raros. Podem ser corretores independentes (*brokers AD*) ou associados a grandes consórcios comunicacionais.

BIT. Contração de *Binary Digit*. Em tradução literal, "dígito binário", que é a menor unidade de informação em um sistema de computação. Ele representa um único dígito binário, que pode ser 0 ou 1. Os *bits* são usados para representar informações digitais, como textos, imagens, sons e vídeos, por meio da codificação desses dados em sequências de *bits*. A quantidade de *bits* necessária para representar determinado dado depende da complexidade e do tamanho do dado. Um *byte* é formado por 8 *bits*. V. **Byte**.

BITMAP. Sem tradução para o português. Um dos múltiplos formatos de imagem utilizados no digital e na internet. Imagem digital formada de *pixels*. A imagem *raster* é dividida em todos os seus pontos da matriz, e cada um desses pontos é gravado com o seu valor de luz, de cores, gerando um mapa (*map*) dos pontos (*bit*).

BIT RATE. Em tradução literal, "taxa de *bits*". Medida para determinar a quantidade de dados transmitidos ao longo de um tempo determinado.

BISSEMANA. O mesmo que uma quinzena de veiculação. Alguns meios e veículos utilizam essa designação para agendamento de inserção e veiculação.

BLACK. Transmissão somente com pulsos de sincronismo, sem imagens. *Black screen*, que pode ser traduzido por "tela preta".

BLACK FRIDAY. Tradicionalmente, a sexta-feira após o feriado de Ação de Graças nos Estados Unidos. As varejistas costumam realizar grandes promoções e descontos nesse dia. É uma prática importada e realizada há alguns anos no Brasil.

BLACK HAT SEO. Práticas de SEO (*search engine optimization*) que violam diretrizes (antiéticas) e políticas dos mecanismos de busca, com o objetivo de obter classificações artificiais. V. **Keyword stuffing**; **Cloacking**; **Link farming**.

BLANQUETA. Manta de borracha que serve de registro para impressão *off-set*, transferindo a tinta diretamente para o papel por meio do contato e da pressão imposta entre os cilindros da blanqueta e da contrapressão.

BLEED. Em tradução literal, "sangrar". Sem margem. Área impressa que ultrapassa o limite do corte em um projeto gráfico. Impressão que ao extrapolar os limites das marcas de corte, impedem que o trabalho fique com filetes brancos após o corte padrão. V. **Anúncio sangrado**.

BLIMP. Em tradução literal, "dirigível". Balão inflável rádio controlado utilizado em eventos comerciais. Balão promocional.

BLIND TEST. Em tradução literal, "teste cego". Teste ou prova com produtos não identificados por embalagem ou marca, que tem como objetivo não influenciar a escolha do pesquisados, formando opiniões imparciais ou livres de juízo antecipado ou de valor.

BLISTER. Em tradução literal, "bolha". Pacotes ou estruturas transparentes (embalagens comerciais) específicas para produtos de varejo como remédios e pequenos produtos.

BLOCK PROGRAMMING. Em tradução literal, "programação em bloco".

BLOCO. Cada parte ou segmento de um programa. Pode ser bloco regional, nacional ou ainda conter os dois formatos conjuntamente. Exemplo de um programa de 60 minutos: cada segmento do programa pode ter, por exemplo, 12 minutos + 3 minutos de bloco/intervalo. Assim, ao longo de um programa de uma hora, são 4 segmentos de 12 minutos + 4 blocos de 3 minutos de comerciais, totalizando exatos

60 minutos. Isso pode variar de programa para programa ou de TV para rádio, por exemplo.

BLOG. Página com caráter informativo, mas conteúdo mais leve, mais acessível, divido por data de postagem e cronograma. Permite rápida e fácil atualização. Não raro, muitas marcas têm *blogs* de seus produtos para ilustrar seu funcionamento ou com relatos de clientes em relação ao uso do produto ou serviço. Palavra derivada da contração *web* + *log* que, por definição, significa "diário da rede".

BLOGOSFERA. Termo que se refere ao "universo" dos *blogs*, ou seja, à interconexão e à interação entre os *blogs* e seus autores, ligando temáticas, leitores, usuários e os compartilhamentos derivados dessas ações.

BLOGROLL. Lista de *links* para outros *blogs* recomendados pelo autor do *blog* que mantém a lista. É a recomendação de leitura de *blogs* parceiros que tratam do mesmo assunto ou são do interesse do autor.

BLOW UP. Em tradução literal, "explosão". É o uso de técnicas fotográficas para ampliação de um anúncio (por exemplo, para um formato de cartaz).

BLUETOOTH. Tecnologia sem fio que permite a transmissão de dados (áudio e vídeo) e arquivos de maneira rápida e de curto alcance, realizando a conexão entre dispositivos como *smartphones*, *desktops*, *notebooks* e fones de ouvido. Desenvolvido em 1998 pelo Bluetooth Special Interest Group (SIG). *Site*: <https://www.bluetooth.com/>.

BLU-RAY. Em tradução literal, "raio azul". Dispositivo de dupla camada (*double-layer*), que trabalha com *laser* azul-violeta, lente com larga abertura numérica e camada protetora de policarbonato de espessura reduzida e com alta capacidade de armazenamento, o que o diferencia dos antigos CDs e DVDs.

BLUR. Em tradução literal, "borrão", "borrado". Filtro digital que borra (desfoca) uma imagem parcialmente ou em todos os seus detalhes.

BOATO (*HOAX*). Termo muito utilizado na internet, ambiente em que surgem informações falsas, de fontes desconhecidas e sem fundamento. Notícia sem comprovação, falsa.

BOBINA. Grande rolo de papel contínuo que alimenta as impressoras rotativas, que, normalmente, imprimem produtos gráficos como os jornais impressos.

BOCA A BOCA. Uma das mais antigas formas de se fazer propaganda ou publicidade, baseada na comunicação entre pessoas, por meio do compartilhamento de informações e recomendações (ou não) de marcas, produtos e serviços Essa forma de comunicação se baseia na confiança interpessoal e também nas experiências dos usuários, clientes ou consumidores.

BOLD. Em tradução literal, "grosso". Estilo de letra mais grossa que o tipo normal, normalmente utilizado para destaque de uma letra, palavra ou frase. Estilo também denominado *negrito*.

BOLETIM. Rápida chamada que pode ser gravada ou ao vivo, transmitida por um repórter, semelhante ao *flash* dos programas de rádio.

BOMBA. A pauta "quente" no jornalismo ou algo muito importante que acaba de acontecer e precisa ser noticiado, graças ao seu tamanho e possível impacto na sociedade, com grande apelo público. Normalmente, carrega em sua essência uma informação exclusiva, um furo de reportagem, revelações de fatos inéditos que certamente causarão comoção popular. Tal matéria (bomba) pode desencadear percepções públicas sobre um assunto relevante, influenciar decisões políticas e iniciar processos de investigação, tendo o poder de mudar o rumo de acontecimentos ou histórias.

BONECO/BONECA. Exemplo 1:1 de um trabalho gráfico e que serve como *layout* que norteará o trabalho do diagramador, paginador ou arte-finalista. É um *mockup* de uma peça, depois de finalizada e montada. Pode ser o esboço de uma ideia, depois de impresso, para orientar a montagem e a edição de um livro ou revista, por exemplo.

BONIFICAÇÃO. Bônus de veiculação (BV). É uma forma de desconto ou crédito cobrado por anunciantes e agências de propaganda e publicidade dos meios e veículos por ato de negociação. V. **Bonificação de volume**.

BONIFICAÇÃO DE VOLUME. Crédito concedido em favor de agências ou anunciantes diretamente repassado por veículos de comunicação. Em comparação, é o incentivo que a indústria dá aos seus canais de distribuição e vendas. V. **Bonificação**.

BÔNUS CUPOM. *Voucher* ou bilhete válido em promoções ou em eventos para compra ou troca por produtos predeterminados. V. **Voucher**.

BÔNUS PACK. Pacote de bonificação. Tipo de oferta ou promoção em que um produto é vendido junto com um item adicional, geralmente relacionado ao produto principal. Essa prática visa atrair os consumidores oferecendo um valor extra ou uma vantagem percebida na compra.

BOOKLET. Livreto. Pequeno livro ou informativo compacto e, normalmente, constituído de poucas páginas, dobradas e agrupadas, que facilitam o manuseio e a leitura.

BOOM. Vara extensora utilizada para suporte de microfone, que, geralmente, fica posicionada fora da imagem, mas garante uma boa captação do áudio e não faz parte da cena. Em linguagem coloquial, *boom* pode ser usado para se referir a um evento ou uma tendência que está experimentando um crescimento significativo ou popularidade repentina. Pode ser, por exemplo, um *boom* nas vendas de um produto ou um *boom* de interesse em determinado *hobby* ou atividade.

BOOMERANG (bumerangue). Estratégia de *marketing* e engajamento nas redes sociais que envolve a criação e o compartilhamento de conteúdo que incentive os usuários a interagir e retornar com uma resposta ou ação específica. O nome da ação é uma referência ao movimento de retorno de um *boomerang*, que é jogado e, em seguida, retorna ao ponto de partida. Da mesma forma, na estratégia de *marketing*, o objetivo é fazer com que os usuários interajam com o conteúdo e, na sequência, retornem com uma resposta, compartilhamento ou ação desejada. Pode ser também o modelo de ação do aplicativo Instagram que incentiva os usuários a criar vídeos curtos que são veiculados em *loop* como se fossem arquivos GIF. O movimento vai e volta, criando um *loop* contínuo, sem interrupções.

BOT. Abreviação ou contração de *robot*, ou "robô", em português. Programa ou aplicativo que executa tarefas automatizadas, repetitivas e predefinidas.

BOTTOM. Peça promocional de metal ou plástico usada para exibir marcas ou distinguir grupos, por exemplo. Geralmente apresentados em 25 mm, 35 mm ou 45mm.

BOUNCE RATE. Indicador que valora o número de visitas a um *site* (URL), mas aponta quem não continuou a navegação. V. **Taxa de rejeição**.

BOX. Na página do jornal impresso ou digital, parte de texto ressaltada por um quadro demarcado por uma linha fina, uma moldura, uma caixa. Serve para dar destaque a algo importante em um texto.

BOXING DAY. Promoção com os estoques que não foram vendidos no Natal. Promoção normalmente inicia em 26/12, dia seguinte à data do Natal.

BRAINSTORM. Em tradução literal, "tempestade de ideias". Dinâmica ou técnica de geração de ideias em grupo ou individualmente na qual os convidados são estimulados a gerar a maior quantidade de ideias e *insights* em curto prazo. Em um primeiro momento, não há a preocupação com a qualidade ou a viabilidade desses *insights* e ideias. Frequentemente, essa técnica é usada em processos criativos, planejamento de projetos e resolução de problemas. Os participantes são incentivados a expressar livremente suas ideias, sem críticas ou julgamentos. Os resultados podem se transformar no fio condutor de uma campanha criativa.

BRANCH HOUSE. Termo para "filial".

BRAND. Em tradução literal, "marca". V. **Marca**.

BRAND AWARENESS. Em tradução literal, "reconhecimento de marca". Uma campanha bem-sucedida produzirá resultados na ativação, mas, ao final da campanha, é preciso colher os resultados. Investir no crescimento de uma marca implica pensar a longo prazo. V. **Ativação de *marketing*.**

BRANDED CONTENT. Em tradução literal, "conteúdo de marca". Conteúdo publicitário produzido por uma marca, levando sempre em consideração seu contexto, público e objetivo. Nem sempre se refere a um produto ou serviço diretamente. São conteúdos relevantes e informativos que entreguem conhecimento para os diferentes públicos-alvo, fazendo uso de diferentes canais de comunicação e aumentando os pontos de contato com os diferentes públicos de uma marca.

BRAND EQUITY. Em tradução literal, "patrimônio da marca". Valor agregado originado do processo de transformação de um novo produto em uma marca. O conceito de *brand equity* atribui uma marca, um valor superior àquele que os próprios consumidores lhe atribuem.

BRAND IMAGE. Em tradução literal, "imagem de marca". V. **Imagem de marca**.

BRANDING. Em tradução literal, "construção de marca". É a gestão de estratégias para a construção de uma marca desde o início. É o planejamento a médio e longo prazo de estratégias de marca, que precisam ser planejadas, estruturadas e promovidas no que se refere a atributos, conceitos, valores e posicionamento, garantindo uma sustentabilidade (longeva e sólida) para a marca.

BRAND LOYALTY. Em tradução literal, "fidelidade à marca". Lealdade a uma marca.

BRAND NAME. Em tradução literal, "nome da marca". Refere-se à identidade principal da marca, sua identificação e a garantia de exclusividade como patrimônio de uma organização. É a primeira forma como uma organização se comunica com seus diferentes públicos.

BREAK. Em tradução literal, "quebra". É um bloco, uma quebra de programa. Intervalo comercial regional ou nacional (ou ambos) em rádio, TV ou internet. V. **Bloco**, **Intervalo comercial**.

BREAKDOWN. Em tradução literal, "discriminação". É o detalhamento, a subdivisão. Consiste em quebrar em fragmentos, detalhar.

BREAK EVEN POINT. Em tradução literal, "ponto de equilíbrio". Ocorre quando todas as receitas e as despesas de um projeto se igualam, se equiparam.

BREAK UP (para romper). Mercadorias que por algum motivo não podem mais ser vendidas, por quebra ou inutilização.

BRIFAR. Ato de aplicação do *brief* para as pessoas envolvidas no projeto.

BRINDE. Nome genérico para uma peça promocional que deve corresponder à ação promocional desenvolvida por uma marca ou organização. É usado para conquistar a simpatia, a empatia ou, ainda, reduzir uma possível resistência a uma marca. V. **Amostragem**.

BROADBAND. Em tradução literal, "banda larga". V. **Banda larga**.

BROADCAST. Em tradução literal, "transmissão", "radiodifusão". Ação de transmissão de imagem e som via mídia, por meio de ondas de rádio ou satélites, cabos, fibras óticas etc. Abrange transmissões de rádio, televisão e internet. Conceito que evoluiu com a comunicação e hoje ganha um sentido de "compartilhamento em grande escala". V. *Broadcast share*.

BROADCAST SHARE. Em tradução literal, "compartilhamento de transmissão". É a proporção usada com compartilhamento e transmissão de apenas um programa, por meio da divisão da duração total do programa pelo total de minutos que foram transmitidos pela emissora em apenas um dia.

BROADSIDE. Tipo de folheto dirigido especialmente para públicos internos, com detalhes (*trade marketing*) de como serão as ações comunicacionais da organização, como campanhas publicitárias e promoções de produtos e serviços.

BROCHURE. Em tradução literal, "brochura". Tipo de acabamento gráfico de miolo colado ao dorso de uma capa mole, de papel ou cartolina. Tipo de folheto.

BROKER AD. Em tradução literal, "corretor de propaganda e publicidade". Corretor independente que negocia espaços publicitários muitas vezes com preços acima da média, porque negocia e compra antecipadamente espaços raros ou importantes na mídia, em meios e veículos nacionais e internacionais.

BROMURO. Copião fotográfico em preto e branco (P&B) de cromo ampliado para indicar ampliação e cortes necessários em um fotolito ao longo da produção do *paste-up*. V. *Paste-up*.

BROWSER. Em tradução literal, "navegador". *Software* ou plataforma usada para acesso a *sites* na internet por meio da interpretação de endereços únicos.

BUDGET. Em tradução literal, "orçamento". É o montante que o cliente ou anunciante disponibiliza para a viabilização de uma campanha de publicidade e propaganda. Verba total do cliente.

BUFÃ (*bouffant*). Tipo de papel leve, não acetinado e poroso utilizado por editoras na impressão de livros.

BUILD UP. Estratégia de construção gradual e sistemática de interesse, expectativa e engajamento em torno de um produto, serviço ou evento antes de seu lançamento ou divulgação oficial. É uma abordagem que visa criar antecipação e entusiasmo entre o público-alvo, preparando o terreno para um lançamento bem-sucedido. Exemplos: *teaser* e contagem regressiva.

BURACO. Ausência total de som em uma transmissão.

BUREAU. Em tradução literal, "escritório". Escritório ou estúdio de propaganda e publicidade especializado em algum segmento da área, podendo ser *bureau* de mídia, de *design*, de planejamento, entre outros.

BUREAU DE MÍDIA. V. **Birô de mídia**.

BUSCA ORGÂNICA. Quando o usuário chega ao *site* de uma marca por meio de uma busca, e não estimulado por outros meios e/ou formas de comunicação digital. Está relacionada com resultados não pagos em mecanismos de buscas, como Google, Bing e Yahoo. São resultados naturais, pela qualidade e pela relevância de seus conteúdos, sem impulsionamento ou conteúdo pagos.

BUSCADOR. Plataformas e sítios *on-line* que favorecem a busca de termos e *tags* (etiquetas), relacionando as páginas que contenham os assuntos pesquisados. Por meio de palavras-chave, inseridas na procura, o buscador elenca as páginas ranqueadas que contenham os termos desejados. Saber trabalhar as palavras-chave é importante para que página buscada seja bem indexada (relacionada com o assunto desejado). Função do *search engine optimization* (SEO). V. **SEO**.

BUSDOOR. Propaganda no vidro de trás de um ônibus de transporte público. Publicidade de marcas, produtos e serviços impressa em um material suporte denominado *perfurade* (perfurado), que, justamente ser furado e opaco, permite que o motorista do ônibus ou coletivo enxergue normalmente de dentro para fora, sem atrapalhar seus diferentes ângulos de visão, favorecendo uma boa distribuição da campanha publicitária por ser um veículo e se movimentar por toda a região.

BUSINESS. Em tradução literal, "negócios". Em economia formal, um negócio é uma organização gerida por pessoas a fim de captar recursos e de gerar bens e serviços tendo como resultado o capital de giro entre diversos agentes e setores da sociedade.

BUTTON. Em tradução literal, "botão". Mesmo conceito de *pin* (alfinete). Peça promocional desenvolvida como um botão, alfinete ou broche, para ser usado na lapela. Pode exibir marca ou imagem promocionais.

BV – Bonificação por volume. Bonificação extra (inserções), dada por meios e veículos (fornecedores da comunicação), como contrapartida da indicação de veiculação de clientes e anunciantes de uma agência de comunicação ou diretamente ao anunciante.

BYTE. Reunião ou conjunto de 8 *bits*. Octeto de dados integrais. V. **Bit**.

C2C – consumer-to-consumer. Transação comercial realizada de consumidor para consumidor ou entre pessoas físicas. eBay, ML e OLX são exemplos de plataformas em que há esse tipo de negociação (C2C), embora haja também a presença de organizações vendendo para clientes físicos (B2C).

CABEÇA. Texto (parágrafo principal) lido pelo apresentador (locutor) para anunciar uma matéria. Destaca importantes fatos da matéria. V. **Lead**, **Lide**.

CABEÇA DE REDE. A matriz, a principal emissora de rádio ou televisão, líder da rede de transmissões de uma mesma programação ou de um mesmo canal e frequência.

CABEÇA DE SÉRIE. Primeira peça produzida em uma linha, utilizada para os testes finais, antes da produção definitiva.

CABLE TELEVISION. Em tradução literal, "televisão a cabo". V. **TV a cabo**.

CABO COAXIAL. Cabo condutor blindado para levar sinais de forma isolada do ambiente.

CABO CVI. Cabo independente de áudio e vídeo. Diferencia-se pelas cores.

CABO DVI. Cabo vídeo-componente que realiza a conexão entre um monitor e um computador.

CABO HDMI. Cabo conector com todos os terminais em um só *plug* (conexão única), evitando perda de sinais e de qualidade de som e vídeo.

CAC – *Cost to Acquire a Customer*. Em tradução literal, "custo de aquisição de cliente". É a métrica para se descobrir quanto é preciso investir em *marketing*, comunicação e vendas para que um cliente potencial se transforme de fato em cliente da marca.

CACHÊ. Termo comumente utilizado no contexto do entretenimento e das artes para fazer referência ao valor pago a um profissional por sua participação em um evento, apresentação, *performance*, trabalho artístico ou prestação de serviços. Valor acordado e pago ao artista, músico, ator, palestrante, influenciador ou qualquer outra pessoa que seja contratada para realizar uma atividade específica.

CADASTRO. Repositório de todos os dados importantes de clientes e fornecedores. V. **Lista de endereços**, *Mailing list*.

CADEIA. Sinônimo de *rede*. Reunião combinada de emissoras de rádio e televisão para a transmissão de programações nacionais ou regionais. V. **Rede**.

CADEIA DE SUPRIMENTO. Conjunto de processos e atividades que envolvem a produção, a distribuição e a entrega de produtos ou serviços desde o fornecedor inicial até o consumidor final. Seus principais componentes são: fornecedores, fabricação, logística, distribuição e clientes.

CADEIA DE VALOR. Atividades estratégicas de um segmento produtivo que adicionam valor ao produto. Abrange de matérias-primas e fornecedores até o produto (literalmente) entregue em mãos.

CADEIA NACIONAL. Formação de uma rede de televisões e rádios nacionais por meio do envio de sinal de satélite para a transmissão de conteúdo, como o pronunciamento oficial de um chefe de Estado, por exemplo.

CADERNO. Área ou seção de jornal ou revista impressa, separada por conteúdo editorial. Caderno de notícias (política, por exemplo) que trata apenas de assuntos relacionados ao tema.

CADERNO REPARTE. Termo relacionado ao jornal impresso. É o planejamento da distribuição de uma edição de jornal que determina as quantidades de exemplares físicos a serem entregues a cada praça/banca, por cidade, região ou área de abrangência.

CAIXA ALTA. Escrita em letras maiúsculas.

CAIXA ALTA E BAIXA. Escrita em que apenas a primeira letra da palavra é maiúscula e as demais minúsculas.

CAIXA BAIXA. Escrita em letras minúsculas.

CALENDÁRIO PROMOCIONAL. Calendário anual que aponta todas as datas comemorativas relacionadas a determinada área, servindo de alerta para promoção em dias especiais ou sazonais.

CALHAU. Anúncio utilizado quando o espaço comercial não é vendido ou quando o anunciante ou agência não entrega o comercial em tempo hábil. Anúncio institucional normalmente usado para ocupar espaços antes destinados à propaganda. Pode ser utilizado em qualquer tipo de meio: jornal, revista, *outdoor*, rádio e televisão podem lançar mão desse subterfúgio para preenchimento de espaço sem programação.

CALIGRAFIA. Técnica ou arte de escrita manual que envolve o uso de instrumentos como canetas, pincéis e tintas para criar letras estilizadas e decorativas. Designa os produtos dos calígrafos.

CALÍGRAFOS. Profissionais da escrita manual.

CÂMARAS DE ÉTICA. Membros de um colegiado que, mediante convocação do Conselho Nacional Autorregulamentação Publicitária (Conar) atuam para julgar ações ou comerciais que estejam à margem ou infringindo o Código Brasileiro de Autorregulamentação Publicitária, que regula e regra o conteúdo de propaganda e publicidade no Brasil.

CAMERAMAN. Operador de câmera ou cinegrafista. Responsável por capturar cenas e imagens de acordo com instruções do diretor de fotografia ou do diretor de cena.

CAMPANHA. Conjunto de ações comunicacionais para veicular uma marca, produto ou serviço de forma institucional, promocional ou de ambas as formas. Se pensarmos em termos de áreas de uma agência de propaganda e publicidade, como exemplo, podemos considerar que o planejamento contribui com a formulação de estratégias e o desenvolvimento de táticas; a criação dá o tom e o conceito criativo; e a mídia define os canais em que a campanha deverá ser mais efetiva e os melhores pontos de contato para o atingimento de seu público-alvo. Existem múltiplos tipos de campanha publicitária: conscientização, política, de lançamento, sazonal, institucional, promocional, entre outras.

CAMPANHA INTERNA. Ação para promover ideia, comportamento, causa ou qualquer outra razão que exija a mobilização de colaboradores internos de uma organização. Deve envolver diferentes ações e ferramentas de comunicação para atingir todo o público interno.

CAMPO. Área escolhida para uma pesquisa de opinião pública, por exemplo. Relaciona-se a esforço de pesquisas, entrevistas e sua verificação.

CAMPO DE PROTEÇÃO. Área livre (em branco) que protege um elemento como logotipo, imagem ou texto, na comunicação visual ou *design*.

CAMPO VISUAL. O mesmo que *área de visão*, que é a extensão de espaço que o olho consegue enxergar quando está parado, olhando para a frente.

CANAIS BÁSICOS. Canais abertos para todos os assinantes de um canal de assinaturas. V. **Canais *premium***.

CANAIS DE COMUNICAÇÃO. Múltiplas ferramentas utilizadas para que marcas, produtos e serviços estabeleçam pontos de contato com seus diferentes públicos-alvo. Mídias disponíveis para veiculação de conteúdo comercial.

CANAIS DE DISTRIBUIÇÃO. Expressão que, em mídia ou *marketing*, designa os pontos de contato que serão utilizados para aproximar os diferentes públicos-alvo da mensagem; meios (modais) empregados para fazer com que produtos e serviços cheguem até os pontos de venda ou praças.

CANAIS *PREMIUM*. Canais opcionais alternativos à programação comum disponibilizada aos assinantes, oferecidos dentro de um menu de programação. Normalmente, são cobrados à parte, por meio de taxas adicionais. Vendidos por área ou temáticas. V. **Canais básicos**.

CANAL. Frequência única e exclusiva reservada para determinada estação (rádio ou TV) e que mantém seus sinais, evitando possíveis interferências de canais adjacentes ou mais próximos. São subdivididos em canais numerados próprios um a um. No Brasil, tais faixas e frequências são concessões renováveis da Federação.

CANCELAMENTO. Suspensão de um comercial em razão da falta de atendimento às regras comerciais ou à suspensão temporária ou definitiva de um programa, por exemplo. Contraordem a uma veiculação.

CANOA. Técnica de encadernação para unir folhas impressas em formato revista, catálogo ou livreto. As folhas são dobradas ao meio, e grampos são aplicados na dobra central, prendendo as páginas.

CANOPLA. Peça normalmente produzida em acrílico, plástico ou madeira que é usada para identificar, no microfone de mão do repórter, a emissora ou veículo de comunicação transmissor daquela notícia. Mostra o logotipo da emissora.

CANSON. Tipo de papel muito utilizado em arte, desenho e pintura, conhecido por sua durabilidade, resistência e características próprias para diferentes tipos de mídia artística.

CAPA. Página principal de um caderno editorial. Pode incluir capa interna, segunda capa, contracapa, terceira capa e quarta capa. Espaços mais caros que as páginas internas de uma revista ou jornal impresso.

CAPA INTERNA. Segunda e terceira capas interiores de uma revista ou jornal impresso. Espaços mais caros que as páginas internas. V. **Capa**.

CARACTERES (*tickers*). Texto gerado sobre uma imagem de vídeo que carrega mensagem informacional ou comercial. V. **GC**.

CARRO DE SOM. Veículo que transporta um alto-falante externo por meio do qual se divulga uma série de comerciais pré-gravados. É um importante meio de divulgação em locais mais afastados ou em zonas rurais.

CARTAZ (outdoor). Tradicional ferramenta de mídias exteriores (em ambiente externo), no formato 3:1 (na média, placas com 9 m de comprimento por 3 m de altura = 27 m^2) e ainda presente na maioria das cidades brasileiras. É formado por 32 folhas de papel impressas e coladas lado a lado, sendo veiculado pelo prazo de uma ou duas semanas (bissemanas), conforme agendamento do anunciante ou da agência de propaganda e publicidade. V. **Cartazete**.

CARTAZETE. Cartaz pequeno, normalmente no formato A3 (42 cm × 29,7 cm), usado em vitrines, porta de casas de *show*, cinemas etc., para divulgar peças comerciais, atrações e publicidade.

CARTILHA. Tipo de impresso projetado para fins de treinamento ou educacionais. Material projetado para ser simples, de fácil manuseio e com informações organizadas de forma lógica.

CARTUM. Forma de arte visual que combina desenho humorístico ou satírico com texto curto. Ilustração em estilo caricatural ou estilizado que transmite uma mensagem humorística, uma crítica social ou um comentário irônico sobre uma situação, pessoa, evento ou tema e que, normalmente, é publicada em jornais, revistas, mídias impressas e *on-line*.

CASE. Em tradução literal, "caso". Relato de caso bem-sucedido relacionado com planejamento, estratégia e *marketing*.

CASE HISTORY. Em tradução literal, "história" ou "caso". História real que ilustra um problema, o planejamento e a solução utilizados para sua resolução, normalmente uma história de sucesso. Artifício muito empregado em práticas de *marketing*.

CASTING. Em tradução literal, "seleção de elenco". Elenco de artistas, modelos ou promotores para um evento, um comercial ou uma produção.

CATÁLOGO. Material que serve como portfólio ou expositor de produtos de uma marca ou organização. Pode ser físico (impresso) ou virtual.

CATCH-UP. Termo que designa programas que foram ao ar e que, após sua veiculação em programação normal, foram deixados à disposição em áreas de conteúdo *on demand* em canais de TV a cabo.

CATEGORIA DE PRODUTOS. Forma de organização de produtos e/ou serviços em uma página institucional, promocional ou de *e-commerce*. Quanto melhor a organização, melhor a experiência do usuário.

CATI – Computer Assisted Telephone Interview. Em tradução literal, "entrevista telefônica assistida via computador". Técnica de pesquisa de mercado que envolve a realização de entrevistas por telefone com o uso de um sistema informatizado. Durante a entrevista, o entrevistador faz perguntas predeterminadas e registra as respostas no sistema, que também pode incluir recursos de verificação de erros e de encaminhamento das respostas para análise.

CATV – community antenna television ou cable TV. Sistema de distribuição de conteúdo televisivo via cabo. V. **TV a cabo**.

CAUDA LONGA. Tradução literal da expressão "*long tail*". Estratégia que visa facilitar a encontrabilidade de uma página de *e-commerce*, por exemplo, utilizando pesquisas mais extensas, com palavras-chave maiores, em que se usem no mínimo três termos. Teoria do físico e escritor Chris Anderson (2006) em que ele trata de nichos de mercado e que descreve a estratégia de varejo por meio da qual se vende uma múltipla variedade de itens, porém em pequenas quantidades. Esses itens podem, em conjunto até exceder o número de vendas dos produtos mais vendidos, desde que a organização redirecione os mercados e os públicos-alvo para aquilo a que seus produtos se destinam.

CAVALETE. Elemento em plástico ou madeira usado para sinalização.

CD-ROM – *compact disc read-only memory*. Disco compacto (CD) que conta com memória apenas para leitura. Mídia de armazenamento com *double-layer* e leitura a *laser* que permite a guarda e o armazenamento de dados, áudio e vídeo.

CENÁRIO. Espaço físico projetado para transmissão de um programa de TV, por exemplo. Pode contar com elementos móveis, *backgrounds*, *displays*, monitores de apoio e retorno, quadros interativos e projeções virtuais e multimídia. Pode ser um espaço real e físico ou virtual.

CENAS DE CORTE. Cenas captadas para alternar e cobrir *offs* ou editar uma sonora, na transição de um repórter, entrevistador ou entrevistado, por exemplo. Termo usado em cinema, televisão e outras mídias audiovisuais para se referir a transições abruptas entre duas cenas. Essas transições são geralmente usadas para criar uma mudança rápida de tempo, espaço ou ação na narrativa. Exemplo: um corte pode ser utilizado para mostrar a transição de uma cena de uma pessoa em um escritório para outra cena de um carro em movimento na rua, sem mostrar a transição completa entre os dois espaços. V. *Off*.

CENP – Conselho Executivo de Normas-Padrão. Órgão criado em 1998 que atua como uma autorreguladora da indústria publicitária, promovendo boas práticas e zelando pela qualidade da publicidade produzida no país. Entre as diversas atividades que realiza estão a definição e a disseminação de normas éticas para a publicidade, a orientação das agências e anunciantes sobre as melhores práticas e o estímulo ao desenvolvimento do setor publicitário no país. É responsável pela certificação das agências que se comprometem a seguir suas normas éticas e padrões de qualidade. *Site*: <https://cenp.com.br/>.

CENSURA. Prática de limitação ou proibição da liberdade de expressão, bem como da divulgação de informações ou do acesso a determinados conteúdos considerados ofensivos ou prejudiciais, eliminando-se parcialmente ou totalmente os fragmentos que depõem contra os valores e princípios estabelecidos e regidos por um censor, por exemplo. A prática é refutada pela Constituição Federal de 1988, em seus arts. 5º, incisos IV e IX, e 220, que estabelecem que é livre a manifestação do pensamento e a expressão de atividades intelectuais, artísticas e/ou de comunicação, independentemente de censura ou licença (Brasil, 1988).

CENTER CUT. Padrão de *down-conversion* que altera o formato de imagem 16:9, usado na transmissão digital, para 4:3, utilizado na transmissão analógica. Essa conversão elimina as faixas laterais da imagem, diminuindo a perda de conceito da mensagem.

CENTIMETRAGEM. Área de uma página de jornal ou revista que é dividida por *grids* (linhas de apoio) e/ou colunas. A área é calculada pela altura em centímetros multiplicada pelo número de colunas (centímetros por coluna).

CENTÍMETRO/COLUNA. Unidade-padrão usada para estabelecer o padrão de diagramação e o custo publicitário de anúncios em jornais e revistas impressas.

CENTRAL DE *OUTDOOR*. Entidade de classe fundada em 1977 com os objetivos de fazer parte da indústria de mídia externa (OOH) e de maximizar o impacto e a eficácia das campanhas publicitárias em vias públicas, respeitando e valorizando o meio mediante o comprometimento com a qualidade e a padronização de atividades, materiais e posturas. Reúne as maiores organizações exibidoras de cartazes do Brasil. *Site*: <https://centraldeoutdoor.org.br/>.

CEO – *chief executive officer*. Em tradução literal, "diretor executivo". Segunda maior autoridade formal da alta administração dentro de uma organização. Está subordinado apenas ao presidente da organização.

CERIMONIAL. Conjunto de práticas, protocolos e rituais realizados em eventos formais ou solenes, como cerimônias, inaugurações, recepções oficiais, casamentos e eventos diplomáticos. Desempenha um papel importante na organização e condução adequada desses eventos, seguindo regras de etiqueta, protocolos e tradições, e tem como objetivo criar um ambiente adequado e respeitoso, garantindo o bom andamento do evento, estabelecendo hierarquias, facilitando interações entre os participantes e transmitindo uma mensagem específica de acordo com o contexto do evento.

CFO – *chief financial officer*. Em tradução literal, "executivo de finanças".

CESSÃO DE DIREITO. Expressão que se refere à transferência ou à renúncia de um direito de uma pessoa (cedente) para outra (cessionário). A cessão de direito pode ocorrer por meio de um contrato ou por outras formas estabelecidas por lei. É comumente usada na transferência de uma propriedade ou controle de um bem, como uma patente, uma marca registrada, direitos autorais ou ações de uma organização.

CGI – Comitê Gestor da Internet. Órgão responsável por coordenar e estabelecer diretrizes estratégicas relacionadas à internet no Brasil. Criado em 1995, o CGI é composto por membros do governo, da sociedade civil, de empresas e da comunidade acadêmica e tem como objetivo promover o desenvolvimento da internet no país, garantindo sua estabilidade, segurança e liberdade de expressão. Foi criado pela Portaria Interministerial n. 147, de 31 de maio de 1995, e alterada pelo Decreto Presidencial n. 4.829, de 3 de setembro de 2003. *Site*: <https://www.cgi.br/>.

CHAIN BREAK. Em tradução literal, "comercial de rede". Pode ser de rádio ou televisão, durante um dos intervalos para identificação institucional da emissora (retransmissora) em um programa de rede. Exemplo: comercial institucional da Rede Paranaense de Comunicação (RPC) em um dos *breaks* normais da programação transmitida pela Rede Globo.
V. **Identificação**.

CHAMADA. Material de curta duração (5 a 10 segundos) inserido na programação para anunciar um programa de rádio ou televisão que será veiculado após o programa que está sendo transmitido ou que está programado para ir ao ar mais tarde, dentro da mesma grade. Título de um anúncio impresso.

CHANCELA. Validação de um programa por uma marca. Crédito de uma marca patrocinadora na abertura ou no encerramento de um programa de rádio ou televisão. 5 a 10 segundos de chancela de uma marca para um programa.
V. **Vinheta**.

CHAPA. Folha ou lâmina metálica de suporte de rápido registro e de fácil manuseio para impressão *offset*. Pode ser gravada por meio do contato e processo fotográfico ou diretamente por CTP. V. **CTP**.

CHAPADO. Trabalho gráfico com apenas uma cor cobrindo o fundo inteiro (uniformemente) da arte.

CHARGEBACK. Em tradução literal, "estorno". Cancelamento de uma compra física ou *on-line*. Isso se dá quando o titular não reconhece uma compra, ou quando a transação não é legal e não obedece às regras determinadas em contratos emitidos pelos bancos de origem do cartão.

CHAT. Sistema que permite a comunicação em tempo real entre dois ou mais usuários por meio da troca de mensagens. Sistema também conhecido como *bate-papo on-line*.

CHATBOTS. Aplicativos ou programas que simulam o atendimento humano em conversas *on-line* (via *chat*). Em setores-chave, o *chatbot* pode automatizar dúvidas frequentes (FAQs) ou dúvidas pontuais de clientes.

CHATGPT. Inteligência artificial desenvolvida pela empresa OpenAI e lançada em novembro de 2022, com base na arquitetura GPT (*generative pre-trained transformer*, ou transformador pré-treinado generativo). É treinado em dados de texto para aprender a prever palavras ou frases em uma sequência de texto. A inteligência artificial é capaz de trocar informações com as pessoas de forma natural e responder a perguntas em uma variedade de tópicos, desde ciência e tecnologia até cultura e entretenimento. O objetivo principal do ChatGPT é fornecer uma experiência de conversa inteligente e satisfatória, ajudando as pessoas a obter informações úteis, esclarecer dúvidas e se divertir. Deve ser capaz de realizar uma variedade de aplicações, como as de assistente virtual, *chatbot* e atendimento ao cliente. *Site*: <https://chat.openai.com/>. V. **Chatbots**, **Google Bard**, **Gemini**.

CHECKING. Em tradução literal, "checagem". Checagem da efetiva veiculação de todas as inserções programadas pela agência de propaganda e publicidade para um cliente ou anunciante, programa a programa e em todos os horários agendados.

CHECKLIST. Em tradução literal, "lista de conferência". Lista de afazeres e tarefas ordenadas passo a passo que pode contar com lista de responsáveis pelas funções e prazo para execução.

CHECKOUT (para conferência). Em loja física, é o momento de pagamento de uma compra no caixa; no eletrônico, descreve o processo de finalização de uma compra *on-line*. É a etapa em que o cliente realiza o pagamento e fornece as informações necessárias para concluir a transação.

CHEFE DE EDIÇÃO. Coordenador da equipe de editores de uma redação. Quando o profissional é responsável por um produto ou noticiário, pode ser denominado *editor-chefe*.

CHEFE DE FAMÍLIA. Em projetos de pesquisa demográfica, por exemplo, o conceito de chefe de família está relacionado com o provedor ou a provedora que mais contribui mensalmente e economicamente com o domicílio. Também pode ser denominado(a) *chefe do domicílio*.

CHEFE DE REPORTAGEM. Profissional responsável pela coordenação da equipe de pauteiros, produtores e repórteres que produzem uma reportagem. Pode ser em um jornal, *site* jornalístico ou revista ou ainda em uma rádio ou televisão.

CHROMA-KEY. Em tradução literal, "chave de cor". Recurso que permite a substituição (anulação) de uma cor sólida – normalmente azul ou verde – por uma imagem projetada ou editada. Técnica de gravação de vídeos em estúdio para substituição do fundo nas imagens captadas exclusivamente com o *chroma-key*.

CHURN. Métrica que indica o quanto uma organização perdeu de clientes ou de receita em determinado período de tempo.

CIBERCULTURA. Conjunto de práticas, comportamentos, valores, normas e formas de comunicação que surgem e se desenvolvem em torno das tecnologias digitais e da internet. Engloba a cultura e as interações sociais que surgem da interconexão global proporcionada pela tecnologia digital e caracteriza-se pela integração com as esferas da vida cotidiana, como o trabalho, o entretenimento, a educação e a política.

CICLO DE VIDA. Ciclo de vida de um produto. Fases de vida de um produto (ou serviço) ou marca. O ciclo é dividido em introdução, crescimento, maturidade e declínio.

CINESSEMANA. Unidade de medida de comercialização de espaços publicitários em sessões dentro das salas de projeção de cinema.

CIRCUITO ABERTO. Em rádio e TV, são todas as emissões ou transmissões de sinais abertos e acessíveis a qualquer dispositivo sintonizador. Estão livres de bloqueios.

CIRCUITO FECHADO. Em rádio e TV, são todas as emissões ou transmissões que tenham decodificadores ligados diretamente à fonte emissora. Serve também para a veiculação de mensagens comerciais ou promocionais dentro de uma loja, pontos de venda ou organizações. TV corporativa ou INFOTV.

CIRCUITO FECHADO DE TV – CFTV. Circuito fechado também designado pela sigla CCTV (*closed-circuit television*). Sistema que distribui sinais gerados por câmeras localizadas em locais específicos de uma loja, ponto de venda ou organização.

CIRCULAÇÃO. Controle da distribuição e do número de exemplares que chegam às mãos de assinantes ou por meio de venda avulsa (em bancas, por exemplo) ou ainda via distribuição dirigida, nominalmente e com comprovado registro do número de unidades impressas. V. **Tiragem**, **IVC**.

CIRCULAÇÃO CONTROLADA. Controle do total distribuído de exemplares (de jornal ou revista) para um público ou segmento predeterminado.

CIRCULAÇÃO DIRIGIDA. Distribuição de exemplares exclusiva para um público ou segmento predefinido.

CIRCULAÇÃO PROMOCIONAL. Controle de exemplares distribuídos gratuitamente para formadores de opinião, anunciantes, agências de propaganda e publicidade, entre outros.

CIRCULAÇÃO PAGA. Controle de exemplares (de jornal ou revista) efetivamente pagos por assinantes (por meio de assinatura mensal) ou via venda avulsa, em pontos de distribuição.

CLAQUE. Grupo organizado e coordenado de pessoas contratadas ou voluntárias que são responsáveis por aplaudir, torcer e criar entusiasmo durante um evento ao vivo, como um jogo esportivo, *show*, peça teatral, programa de TV ou qualquer tipo de apresentação. O objetivo da claque é criar uma atmosfera positiva e animada, encorajando o público a participar e a reagir de maneira entusiasmada. Na internet, a claque assume a forma de um grupo de pessoas que coordenadamente expressam opiniões (positivas ou não) sobre uma marca, produto ou serviço. Ambas buscam como objetivo influenciar e promover (ou não) uma imagem ou narrativa.

CLAQUETE. Ferramenta utilizada para a identificação de cenas, tomadas e/ou planos, para a sincronização de áudio e vídeo na pós-produção e para a ordenação de informações

específicas do filme (direção, data de produção, cenas etc.).
É o *insert* (imagem estática) de identificação de um comercial.

CLASSE E MÉTODO. Variáveis que armazenam dados e métodos e são sistemas que definem o comportamento dos objetos dentro de uma classe.

CLASSE SOCIOECONÔMICA. Em pesquisas, são utilizados critérios de classificação por meio de parâmetros listados pelo Instituto Brasileiro de Geografia e Estatística (IBGE) ou pela Associação Brasileira de Empresas de Pesquisa (Abep). O IBGE ainda utiliza o conceito de classes sociais, dividindo a população em cinco estratos: A, B, C, D e E, sendo a classe A o estrato com melhor poder aquisitivo e, por isso, maior concentração de renda, e a classe E, o estrato com menor poder. A Abep usa recursos do Critério de Classificação Econômica Brasil para a classificação dos grupos sociais nacionais. V. **Abep, IBGE**.

CLASSIFICAÇÃO INDICATIVA. *Classind* é a informação prestada à sociedade sobre as faixas etárias para as quais as múltiplas obras audiovisuais são recomendadas. São classificados produtos televisivos (TV aberta e fechada), cinema, vídeo, serviços de *streaming*, jogos eletrônicos e jogos de interpretação (RPG, de acordo com a Constituição Federal, em seus arts. 21, inciso XVI, e 220, parágrafo 3°, inciso 1, e o Estatuto da Criança e do Adolescente (Lei Federal n. 8.069, de 13 de julho de 1990), em seu art. 74, parágrafo único.

CLASSIFICADOS. Anúncios pequenos, normalmente veiculados apenas em texto, publicados em áreas exclusivas de jornais ou revistas e divididos ou agrupados por área de mercado: automóveis, imóveis, compra, venda, aluguel etc. V. **Anúncio classificado**.

CLEARCOM. Sistema de comunicação usado por profissionais que executam transmissões e operações ao vivo.

CLICKBAIT. Divulgação mentirosa ou *fake news* com o propósito exclusivo de gerar cliques e alavancar receitas de divulgação *on-line*.

CLICKSTREAM. Em tradução literal, "rastro de cliques". Analisa e avalia o comportamento de um usuário, verificando os percursos e a sequência de páginas que ele acessa ou visita.

CLICHÊ. Peça fabricada em zinco ou metal em alto relevo e que serve como matriz para impressão em diferentes superfícies. Muito utilizado em gráficas e editoras para impressão em papel e plástico, também pode criar registros em couro, madeira e vinil.

CLIENTE. Indivíduo que compra regularmente de uma marca ou organização. Cliente que é leal a uma marca, produto ou serviço. A organização anunciante. V. **Anunciante**, **Consumidor**.

CLIENTE DIRETO. Cliente anunciante que busca veicular seus materiais publicitários diretamente em um meio ou veículo, não tendo como intermediadora comercial uma agência publicitária. V. **Anunciante**.

CLIENTE EXTERNO. Cliente de uma agência de propaganda e publicidade ou comunicação. O cliente externo obviamente é o cliente de fato, e o cliente da comunicação, seja *off-line*, seja *on-line*, é *sui generis*, único e não carrega nenhuma semelhança com nenhum outro tipo de contratante de serviços. Isso porque esse cliente é o sujeito que invariavelmente deixa muita coisa para a última hora. Isso implica obviamente ter de fazer com que a agência trabalhe dobrado e, muitas vezes (com o *timing* errado), o resultado não vem. Claro que existem boas exceções. Clientes grandes, com frequência, trabalham com um ano de antecedência, ou seja, no ano corrente estão planejando ações do ano seguinte. Isso dá margem a alterações, a mudanças de rumo, sem impactar o andamento da organização. Por exemplo, as organizações que sobreviveram à pandemia conseguiram isso porque tiveram fôlego, planejamento (o que inclui dinheiro) e, principalmente, margem para rever o próprio negócio e propor novos encaminhamentos ou soluções. Evidentemente, também há bons exemplos de clientes pequenos muito organizados e cônscios de seus passos e estratégias. Estes, muitas vezes, são até melhores o desenvolvimento de um trabalho. Como mencionamos anteriormente neste livro, o relacionamento entre um atendimento e seu cliente é algo que deve ser muito duradouro, mas que pode ser complicado e desgastante para todos os lados. A falta de planejamento do cliente interfere diretamente em prazos. Nesse caso, pode acontecer de o cliente contratar os serviços de digital, criação ou planejamento, mas o prazo ser muito exíguo em relação a todos os processos; mesmo assim, ele ainda pode querer exigir resultados imediatos. Aqui cabe uma boa regra: não se conseguem resultados práticos em curto prazo. Reforçamos: o atendimento a um cliente é um processo de relacionamento (com vitórias e derrotas) a médio e longo prazo. A curto prazo, só ações de bota-fora, fechamento de operações, liquidações, fim de coleções etc.

V. **Cliente interno**.

CLIENTE INTERNO. Todos os colaboradores internos (pares) de uma organização. Tão difícil quanto administrar uma carteira de clientes da agência é gerir prazos e demandas junto ao cliente interno. Nesse caso, clientes internos são os pares do atendimento dentro de uma agência, qualquer que seja o modelo dela. É sabido que, quanto menor a agência (independentemente da área em que atue), mais trabalho os profissionais integrantes terão e, não raro, eles dividirão ações e funções entre si, mais do que em uma agência maior, departamentalizada, com rotinas e *scripts* claros entre os clientes internos, em que cada um sabe exatamente o que fazer no momento correto do processo e até onde pode ir, sem interferir na tarefa do colega. V. **Cliente externo**.

CLIP. Produto audiovisual de curta duração, realizado com as imagens mais importantes de um evento, acontecimento ou cobertura. Formato de vídeo utilizado por bandas para divulgação de uma música ou trilha. Denominação de uma cena gravada em formato digital: a cada disparo de uma câmera, registra-se um *clip*.

CLIPART. Biblioteca de vetores ou imagens previamente formuladas para ilustração de documentos, apresentações e projetos. Tem como característica a simplicidade, com elementos visuais simples, para economizar tempo e esforço do usuário.

CLIPPING. Busca, coleta e reunião diária de artigos, publicações, exibições de comerciais da marca, comentários e reportagens sobre uma pauta ou tema predeterminado em diferentes meios e veículos (tradicionais e digitais).

CLOAKING. Termo para "camuflagem". Consiste em disponibilizar diferentes versões de páginas para enganar mecanismos de busca sobre o conteúdo real do *website*. V. **Black Hat SEO**.

CLOSE. Em tradução literal, "fechado". Detalhe, captura fechada (de perto) de um rosto, objeto ou cenário.

CLOSED CAPTION – CC. Em tradução literal, "legenda". Sistema de legenda automático incorporado nos aparelhos de televisão mais modernos. Serve para a compreensão e a leitura em outras línguas com legenda e tradução, para a leitura por deficientes auditivos e também como recurso de leitura para transmissão em locais com muito ruído, como bares, restaurantes e aeroportos.

CLOSE-UP. Foto ou filmagem de perto, muito próxima, ressaltando detalhes do objeto ou da pessoa fotografada.

CLUBE DE CRIAÇÃO. Entidades regionais que reúnem profissionais de criação.

CLUSTER. Em tradução literal, "conjunto". No *marketing*, serve como definição para grupos que têm o mesmo interesse de mercado ou que pertencem aos mesmos segmentos.

CLUSTER ANALYSIS. Em tradução literal, "análise de conjunto". Organiza informações de pesquisa em grupos com o mesmo perfil (hábitos e comportamentos) e que têm diferenças em relação a outros *clusters* da análise.

CLUTTER. Em tradução literal, "desordem". É quando não há preocupação estética ou arranjo organizacional dos veículos em sua programação para a veiculação de propaganda e publicidade. Excesso de comerciais em sequência.

CMYK. Padrão ou modelo de cor que utiliza ciano (*cyan*), magenta (magenta), amarelo (*yellow*) e preto (*key* – canal preto). Nesse esquema ou padrão de cor, as cores são obtidas pela mistura dos pigmentos ciano, magenta e amarelo, que são as cores primárias da luz refletida. A soma dessas cores sempre resulta em uma cor escura, próxima ao preto.

Portanto, o preto é adicionado como um quarto canal de cor, para produzir sombras e tons escuros com mais precisão.

CMV. Cliente mais valioso, ou cliente de valor máximo. Estratégia que identifica e prioriza os clientes que têm maior potencial de geração de valor para a marca ou organização a longo prazo. Normalmente, os clientes que têm mais lealdade à marca referenciam novos clientes e têm *ticket* médio mais alto.

COBERTURA. Transmissão de uma notícia, fato ou evento, ao vivo ou pré-gravado. Área máxima de abrangência de um meio de comunicação. V. **Alcance**, *Reach*.

CODIFICAÇÃO. Arquivos de mídia são codificados para otimizar espaço. Modelo de transmissão de rádio ou TV utilizado para inibir a recepção de sinais por decodificadores não autorizados. Podemos codificar imagem, áudio, vídeo e caracteres. V. **Decodificador**.

CÓDIGO DE BARRAS. Representação gráfica de informações que devem ser lidas por *scanner* óptico. Composto por barras paralelas de diferentes espessuras e espaçamentos, juntamente com números ou letras, que fornecem uma identificação única para um produto, embalagem ou item.

CDC – Código de Defesa do Consumidor. Conjunto de regras alinhadas para defender o consumidor durante os processos e experiências de compras. Determina quais regras protegem e estabelecem os direitos e deveres de um consumidor. Pode ser acessado em: <https://www.planalto.gov.br/ccivil_03/leis/l8078compilado.htm>.

CÓDIGO DE ÉTICA DOS PROFISSIONAIS DE PROPAGANDA. Conjunto de princípios e normas que regem a conduta de profissionais que atuam na área de publicidade e propaganda.

Estabelece padrões éticos a serem seguidos no exercício da profissão, visando garantir a honestidade, a integridade e a responsabilidade dos profissionais e das agências de propaganda. Foi formalizado pela Associação Brasileira de Agências de Publicidade (Abap) em conformidade com o I Congresso Brasileiro de Propaganda, realizado em 1957, no Rio de Janeiro. Autorregulamentação: Lei Federal n. 4.680, de 18 de junho de 1965 (art. 17), e Decreto Federal n. 57.690, de 1º de fevereiro de 1966 (art. 17).

CÓDIGO DE RASTREAMENTO UTM – *Urchin Tracking Module*. Formato de URL usado para rastrear e analisar o tráfego de *websites*. Permite identificar a origem do tráfego, a campanha específica, o meio utilizado e outras informações relevantes. Os códigos UTM são adicionados aos *links* para ajudar a acompanhar o tráfego e atribuí-lo a fontes específicas.

COLADO. Comercial de TV ou rádio que inicia imediatamente após o final da veiculação do anterior de uma mesma marca/anunciante ou não.

COLAGEM. Colocação e colagem das folhas unitárias de um *outdoor*, por exemplo. São coladas 32 folhas uma a uma em cada um dos painéis no padrão 3:1.

COLOCAÇÃO. Conceito relacionado ao posicionamento do anúncio em cada um dos meios. No jornal impresso, corresponde ao local de veiculação do anúncio. Em rádio e televisão, ao programa ou *break* (intervalo) em que o comercial deverá ser inserido. V. **Anúncio determinado**, **Anúncio indeterminado**.

COLOFÃO. Seção ou nota encontrada em livros, documentos ou publicações impressas. O colofão fornece informações sobre a produção do material, como detalhes sobre impressão, tipografia, papel utilizado, local e data de publicação, editora e outros dados.

COLOR BARS SMPTE. Em tradução literal, "padrão de barras coloridas". Sinal de teste mais utilizado para configuração e testes de sistema, de todas as unidades até o transmissor. Padrão internacional SMPTE. V. **SMTPE**.

COLUNISTA. Profissional que escreve uma coluna regular em um jornal, revista, *website* ou outro meio de comunicação. Local onde, por sua conta e risco, o jornalista expressa suas opiniões pessoais, análises, comentários ou reflexões sobre um assunto de que seja conhecedor.

COMERCIAL. Peça eletrônica, impressa ou digital, para anunciar uma marca, produto ou serviço de uma organização. Se quisermos divulgar uma organização ou uma marca, devemos criar um comercial institucional. Se desejarmos anunciar uma promoção de produtos ou serviços, devemos criar um comercial promocional. No impresso, o comercial é chamado de *anúncio*; no rádio, *spot*, na TV, *videotape* (VT) ou *comercial*.

COMERCIAL AVULSO. Inserção comprada e autorizada fora de uma negociação.

COMERCIAL COLOCADO. Inserção predeterminada e colocada dentro de uma faixa escolhida pela mídia ou pelo anunciante. Por ser algo determinado e específico, seu custo tem valores diferentes de um anúncio indeterminado, por exemplo.

COMERCIALIZAÇÃO. Atividade realizada por contatos comerciais de meios de comunicação e veículos que representam e comercializam espaços comerciais.

COMÉRCIO ELETRÔNICO (e-commerce). Formato de vendas e compras *on-line*, sem a atuação de lojas físicas no processo.

COMMERCIAL CLUTTER. Intervalo ou *break* de TV ou rádio com excesso de comerciais sucessivos, fora do padrão.

COMMERCIAL EXPOSURE. Em tradução literal, "exposição comercial". Afere o nível de exposição a determinado comercial.

COMMERCIAL MINUTAGE. Em tradução literal, "minutagem publicitária". É indicação da quantidade de minutos de comerciais que determinado veículo exibe ao longo de sua programação.

COMPANY PAGE. Página específica para organizações em plataformas de redes sociais, como o LinkedIn. Permite que as marcas criem uma presença *on-line* oficial e compartilhem informações relevantes sobre sua história, produtos, serviços e oportunidades de colocação.

COMPENSAÇÃO. Reposição gratuita de um anúncio que não foi veiculado, por algum motivo técnico, por colocação, por qualidade de reprodução ou por outros problemas.

COMPETÊNCIAS. Conjunto de conhecimentos, habilidades e atitudes aplicados para a entrega de resultados.

COMPLIANCE. Ferramenta que tem como objetivo agregar valores de excelência e segurança operacional em organizações preocupadas com gestão e governança. Estar alinhado ao *compliance* é gerir em conformidade com leis, normas e regras.

COMPOSIÇÃO DE AUDIÊNCIA. Dependendo do nível e da modalidade de classificação, é a descrição real do grupo de pessoas atingidas ou impactadas por um comercial: sexo, idade, classe socioeconômica, entre outras características.

COMPOSITE. Figura que é criada mediante a combinação de várias imagens, elementos ou camadas em um único resultado final. Usado na criação de imagens compostas, como montagens, colagens, manipulações digitais e efeitos especiais.

COMPRA. Aquisição de espaço (no caso de meios como jornal, internet ou revista) ou de tempo (no caso de comerciais para televisão ou rádio) em veículos de mídia.

COMPRA POR IMPULSO. Forma de compra em que o consumidor toma a decisão de compra de maneira rápida, sem um planejamento prévio ou uma consideração cuidadosa das necessidades ou do valor do produto. Compra baseada em um impulso momentâneo, muitas vezes motivada por fatores emocionais, estímulos visuais, promoções ou uma sensação de urgência.

COMPRADOR DE MÍDIA. Em uma agência de propaganda e publicidade, a compra de espaços em meios e veículos é função do departamento de mídia. A pesquisa, a negociação e a compra são realizadas pelo mídia.

COMPRESSÃO DIGITAL. Modo de redução do número de *bits* de um sinal digital, removendo informação redundante e diminuindo o espaço ocupado na transmissão ou armazenamento do sinal.

COMPROVANTE DE VEICULAÇÃO. Relatório com recortes de programas com o anúncio programado e veiculado.
V. *Checking*.

COMPUTAÇÃO EM NUVEM (*Cloud Computing*). Ferramenta para armazenamento de dados, aplicativos, serviços, *softwares* e/ou arquivos na internet. Tecnologia que permite o acesso remoto e sob demanda a recursos de computação, como servidores, armazenamento, bancos de dados, *softwares* e redes, por meio da internet. Produtos e recursos disponibilizados por provedores de serviços em nuvem, que administram e mantêm todas as infraestruturas necessárias para o seu funcionamento.

COMPUTAÇÃO GRÁFICA. Imagens 2D e 3D geradas por meio de aplicativos ou programas específicos, que têm forma e movimento derivados de cálculos e algoritmos. Exemplos de programas e aplicativos: 3D Studio (*site*: <autodesk.com.br>), SolidWorks (*site*: <discover.solidworks.com>), Fusion 360° (*site*: <autodesk.com.br>).

COMUNICAÇÃO. Palavra (em latim, *communicare*) que tem como significado "tornar comum", "partilhar" ou ainda "transmitir algo". Tendo em vista o papel da publicidade e propaganda, a comunicação ganha uma importância enorme para a divulgação de produtos e serviços e, assim, o estabelecimento de uma conversação entre a marca e seus diferentes públicos, instituindo o que chamamos de *relacionamento*. Hoje, por uma questão de ordem, é necessário destacar que, em épocas de produtos muito semelhantes em suas formas, funções e até no preço, o que tem feito a diferença é o modo de relacionamento que as marcas têm encontrado para conversar com um consumidor cada vez mais especializado, que minimamente pesquisa antes de comprar ou consumir qualquer coisa, especialmente no que se refere a bens duráveis. Dessa forma, a tarefa dos profissionais da comunicação atualmente ganha uma importância enorme. Para Yanaze (2011), são diversos os objetivos de comunicação, e os processos devem ganhar a atenção do receptor, ser entendidos por ambos – receptor e emissor – e ainda estimular as necessidades do receptor. Nesse sentido, a comunicação ganha objetivos diversos, na briga pela atenção dos clientes: a) estabelecer interação: em tempos modernos de comunicação cada vez mais digital, permite aos diferentes atores o estabelecimento de um fluxo contínuo de comunicação (bilateral), ligando as marcas cada vez mais aos clientes; b) despertar a atenção: hoje, o cliente tem sua atenção o tempo inteiro, despertada, usando-se das diferentes formas de comunicação; e uma vez que o receptor (ator "b") não teve sua atenção despertada, o processo de comunicação é irrelevante; c) ganhar a preferência: um dos grandes objetivos da comunicação é tornar a marca (produto ou serviço) a preferida de seus clientes, ainda que a concorrência tenha um plano forte de comunicação; d) garantir a empatia: se a mensagem for adequada e respeitar as características de seu público, a chance de ser apreciada e querida pelos clientes será muito maior; e) gerar conhecimento: os clientes estão cada vez mais interessados em informações, comparativos, desempenho e características das marcas de produtos e serviços; f) facilitar a decisão: uma vez que o cliente está convencido do que quer para si, já que a marca conquistou sua preferência, a comunicação deverá fazer com que ele se decida pela compra; g) promover a ação: nem sempre a decisão é efeito imediato da comunicação; muitos fatores podem influenciar o ato da compra. Porém, se o cliente estiver convencido e os fatores convergirem, a ação estará garantida. E levar o cliente à ação é a verdadeira razão da comunicação e do *marketing*.

COMUNICAÇÃO DE MASSA. Produção institucionalizada e difusão generalizada em todos os meios (de todos para todos) de bens simbólicos por meio da transmissão e do armazenamento de informações e/ou mensagens. É a difusão em larga escala da mensagem em meios técnicos (meios e veículos) para a massa da sociedade. É um fluxo de mão única, do emissor para os receptores.

COMUNICAÇÃO HORIZONTAL. Comunicação que não segue uma linha hierárquica, mas é emanada entre os membros de um mesmo nível funcional ou entre níveis hierárquicos igualitários e/ou isonômicos.

COMUNICAÇÃO INSTITUCIONAL. Comunicação ou propaganda e publicidade exclusivamente voltada para a marca ou para a organização. Não trata da promoção ou apresentação de produtos e/ou serviços, mas da divulgação exclusiva da marca ou da organização. É a área responsável por zelar pela imagem corporativa de uma organização, perante a concorrência e a sociedade.

COMUNICAÇÃO INTERNA. Ferramenta estratégica usada para a comunicação interna voltada aos colaboradores (clientes internos), estimulando o diálogo e a troca de experiências e informações entre todos os níveis institucionais. Ferramenta diferente do *endomarketing*. V. ***Endomarketing***.

COMUNICAÇÃO INTERPESSOAL. Troca de mensagens e/ou informações entre duas ou mais pessoas, seja essa conversa orientada por sinais verbais ou não verbais.

COMUNICAÇÃO INTRAPESSOAL. Estilo de comunicação que proporciona ao indivíduo autoconhecimento, autocontrole e autoestima por meio de comportamentos ou dinâmicas que valoriza seus pontos fortes, bem como suas emoções, competências e habilidades.

COMUNICAÇÃO VERTICAL. Mensagem que percorre as ramificações hierárquicas da organização. Pode ser ascendente ou descendente (da alta administração para os demais colaboradores).

COMUNICAÇÃO SOCIAL. Área específica na ciência social que tem como objeto o estudo dos meios (formas e formatos) de comunicação, bem como de suas relações com a sociedade. Estudo que abarca as causas, os meios e os efeitos, as diversas e múltiplas formas de emissão, transmissão e recepção das mensagens e todos os resultados dessas práticas. A grande área da comunicação social engloba disciplinas relacionadas com propaganda e publicidade, relações públicas, jornalismo, rádio, TV e cinema, entre outras, tratando todos os assuntos que envolvem comunicação, sociedade, massa, recepção, linguagem, tecnologia, tradicional e digital.

COMUNICADO. Material distribuído com antecedência para órgãos da imprensa e formadores de opinião, informando dados importantes acerca de uma organização, de uma notícia ou de algum fato relevante para a sociedade. V. *Release*.

CONAR – Conselho Nacional de Autorregulamentação Publicitária. Órgão fundado em 1978 que tem como objetivo garantir que a publicidade seja veiculada de forma ética e responsável, em conformidade com as leis e normas aplicáveis. É constituído por representantes dos anunciantes das agências de publicidade e dos veículos de comunicação, além de especialistas em áreas relacionadas à publicidade e à ética. Julga e decide sobre reclamatórias e denúncias de consumidores, concorrentes e órgãos governamentais em relação a anúncios publicitários. *Site*: <http://www.conar.org.br/>.

CONCEITO. Criação ou ideia que transforma a percepção de um indivíduo sobre um produto ou serviço. Toda criação publicitária carrega consigo um conceito, um motivo, um mote de campanha. V. **Mote**.

CONCEITO CRIATIVO. Ideia original e inovadora que serve como base para a criação de uma campanha publicitária, projeto de *design*, filme, programa de televisão, entre outras produções criativas. O conceito criativo é a ideia principal que norteia a produção e é responsável por transmitir a mensagem ou o objetivo desejado. Ele pode ser uma ideia visual, textual, sensorial, emocional ou conceitual e deve ser capaz de se conectar com o público-alvo e gerar uma resposta desejada, como chamar a atenção, gerar interesse, engajar ou persuadir.

CONCENTRAÇÃO. Estratégia para alinhar os investimentos em meios de comunicação que efetivamente trazem resultado naquele momento da campanha publicitária, visando melhorar a *performance*. É a diminuição do cronograma de uma campanha, mas com o aumento dos esforços em um único meio ou veículo. Veiculação de uma campanha em apenas uma área geográfica.

CONCORRÊNCIA. Todos os *players* concorrentes de um mesmo mercado e nicho, que disputam a atenção e os mesmos públicos.

CONCORRÊNCIA DIRETA. Todos os *players* concorrentes que atuam em um mesmo nicho de marca, produto ou serviço. Exemplo: um refrigerante *light* ou *diet* tem como seus concorrentes mais diretos outras marcas de refrigerantes *light* ou *diet*. O refrigerante "normal" não se enquadra nessa modalidade de concorrência. V. **Concorrência indireta**, **Concorrência substituta**.

CONCORRÊNCIA INDIRETA. Todas as marcas, produtos ou serviços que, embora não sejam iguais nem pertençam ao mesmo nicho do produto concorrente, podem levar o público a consumi-lo. Nesse caso, o refrigerante "normal" é concorrente indireto do refrigerante *light* ou *diet*. V. **Concorrência direta**, **Concorrência substituta**.

CONCORRÊNCIA SUBSTITUTA. *Players* de mercado que podem "substituir" os produtos e serviços principais de um nicho ou segmento. Exemplo: suco de laranja e água mineral podem ser concorrentes substitutos do refrigerante "normal" e das versões *light* e *diet*. V. **Concorrência direta**, **Concorrência indireta**.

CONFIRMAÇÃO. Ato por meio do qual o anunciante ou a agência asseguram a veiculação de um material publicitário por meio da entrega final de autorizações e dos materiais que serão veiculados.

CONGESTIONAMENTO (*clutter*). Excesso de anúncios comerciais em um mesmo *break* ou intervalo (TV, rádio e internet) ou excesso de anúncios impressos em uma mesma página de jornal ou revista. V. ***Clutter***.

CONSÓRCIO. Reunião ou associação de diferentes agências de publicidade e propaganda para o atendimento de uma conta comum de órgãos oficiais do Estado, por exemplo.

CONSUMIDOR. Alguém que ainda não se transformou em cliente, ou consumidor contumaz, de uma marca, produto ou serviço. Seu objetivo é o preço baixo e, de preferência, a agilidade na compra. Sua decisão de compra não é baseada em experiências anteriores, como no caso do indivíduo que já é um cliente. O consumidor tem seus direitos e deveres garantidos na Constituição Federal de 1988 e regulados pelo Código de Defesa do Consumidor (CDC).

CONSUMIDOR SECUNDÁRIO. Parcela menor de um mercado ou segmento, mas que também é representativa em termos de público-alvo para uma marca.

CONTA. Cliente de uma agência de propaganda e publicidade. Diz-se "tal agência tem a conta do cliente X". É a organização anunciante. Cliente da carteira comercial da agência. V. **Anunciante**.

CONTATO. Profissional ponte (que intermedeia as relações) entre agências e clientes ou entre veículos e agências. V. **Atendimento**, *Account executive*.

CONTATO DE VEÍCULO. Profissional do comercial que representa os meios e veículos perante agências e anunciantes. Sua função é apresentar e comercializar os espaços publicitários. V. **Atendimento**, *Account executive*, **Contato**, **Contato publicitário**.

CONTATO PUBLICITÁRIO. Contato da agência de propaganda e publicidade com os clientes e/ou anunciantes. Responsável pelo atendimento da agência. V. **Atendimento**, *Account executive*, **Contato**.

CONTEUDISTA. Profissional que desenvolve materiais de alta qualidade, relevantes e envolventes para atrair e manter a atenção de seus públicos-alvo. Especialista em redação, pesquisa, criação de conteúdo audiovisual, produção de mídia ou em uma área específica de conhecimento, dependendo das necessidades e das demandas da organização ou do projeto em que está envolvido.

CONTEÚDO. Todo o escopo de informação e conhecimento de um meio ou veículo de comunicação. Balizado por seus valores, tradição e perfil editorial. É o diferencial informacional e (de contexto) comercial para a venda de seus espaços e anúncios publicitários. V. **Contexto**.

CONTEXTO. Todo o planejamento de mídia deve estar bem alinhado e adequado às práticas editoriais e comerciais de um meio ou veículo e aos valores e objetivos da marca, produto ou serviço de uma organização. Antes da escolha de um veículo, a agência ou o anunciante devem perceber a total interação entre todos esses elementos importantes para o contexto da mensagem. A marca deve estar alinhada aos hábitos, aos comportamentos e às formas de consumo dos diferentes públicos do meio ou veículo de comunicação e vice-versa.

CONTINUIDADE. Processo de continuação de uma campanha, adiando seu fim ou estendendo a um processo que trouxe bons resultados. Em TV e cinema, é a continuação de um *take*, de uma cena que foi cortada ou abreviada.

CONTRACAPA. A última capa ou a quarta capa de um livro. A área interna da capa é chamada de *segunda capa*, e a área interna da contracapa é denominada *terceira capa*. V. **Capa**.

CONTRALUZ. Técnica de iluminação usada em fotografia, cinema e vídeo que consiste em posicionar a fonte de luz por trás do objeto ou pessoa fotografada, criando uma silhueta ou uma iluminação mais dramática e contrastante. Na fotografia, por exemplo, a contraluz é frequentemente utilizada para criar imagens com um efeito dramático e artístico. Ao colocar a fonte de luz por trás do objeto ou pessoa fotografada, cria-se um efeito de luz forte e brilhante, que destaca as bordas do objeto e gera uma sombra escura na frente.

CONTRAPLANO. Técnica de filmagem que consiste em filmar uma cena a partir de um ponto de vista oposto ao da cena original, ou seja, a partir de um ângulo oposto ao da câmera que registrou a cena anterior. Geralmente, o contraplano é usado para filmar a reação de um personagem em relação ao que está acontecendo na cena ou para mostrar um detalhe específico que não foi registrado na filmagem original. É uma técnica muito comum em produções cinematográficas e televisivas.

CONTRAPROGRAMAÇÃO (*counterprogramming*). Prática em que uma emissora de rádio ou TV insere em sua grade de programação um programa completamente oposto ao apresentado pela maior concorrente. Exemplo: a concorrente está transmitindo um filme, e a emissora passa a transmitir um jogo de futebol.

CONTRAPROPAGANDA. Publicidade que fere o Código de Defesa do Consumidor (CDC, art. 60, § 1º) e que configura propaganda enganosa ou abusiva. V. **Publicidade abusiva**, **Publicidade enganosa**.

CONTRARREGRA. Profissional que atua nos bastidores de produções teatrais, televisivas, cinematográficas ou eventos ao vivo. Seu papel é ajudar na organização do cenário, dos adereços e de outros elementos necessários para a realização do espetáculo.

CONTROLE. Prática de checagem de veiculação. V. *Checking*.

CONVERSÃO. Processo em que um *lead*, por meio de uma tomada de decisão, converte uma pesquisa ou consulta a um produto ou serviço em um *site*, em compra finalizada. Ocorre quando o usuário se torna *lead* e quando o *lead* se torna cliente durante uma jornada de compra. V. *Lead*.

COOKIE. Arquivo pequeno criado após (ou durante) a visita a um *site* e que é alocado e salvo no computador do usuário. Serve posteriormente para identificar o visitante, personalizar da página conforme os seus rastros, facilitando a alocação de dados entre páginas de um *website*, e para agilizar o acesso daquele computador a um *site* já visitado anteriormente.

COPATROCÍNIO. Modo em que duas marcas ou mais dividem o patrocínio de um programa, de uma ação ou de um evento. Atualmente, o termo mais usado para essa divisão é *cota de patrocínio*, que, na maioria das vezes, é dividida em bronze, prata e ouro ou ainda *master*, *premium* e VIP, diferenciando-se nos valores pagos para cada um dos pacotes e nas contrapartidas e benefícios ao patrocinador. V. **Cota de patrocínio**.

COPIÃO. Cópia que pode ser usada em três instâncias: i) como primeira amostra ou seleção da montagem de cenas de um comercial, por exemplo; ii) como uma prévia, uma cópia bruta de um livro, revista ou publicação impressa, utilizada para revisões finais, análise de *layout* e correção de possíveis erros; iii) como esboço para o posicionamento e a disposição de elementos como textos, imagens e gráficos em um *layout*, em uma diagramação. V. **Layout**.

COPY. Abreviação do termo *copy desk*. É a refação de um texto para a adequação e a uniformização da linguagem. V. **Refação**, **Retrabalho**.

COPY DESK. Conceito utilizado no campo da edição e revisão de textos, especialmente em jornalismo e publicações impressas. Conhecido também como *desk de revisão*, é responsável por editar e revisar textos antes de sua publicação, garantindo a qualidade, a coerência e a precisão da linguagem escrita.

COPYRIGHT. Em tradução literal, "direito autoral". Direito exclusivo de proteção de autoria para obras originais e sua exploração. Proteção de conteúdos de criações intelectuais.

CORD-CUTTING. Em tradução literal, "corte" ou "troca de serviços". É o processo de troca de uma assinatura de TV paga, por exemplo, por um serviço de *streaming* (pago ou não) ou de acompanhamento de vídeos gratuitos em plataformas como o YouTube.

CORD-TRIMMING. Em tradução literal, "diminuição de serviços". Opção de um usuário por cortar ou diminuir o número de pacotes (ou assinatura de canais) de uma operadora de TV fechada.

CORE BUSINESS. Termo em inglês para "negócio principal". São as atividades centrais e essenciais de uma organização. É o conjunto de operações, produtos ou serviços que constituem o foco principal da marca ou organização e que são considerados essenciais para sua identidade e sucesso. É a área em que a marca tem *expertise*, recursos e competências distintivas, em que busca gerar valor e vantagem competitiva.

CORNER. Termo em inglês para "esquina", "canto". Espaço dentro de uma loja física ou de um departamento onde determinado produto, marca ou categoria de produtos é destacado e exibido de maneira exclusiva. Forma de segmentar o espaço de vendas e criar uma experiência diferenciada para os clientes. Tem uma estrutura física específica, como uma ilha, um balcão ou prateleiras personalizadas, que chamam a atenção dos clientes e os direcionam para determinada marca.

CORPO. Em diagramação, tamanho da fonte utilizada na composição de um texto. Medida que determina a altura dos caracteres, influenciando diretamente na legibilidade de um texto no contexto da diagramação ou *layout*.

CORRETAGEM. Serviço prestado por um corretor. V. *Broker* AD.

CORRETOR DE MÍDIA. Contato publicitário liberal ou vinculado a um meio ou veículo de comunicação. V. **Corretagem**, *Brooker* AD.

CORTE. Pausa ou interrupção de uma programação ou transmissão ao vivo.

CORTE LOCAL. Prática em que uma retransmissora local abre um espaço ou "janela" na programação de rede para a inserção de anúncios locais ou regionais. Esse anúncio será veiculado apenas na praça programada.

COST PER THOUSAND. Em tradução literal, "custo por mil". V. **CPM**.

COTA DE PATROCÍNIO. Porcentagem (cota ou pacote) dividida entre diversas marcas relativas à exclusividade de direitos em um evento, programa ou cobertura. Cada tipo de cota dá direito e deveres ao patrocinador, de acordo com o que foi investido.

COUCHÉ. Tipo de papel utilizado em impressão e *design* gráfico. É conhecido por sua superfície lisa e brilhante, o que o torna adequado para produtos impressão de alta qualidade, como revistas, catálogos, panfletos, cartazes e materiais promocionais. É produzido com uma mistura de fibras de celulose e revestido com uma camada à base de caulim (minério de alumínio) ou carbonato de cálcio.

COVERAGE. Em tradução literal, "cobertura". V. **Alcance**.

CPA – *cost per action*. Em tradução literal, "custo por ação". Custo de uma estratégia ou ação, no montante do custo total de uma campanha. Advém do *cost per action*, que é a ação em que o cliente ou anunciante só paga ou é cobrado quando seu *site* realiza uma conversão por meio de um *banner* ou *hiperlink* veiculado em outras páginas.

CPC – custo por clique. Do inglês *cost per click*. Custo que o cliente ou anunciante paga toda vez que o *banner* de sua marca é "clicado", não importando a quantidade de vezes que seu anúncio foi exposto ou veiculado.

CPL – custo por lead. Valor gasto durante uma campanha publicitária digital para conversão de um *lead*. O valor ou custo por *lead* é obtido quando se divide o número de *leads* conseguidos (ou convertidos) pelo valor total gasto naquela campanha ou ação.

CPM – custo por mil. Valor obtido da divisão do valor pago em uma inserção pelo número de pessoas impactadas (em milhares) pela veiculação daquele comercial. No digital, é o valor pago por mil impressões de um *banner*, por exemplo.

CPP. Valor pago por ponto de audiência. É obtido por meio da divisão do valor do programa pela sua audiência. Essa métrica também é utilizada para descobrir qual programa é o mais rentável da grade de programação, desde que alinhado ao contexto do anunciante.

CRACKER. Indivíduo que pratica atividades ilegais relacionadas à segurança da informação e computação. É especialista em invadir sistemas de computador, redes e programas com o objetivo de obter acesso não autorizado, roubar informações, causar danos ou interromper o funcionamento normal dos sistemas. Pode atuar em defesa e segurança.

CRAWLER. Termo em inglês para "rastejante". *Spider*, *bot* ou *web crawler* é um programa de *software* automatizado usado para explorar a internet de forma metódica e sistemática. Coleta informações sobre páginas da *web*, indexa seu conteúdo e ajuda a atualizar os índices de mecanismos de busca.

CRÉDITOS (*billboard*). Conceito alternativo para os créditos finais. Pessoas ou fontes envolvidas em um programa, aplicativo ou filme. Corresponde ao expediente de um produto impresso. Pode ser chamado também de *creditagem* ou *chancela*. V. **Billboard**.

CRIAÇÃO. Área criativa e um dos motores de uma agência de propaganda e publicidade, assessoria de comunicação ou agência digital. Trabalha com o diretor de criação (ou estúdio), diretores de arte, redatores, revisores e arte-finalistas. É o time que é responsável pelo conceito de campanha, por transformar uma ideia em solução para as contas e os clientes da carteira da agência.

CRITEO. Organização de tecnologia global com ambiente e plataforma de comércio de mídia e mídia programática. *Site*: <https://www.criteo.com/br/>.

CRITÉRIO. Escolha de padrões para decisão de veiculação em determinados canais, meios e veículos. Cada mídia adota diferentes padrões de escolha, porém sempre levando em consideração atributos como alcance, preço, custo × benefício, entre outros.

CRITÉRIO BRASIL (Critério de Classificação Econômica Brasil). Sistema adotado pela Associação Brasileira de Empresas de Pesquisa (Abep) para pesquisa de classes no Brasil. V. **Classe socioeconômica**.

CRÔNICA. Gênero literário que se caracteriza por ser um texto curto e narrativo, geralmente escrito em prosa. Apresenta uma abordagem pessoal e subjetiva sobre acontecimentos cotidianos, reflexões, observações acerca do mundo ao redor ou experiências pessoais do autor.

CRONOGRAMA. Calendário sumário das ações de uma campanha publicitária, de uma estratégia de mídia ou de um planejamento. Indicação de cada uma das etapas de um produto.

CROSS-BORDER. Em tradução literal, "comércio eletrônico internacional". Conceito de comércio em que clientes e vendedores estão alocados em países diferentes.

CROSS-DOCKING. Em tradução literal, "depósito cruzado". Sistema que consiste em reduzir a estocagem de produtos de *e-commerce*, melhorando a logística de distribuição.

CROSSMEDIA (crossmídia). Estratégia em que uma mesma mensagem é veiculada em diferentes formatos ou suportes de mídia, exatamente com a mesma narrativa e forma.
V. **Transmídia**.

CROSS-SELLING. Em tradução literal, "venda cruzada". Estratégia de vendas em que um vendedor ou uma organização oferece produtos ou serviços complementares ao cliente, além daquele que ele inicialmente está interessado em adquirir. O objetivo do *cross-selling* é aumentar o valor da compra do cliente, mediante a oferta de itens adicionais que possam agregar valor, atender a necessidades extras ou melhorar a experiência do cliente.

CROWDSOURCING. Designação para "colaboração em massa". Modelo de produção ou resolução de problemas que envolve a contribuição de um grande número de pessoas, normalmente *on-line*. Em vez de se delegarem tarefas a uma equipe interna ou especialistas em determinado campo, a prática do *crowdsourcing* permite que indivíduos externos ofereçam suas habilidades, conhecimentos ou recursos para realizar uma tarefa ou solucionar um desafio.

CTA – *call-to-action*. Em tradução literal, "chamada para ação". São comandos, gatilhos ou *links* imperativos que induzem o usuário a tomar uma decisão de compra, de *click* ou de ligação, para realizar uma ação, inscrição, matrícula, compra etc. Exemplo: "Compre já".

CTP – *computer-to-plate*. Em tradução literal, "do computador para a placa". Processo que substituiu gradativamente a queima e a gravação de chapas (placas) de impressão, largamente utilizadas em *off-set* e rotativas. V. **Chapa**, **Fotolito**.

CTR – *click-through rate*. Em tradução literal, "taxa de cliques". Indicador da razão entre o número de vezes que um *banner* ou anúncio é clicado e o número de vezes que ele aparece. Exemplo: um *banner* é exibido (impresso) 10 vezes e recebe 2 cliques, ou seja, são 2/10 ou 20% da taxa de cliques.

CULTURE CODE. Em tradução literal, "código de cultura". Parâmetros que são baseados nas propostas de missão, visão e valores de uma organização para a construção de sua marca perante o mercado e seus diferentes públicos.

CUME. Abreviação de *cumulativa*. Refere-se à audiência acumulada. V. **Audiência acumulada**.

CUPOM. Documento ou código que oferece um desconto, um benefício ou uma vantagem em uma compra. Os cupons são fornecidos por marcas, lojas ou prestadores de serviços como uma estratégia de *marketing* para atrair (e reter) clientes e incentivar a compra de produtos ou a contratação de serviços.

CUPONAGEM. Distribuição de cupons (físicos ou *on-line*) para oferecer descontos futuros em produtos e serviços.

CURADOR DE CONTEÚDO. Profissional ou indivíduo responsável por selecionar, organizar e apresentar conteúdo relevante e interessante para uma audiência específica. Esse conteúdo pode incluir artigos, notícias, vídeos, imagens e outros recursos que estejam relacionados com um tema específico ou área de interesse. O curador de conteúdo trabalha em ambientes digitais, como redes sociais, *blogs*, *sites* de notícias e outras plataformas *on-line*, mas também pode atuar em contextos físicos, como museus, galerias de arte e outras instituições culturais. V. **Análise de conteúdo**, *Gatekeeper*.

CUSTO. Valor monetário para a compra de um espaço ou comercial publicitário. Um dos diferentes critérios de escolha levados em consideração pelo departamento de mídia e planejamento.

CUSTO CPV. Indicador que corresponde ao custo por visitante único. Equivale ao total de um anúncio dividido pela quantidade de usuários de um *website*.

CUSTO DE ALCANCE. Indicador que é calculado mediante a divisão do valor total de uma inserção de comercial pelo número de pessoas impactadas pela mensagem.

CUSTO DE VAREJO. Preços praticados por meios e veículos para organizações de varejo nacionais.

CUSTO GRP – *Gross Rating Points*. Em tradução literal, "pontos de audiência bruta". Tal custo se obtém dividindo o valor total de um grupo de inserções em um ou mais veículos (para um mesmo meio de comunicação) pela adição de todas as audiências acumuladas brutas. V. **Audiência acumulada bruta**.

CUSTOMER ORIENTED. *Marketing* ou esforço de venda orientado para o cliente. Abordagem ou estratégia de negócios que coloca o consumidor (ou seu público-alvo) no centro das decisões e ações da empresa. É uma filosofia empresarial que busca entender e contemplar as necessidades, os desejos e as expectativas dos clientes de forma eficaz. Quando orientada para o consumidor, está focada em oferecer uma experiência positiva ao cliente em todos os pontos de contato, desde o processo de propaganda e compra até o atendimento pós-venda.

CUSTOMIZED MARKETING. Prática de adaptar as comunicações de produtos, serviços e ações de *marketing* para atender às necessidades e às preferências específicas de cada cliente, por reconhecer que eles são únicos e têm diferentes anseios e desejos. A customização busca criar uma experiência mais relevante e personalizada para cada indivíduo, levando em consideração seus interesses, comportamentos de compra, histórico de interações e outras informações significativas.

CYBERSPACE. Em tradução literal, "ciberespaço". Espaço virtual constituído pelas redes digitais.

DÁLIA. Cartolina, papel ou aparato com informações importantes para apresentadores ou plateias de programas de rádio e televisão, que serve como guia ou lembrete. V. **Teleprompter**, **Teleponto**.

DASHBOARD. Em tradução literal, "painel de dados". Painel que apresenta em tempo real indicadores importantes de desempenho e *performance* e métricas de *analytics*.

DATA. Em tradução literal, "dados". V. **Banco de dados**.

DATA DE FECHAMENTO (*deadline*). Prazo final para fechamento de uma edição de revista, de jornal, de prospecção de um cliente, de planejamento ou de campanha publicitária. V. ***Deadline***, **Fechamento**.

DATA DRIVEN. Em tradução literal, "processo orientado por dados". Reunião de comprovantes de exibição.

DATAFOLHA. Instituto de Pesquisas do Grupo Folha de S.Paulo. *Site*: <https://datafolha.folha.uol.com.br/>.

DATA IBOPE. *Peoplemeter* (DIB6) desenvolvido em 2012 pelo Ibope, é um instrumento que pode identificar o canal sintonizado pelo reconhecimento de sinais de áudio. Compara o áudio do conteúdo assistido na TV ao conteúdo das emissoras monitoradas. Análise realizada em até 20 segundos. O modelo atual do Ibope é o DIB6. V. **Peoplemeter**.

DATE. Em tradução literal, "data".

DAY-GLO. Lâmpada de amplo espectro, com luz UVA reflexiva, brilhante, muito utilizada em painéis.

DAYPARTING. Em tradução literal, "parte do dia". Na televisão e nas rádios, divisão em diferentes partes, segmentando a programação e os programas conforme o momento do dia. Exemplos: matutino – jornal da manhã; vespertino – jornal da tarde; noturno – jornal da noite.

DBS – *direct broadcast satellite*. Em tradução literal, "transmissão direta por satélite". Transmissão direta via satélite geoestacionário utilizado para transmissão de TV por assinatura diretamente para a casa do assinante. Alternativa viável para transmissão de TV a cabo.

DEADLINE. Data ou prazo final para um projeto, veiculação ou entrega. Limite para a finalização de um *job* ou de uma matéria. V. **Fechamento**.

DEALER. Em tradução literal, "revendedor".

DEBRIEF. Discussão realizada para avaliação e mensuração de resultados de determinado projeto, planejamento ou campanha publicitária.

DECODIFICADOR. Receptor digital capaz de converter um sinal de fonte externa (antena ou cabo) em audiovisual para a televisão. V. **Codificação**.

DECRETO N. 57.690/1966. Decreto que regulamenta a profissão e a área de propaganda e publicidade. Pode ser acessado em: <http://www.planalto.gov.br/ccivil_03/decreto/d57690.htm>.

DECUPAGEM. Marcação do tempo, segundo a segundo, da descrição de um conteúdo (áudio ou vídeo) em que as falas ou imagens interessam ao editor. Logar (ou marcar) os trechos que devem compor um vídeo.

DEEP LIBRARY. Em tradução literal, "biblioteca profunda". Refere-se aos programas mais antigos guardados no acervo de uma exibidora ou programadora.

DEFICIT FINANCING CONTENT. Em tradução literal, "conteúdo financiado com déficit" (o que falta para inteirar o valor total da produção). Prática em que estúdios ou produtoras independentes vendem o direito de exibição de uma produção própria. Caracteriza-se também como a situação em que uma emissora de televisão contrata um estúdio ou produtora para o compartilhamento de uma produção, correndo o risco de baixa audiência e da não venda de patrocínios para bancar o projeto.

DEIXA. Momento do áudio ou vídeo que indica ao operador, por exemplo, o instante de uma mudança ao vivo ou no ar.

DELAY. Em tradução literal, "demora", "atraso". Atraso que representa a diferença de tempo entre o envio e o recebimento de um sinal em um processo de comunicação. *Delay* também é um efeito sonoro que consiste em reproduzir uma nota ou som repetidamente com um pequeno intervalo de tempo entre cada repetição, criando um efeito de eco. É um efeito comumente utilizado em música.

DEL CREDERE. Em tradução literal, "do direito comercial". Natureza do repasse de comissões entre agentes comerciais da propaganda e publicidade. Toda comissão repassada pelos veículos à agência tem caráter *del credere*, conforme estabelece o item 12 do Código de Ética dos Profissionais de Propaganda.

DEMARKETING. Processo que tem como principal objetivo é controlar ou diminuir uma demanda (por produtos, serviços ou ideias), em virtude de limitações da capacidade de produção, escassez de recursos, preocupações ambientais, sazonalidade, regulações governamentais, entre outros motivos possíveis.

DEMO. Abreviação de *demonstração*. Amostra ou apresentação de um trabalho artístico ou criativo, como música, filme, série de TV, jogo de *videogame*, aplicativo ou *software*. Na música, por exemplo, *demo* geralmente se refere a uma gravação de baixa qualidade feita para apresentar uma música original ou uma interpretação de um artista.

DENSIDADE DE PALAVRAS-CHAVE. Proporção ou frequência com que uma palavra-chave aparece em um texto ou conteúdo.

DEPARTAMENTO DE MÍDIA. Área ou time da agência de propaganda e publicidade ou de *marketing* digital responsável por pesquisa, planejamento, orçamento, negociação, compra, veiculação e *checking* de veiculações ou inserções em mídias tradicionais e digitais. Entre diversas outras *expertises*, o departamento de mídia e seus profissionais: a) sabem muito sobre comportamentos e hábitos; b) são *experts* em falar quando, como e onde; c) são antenados em tudo, mas são antimodismos; d) são determinados a encontrar as melhores soluções; e) são apaixonados por estratégias e resultados; f) conseguem integrar necessidades e criatividade; g) estão sempre focados nas necessidades dos clientes (marcas e organizações).

DEPARTAMENTO DE PESQUISA. Área cuja função é realizar estudos e análises para entender melhor o público-alvo, o mercado e a concorrência de uma organização. A área é responsável por coletar, analisar e interpretar dados relevantes para subsidiar o planejamento, o desenvolvimento e a avaliação de estratégias de comunicação eficazes, de resultados. V. **Pesquisa**.

DESCONTO. Forma de negociação e redução de valores entre o veículo e a agência ou anunciante.

DESCONTO DE ANUNCIANTE. Forma de negociação realizada diretamente entre o anunciante e o veículo, em que o veículo repassa desconto no valor total ou cede inserções avulsas para aumento de frequência como compensação.

DESCONTO DE FREQUÊNCIA. Desconto ou redução do custo unitário de veiculação, de acordo com o número de vezes que o anúncio será veiculado.

DESCONTO POR VOLUME. Política de descontos ou possível redução do custo unitário de inserções, implantada em virtude do volume total da verba direcionada para aquele veículo.

DESCONTO PARA PAGAMENTO À VISTA. Desconto ou redução de custo quando o pagamento ocorre na contra-apresentação à vista. Porcentagem definida pelo veículo.

DESCONTO PROGRESSIVO. Desconto ou redução de custo crescente conforme planos relacionados a volume, frequência e posição em veiculações realizadas pelo anunciante.

DESLIGADOS. Indicador de aparelhos não sintonizados em dado momento de pesquisa.

DESPERDÍCIO. Faixa de programação que não interessa ao anunciante, perfazendo uma porcentagem de margem perdida de audiência.

DIAGRAMAÇÃO. Processo de organização e disposição visual de elementos gráficos e textuais – de forma física ou *on-line* – em uma tela de computador ou uma folha de papel. É uma técnica utilizada principalmente em *design* gráfico, editorial, publicidade, *web design* e outras áreas relacionadas. A diagramação pode envolver a escolha de fontes, cores, imagens, espaçamento, alinhamento e outros elementos visuais para criar uma composição harmoniosa e atrativa. O objetivo da diagramação é tornar a informação clara, acessível e agradável de se ler, além de transmitir a mensagem de maneira efetiva.

DIAL. Termo em inglês para "discar". Mostrador (seletor) de rádio que tem uma série de números (faixas ou bandas) dispostos para seleção.

DIGITAL SATELLITE. Em tradução literal, "satélite digital". O sinal digital sai de uma das antenas das bases das operadoras, é transmitido para o satélite digital e rebatido ou enviado para as antenas residenciais. Sistema muito utilizado em áreas rurais e cidades do interior.

DIGITAL SIGNAGE. Em tradução literal, "assinatura digital". Tecnologia que utiliza *displays* digitais para exibir conteúdo em locais públicos, como *shoppings*, aeroportos, estações de transporte, lojas e museus. Esses *displays* podem ser televisores, monitores, telas LED ou projeções.

DIGITALIZAÇÃO. Processo de conversão de informações analógicas em formato digital. Isso significa transformar um dado que está em formato físico, como um texto impresso ou uma imagem em papel, em um arquivo digital, que pode ser armazenado, processado e compartilhado em formato eletrônico. No processo de digitalização, um *scanner* captura a imagem ou o texto e converte esse dado em um arquivo digital.

DHTML. Linguagem que trabalha com JavaScript e HTML.

DIGITAL MINING. Em tradução literal, "mineração digital". Técnica de mineração de dados aplicada em dados digitais, em que algoritmos são usados para extrair informações relevantes de grandes conjuntos de dados gerados por plataformas digitais, como redes sociais, aplicativos e sistemas de informação.

DIORAMA. Representação tridimensional de um cenário, ambiente ou cena em escala reduzida, geralmente contida dentro de uma caixa ou estrutura. Forma de arte ou projeto que busca criar uma cena realista ou imaginária em miniatura.

DIRECT MAIL. Em tradução literal, "mala direta". V. **Mala direta**.

DIREITO DE IMAGEM. Direito cuja garantia está prevista na Constituição Federal e em diversos ordenamentos jurídicos em todo o mundo, assegurando que toda pessoa tem o direito de controlar o uso de sua imagem, física ou virtual, em situações públicas ou privadas. "Está relacionado ao direito à privacidade e à proteção da personalidade, e visa proteger a pessoa contra o uso indevido ou abusivo de sua imagem, que possa prejudicar sua reputação, sua honra, sua intimidade ou sua vida privada". A Constituição Federal de 1988, no título dedicado aos direitos e garantias fundamentais (art. 5, V e X), estabelece a inviolabilidade da imagem e assegura o direito a indenização pelo dano material ou moral decorrente de sua violação.

DIREITO AUTORAL. Também conhecido como *direito de autor*, é uma área do direito que protege os direitos dos criadores de obras intelectuais, como textos, músicas, filmes, fotografias e *softwares*. Essa área serve como garantia ao autor do controle sobre a utilização de suas obras e permite que receba remuneração por suas criações. São dois tipos de direitos: patrimoniais e morais. Direitos patrimoniais asseguram ao autor o direito exclusivo de explorar comercialmente sua obra, autorizando ou proibindo sua reprodução, distribuição, venda, locação, transformação, entre outras formas de utilização. Já os direitos morais são aqueles que garantem ao autor o reconhecimento de sua autoria e a defesa da integridade de sua obra, conforme estabelece a Lei de Direitos Autorais – Lei n. 9.610, de 19 de fevereiro de 1998. Essa lei pode ser consultada em: <https://www.planalto.gov.br/ccivil_03/leis/l9610.htm>.

DIREITO DE RECUSA. Direito que assiste a um meio ou veículo de comunicação de vetar a veiculação de um comercial ou anúncio, por ordem legal, ética, editorial ou operacional, conforme previsto no art. 45 do Código Brasileiro de Autorregulamentação Publicitária. Esse código pode ser consultado em: <http://www.conar.org.br/codigo/codigo.php>.

DIRETOR DE ARTE. Profissional criativo responsável por dar forma a uma criação, por transformar uma ideia em um produto visual e por dirigir a produção de materiais visuais e gráficos, como anúncios publicitários, campanhas de *marketing*, embalagens de produtos, logotipos e *websites*. O trabalho do diretor de arte envolve a criação de conceitos visuais e a escolha de elementos gráficos como cores, tipografia, imagens e outros que auxiliam na transmissão da mensagem desejada. Esse profissional trabalha em conjunto com diretores de criação, redatores e *designers* gráficos para desenvolver materiais que sejam atraentes e eficazes na comunicação da mensagem para o público-alvo. Geralmente, atua em agências de publicidade, agências de *marketing*, estúdios de *design* gráfico, produtoras de áudio e vídeo e outras organizações relacionadas à área de comunicação visual. O diretor de arte deve ter habilidades criativas e técnicas, além de conhecimento sobre as tendências de mercado e do público-alvo, para criar materiais que sejam relevantes e impactantes. Além da habilidade criativa, também precisa ter habilidades de liderança e comunicação, para trabalhar em equipe e coordenar a produção de materiais visuais. Deve ser capaz de gerenciar projetos, lidar com prazos e orçamentos, além de se manter atualizado sobre as tecnologias e ferramentas utilizadas na produção de materiais visuais.

DISCUSSÃO EM GRUPO. V. *Focus group*.

DISPLAY. Em tradução literal, "mostrador", "mostruário". V. **Expositor**.

DISPONIBILIDADE. Em uma revista, um jornal ou na internet, espaços disponíveis para veiculação de um anúncio. Em televisão e rádio, espaço disponível dentro dos *breaks* (intervalos), nos programas da grade de programação.

DIVULGAÇÃO. Ato de tornar público, vulgarizar, informar os diferentes públicos.

DIVX. Extensão de arquivo e codec que permite reduzir o tamanho de um vídeo sem que este tenha uma perda significativa de qualidade de imagem e/ou som.

DJ – *disc jockey*. Discotecário que seleciona e reproduz músicas previamente gravadas ou mixadas ao vivo em eventos, festas, bailes e danceterias.

DMP – *data management plataform*. Em tradução literal, "plataforma de gerenciamento de dados". Permite uma visão 360° da identidade dos clientes, por meio do recebimento de dados de fontes e formatos diversos, da centralização e do cruzamento de informações, enriquecendo o banco de dados da organização. Exemplos: Oracle BlueKai (*site*: <oracle.com>), Audience Studio (*site*: <salesforce.com>), Adobe Audience Manager (*site*: <adobe.com>), MediaMath (*site*: <mediamath.com>).

DOLBY MEDIA METER 2. *Software* para medição de sonoridade ou intensidade do som (*loudness*). V. **Loudness**.

DOLLY. Termo em inglês para "carrinho". Técnica de cinema em que a câmera é montada em um carrinho ou plataforma com rodas ou rolamentos chamado *dolly*. O *dolly* permite que a câmera se mova suavemente em várias direções (para a frente, para trás, para os lados ou em arcos), enquanto mantém a estabilidade e o controle da filmagem.

DOMICÍLIO. No direito, é a sede jurídica do indivíduo, o local onde ele se presume presente para efeitos de direito e onde exerce habitualmente atos e negócios jurídicos. Local de ânimo definitivo.

DOMICÍLIO COM TV. Em termos de consolidação de pesquisa demográfica, é a residência fixa do indivíduo que conta com no mínimo um aparelho de televisão conectado pelo menos a um canal.

DOMINÂNCIA. Condição de uma marca que, por sua intensidade e frequência de veiculação, domina uma faixa de programação de TV ou rádio.

DOMÍNIO. O endereço, a URL (*uniform resource locator*, ou "localizador uniforme de pesquisa") de um *website* ou página na internet, necessário para a construção identitária e para o registro de uma presença na rede. V. **URL**.

DOUBLE SPREAD. Em tradução literal, "página dupla central". É o miolo central de uma revista.

DOWNLOAD. Em tradução literal, "baixar". Processo de "baixar", descarregar uma cópia de um arquivo para o computador local. O *download* é um processo que consiste em transferir dados de um computador ou dispositivo para outro, geralmente pela internet. Quando alguém faz um *download*, está copiando um arquivo (como um documento, imagem, música, vídeo ou *software*) de um servidor remoto para o seu próprio dispositivo.

DRESSCODE. Em tradução literal, "código de vestimenta". Regramento de padrão de roupas a ser utilizado em uma organização, baseado em sua cultura organizacional.

DRIVERS DE SENTIMENTOS. Fatores psicológicos que motivam os usuários a expressar opiniões (positivas ou não) em relação a um tópico em debate. *Drivers*, nesse caso, tem um sentido de "padrão de comportamento".

DSP – *demand side platform*. Plataforma que agências de propaganda e publicidade e de *marketing* digital utilizam para a configuração de compras programadas em múltiplas plataformas. O sistema também realiza lances em publicidade *on-line* conforme as suas configurações. V. ***Ad exchange***.

DTR – *digital television recorder*. Em tradução literal, "gravador de televisão digital". Aparelho que usa um disco rígido (HDD) para gravação da programação de TV Digital. Exemplos: Sky+, Claro TV.

DTT – *digital terrestrial television*. Em tradução literal, "televisão terrestre digital". Sistema atual de distribuição de TV digital aberta.

DTV (Direct TV). V. **DBS**.

DUBLAGEM. Substituição da voz original em filmes, programas, produções audiovisuais, desenhos, *realities*, *games*, entre outras produções, pela voz de um intérprete do idioma nativo do país que receberá o material. Há ainda a dublagem no mesmo idioma, usada em comerciais e na música, com a finalidade de promover a melhora do som original.

DUPLA CENTRAL. Comercial ou anúncio em página dupla física de uma revista em formato canoa, que é veiculada no centro do impresso. O centro do caderno de um jornal pode ser denominado da mesma forma.

DUPLA DE CRIAÇÃO. Normalmente, o diretor de arte ou criação e o redator que assinam um anúncio ou comercial.

DURAÇÃO. Em TV, cinema e rádio, o tempo (em minutos) que dura um programa, um filme ou uma música. Em propaganda e publicidade, o tempo efetivo de uma campanha publicitária.

DURAÇÃO MÉDIA DE VISITA. Duração média de uma visita em um *site*.

DVD – *digital versatile disc*. Em tradução literal, "disco digital versátil". Mídia com *double-layer* para armazenamento de dados utilizado para a distribuição de filmes. Essa tecnologia já foi substituída pelo HD DVD e pelo *Blu-ray*. V. **Blu-ray**.

E-BOOK. Formato digital de um livro, geralmente em PDF, lido em *gadgets*, como computadores, *tablets* e *smartphones*. O *e-book* tem a mesma função de um livro físico, permitindo que o leitor acesse o conteúdo escrito pelo autor, mas com a vantagem de poder ser transportado facilmente em um dispositivo eletrônico, sem a necessidade de carregar uma versão impressa. Possibilita ainda o uso e a incorporação de *hiperlinks*, áudio, vídeo, animação, entre outros recursos digitais. Os *e-books* podem ser encontrados em diversas plataformas *on-line*, como Amazon, Google Play, Apple Books, entre outras, pagas ou gratuitas.

E-CONSUMIDOR. Usuário que realiza compras *on-line* via internet.

E-SPORTS. Em tradução literal, "esportes eletrônicos". Uma das áreas que mais crescem no mundo, os esportes *on-line* ganham ligas, adeptos, torcida e patrocínios.

EARLY FRINGE. Em tradução literal, "fim de tarde", período que precede o horário nobre na televisão. V. **Horário nobre**.

EBIT. Validação, chancela da qualidade de uma loja *on-line*, oferecida pela Ebit, do Grupo NielsenIQ. *Site*: <https://www.ebit.com.br/>.

EBU – European Broadcasting Union. União Europeia das Organizações de Rádio e Televisão. *Site*: <https://www.ebu.ch/home>.

ECA – Estatuto da Criança e do Adolescente. Conjunto de direitos das crianças e dos adolescentes brasileiros. Pode ser acessado em: <https://www.planalto.gov.br/ccivil_03/leis/l8069.htm>.

ECLÉTICA. (Ecléctica, na época de sua criação). Organização de publicidade. Foi a primeira agência de publicidade e propaganda de São Paulo. Ao final da Primeira Grande Guerra (1914-1918), o Brasil já contava com o registro de quatro agências de publicidade e propaganda.

EDI – *electronic data interchange*. Intercâmbio de documentos ou dados entre parceiros comerciais, realizado exclusivamente pelo ambiente digital, por meio da padronização desses documentos. Pode integrar sistemas entre clientes, fornecedores e parceiros do negócio.

EDIÇÃO (*issue*). Número da edição que é publicada e distribuída, em referência a determinada publicação. Montagem de áudio, vídeo ou imagem em que são decididas as ordens de veiculação desses materiais.

EDIÇÃO LINEAR. Técnica de edição de vídeo na qual o material bruto é cortado e reorganizado em uma sequência linear de fitas de vídeo ou de áudio. Esse tipo de edição foi popular antes do surgimento da edição não linear, que é feita por meio de *software* de edição de vídeo em um computador. Na edição linear, a fita de vídeo é inserida em um gravador de vídeo, e o editor avança ou retrocede a fita até o ponto desejado. Em seguida, o editor corta a parte da fita que deseja usar e a cola na fita mestra, criando assim uma sequência linear de imagens. V. **Edição não linear**.

EDIÇÃO NÃO LINEAR. Técnica de edição de vídeo em que se usa um *software* de edição de vídeo em um computador para manipular o material bruto de forma digital. Diferentemente da edição linear, que é feita diretamente em fita, esse modelo de edição (não linear) favorece que o editor trabalhe com arquivos de vídeo digital, que podem ser facilmente copiados, cortados, colados e movidos sem afetar o material original. Esta técnica possibilita que se opere com uma variedade de formatos de arquivo, como vídeos digitais, clipes de áudio, imagens e gráficos animados. Isso significa que os editores podem misturar diferentes tipos de mídia em uma única sequência de vídeo e manipulá-los facilmente. Os editores de vídeo não linear também têm acesso a uma série de ferramentas de edição poderosas, como efeitos especiais, correção de cores, estabilização de imagem e filtros de áudio. Essas ferramentas permitem que os editores criem vídeos mais sofisticados e profissionais. V. **Edição linear**.

EDITOR-CHEFE. Responsável pela escolha das matérias de pauta, pelo fechamento e finalização de uma edição de jornal, revista ou telejornal. V. *Gatekeeper*.

EDITORA. Organização responsável técnica pela criação, publicação, produção e divulgação de veículos de mídia impressa, como revistas, livros e jornais. O trabalho de uma editora começa com a aquisição de direitos autorais. Nessa etapa, a editora pode entrar em contato com autores, agentes literários ou outras editoras para adquirir os direitos de publicação de um livro ou outra obra. Em seguida, a editora trabalha com o autor para editar o livro, corrigir erros e preparar o texto para publicação. Depois que o livro é editado, a editora trabalha com *designers* gráficos para criar a capa e o *design* interno do livro. A editora também trabalha com fornecedores de impressão para produzir o livro em grandes quantidades. Uma vez que o livro é produzido, a editora é responsável por distribuí-lo e promovê-lo. Isso pode incluir a venda de livros para livrarias, distribuidores e outros varejistas, bem como a realização de campanhas de *marketing* para promover o livro perante o público.

EDITORIA. Categorização de conteúdo em um jornal, estabelecida por temas. Exemplos: editoria de política, de economia, de esportes, mundo.

EDITORIAL. Texto ou página em que um representante de um jornal, por exemplo, impresso ou eletrônico, emite uma opinião a respeito de um tema, alinhado ao perfil do veículo. O que não for propaganda e publicidade em uma publicação faz parte do editorial.

EFEITO CUMULATIVO. Ação promovida pela repetição e pelo aumento de frequência de uma mensagem, de um comercial.

EFEITO DE ONDA (*wave effect*). Modalidade em que o planejamento de campanha e mídia distribui primeiramente mensagens com mais intensidade (aumenta-se a quantidade de inserções), em seguida intercala com ações com menos repetições, depois retorna com a carga e a intensidade de comerciais, sempre em uma sequência de veiculações ao longo de um tempo estimado.

EFEITO RESIDUAL. Lembrança de um comercial, anúncio ou mensagem depois de sua veiculação.

ELETRONIC TV GUIDE. Em tradução literal, "guia eletrônico de TV". É o canal da exibidora de TV a cabo, que reúne todos os canais com a programação ao vivo, servindo de guia para escolhas. É o canal denominado em algumas operadoras de *mosaico*.

E-MAIL (*electronic mail*). Em tradução literal, "correio eletrônico". Sistema de compartilhamento de informações por meio da troca de mensagens eletrônicas. O caractere @ significa "at" ou "em".

EMBRATEL. Antiga organização brasileira de telecomunicações, incorporada pela Claro em 2015. V. **NET**, **Anatel**. *Site*: <https://www.embratel.com.br/embratel>.

EMISSORA. Organização que tem a função de transmitir ou retransmitir os sinais de radiodifusão (rádio e TV) da matriz, da emissora líder, para toda a sua região de abrangência.

EMOÇÃO. Reação automática a um estímulo ou interação emocional. Marcas têm lançado mão de roteiros, argumentos ou motes de comunicação que estimulam as emoções das pessoas. Apesar de não ser algo novo, mexer com a emoção dos consumidores ou clientes é um importante gatilho para conquistar a empatia de seus públicos. Em tempos difíceis, uma organização assertiva, socialmente responsável e capaz de mexer com as emoções dos consumidores certamente terá maiores possibilidades de construção de uma marca saudável, que estimula a empatia e a conversação entre os dois atores (organização e cliente).

EMOTICONS. Símbolos criados com base em caracteres e que expressam sentimentos e emoções. Utilizados em ferramentas de mensagem instantânea ou *chats*.

EMPENAS. Estruturas especiais que formam grandes painéis verticais que são fixados em estruturas e paredes externas de edifícios, por exemplo. As mensagens são impressas em lona e posteriormente fixadas na estrutura.

EMPLOYER BRAND. Em tradução literal, "marca empregadora". Ações e ferramentas específicas para gerar uma imagem positiva da marca ou da organização diante de seu público interno. V. **Endomarketing**.

EMPOWERMENT. Em tradução literal, "fortalecimento". Ação para aumentar a autonomia dos colaboradores e sua capacidade de tomar decisões e assumir responsabilidades, ainda que tenham cargos de liderança.

ENCAIXE. Inserção de um anúncio ou comercial em um espaço vago da programação.

ENCALHE. Quantidade diária de jornais ou revistas que não foram comercializados em pontos de venda da publicação e precisam retornar à editora para conferência e posterior descarte. V. **Circulação**.

ENCARTE. Folheto ou panfleto que é encartado solto em uma edição de jornal ou revista impressos. Serve para dar mais destaque à mensagem do que no caso de o anúncio estar veiculado nas páginas da publicação. Pode ser chamado de *suplemento*.

ENCERRAMENTO. Parte final de um programa de televisão, de rádio ou de internet. V. **Abertura**, **Vinheta**.

ENCODER. Dispositivo usado para converter um sinal de áudio analógico em digital e que pode ser armazenado em um computador ou dispositivo de armazenamento digital. Da mesma forma, um *encoder* de vídeo pode ser usado para converter sinais de vídeo analógicos em formatos digitais, permitindo a transmissão e o armazenamento de vídeos com alta qualidade.

ENCONTRABILIDADE. Algo que pode ser encontrado mais assertivamente pelo usuário. Capacidade de um *site*, por exemplo, de ser mais facilmente encontrado em um mecanismo de busca graças ao trabalho *search engine optimization* (SEO) ou de indexação da página. V. ***Findability***.

ENDOBRANDING. Ações para construir e manter a identidade da marca com colaboradores e parceiros de uma organização.

ENDOMARKETING. Ferramenta e instrumento do *marketing* dentro de uma organização para estabelecer uma boa comunicação e relação (clima organizacional) com os indivíduos ou colaboradores. Medeia a comunicação e desenvolve ações para comunicar a todas as áreas e times (ou equipes), favorecendo um bom clima organizacional, incentivando todos os colaboradores por meio do desenvolvimento de palestras, eventos e treinamentos. Diferente da comunicação interna. V. **Comunicação interna**.

END SLATE. Termo em inglês para "fim". Tela ou cena inserida no final da produção de vídeos e filmes em conteúdo audiovisual. Parte do vídeo que geralmente contém informações adicionais, como *links*, chamadas para ação, créditos finais, logotipos, informações de contato ou sugestões de outros vídeos para assistir. É adicionado após o término do conteúdo principal do vídeo, servindo como uma espécie de encerramento ou conclusão visual.

ENFOQUE. Perspectiva ou modo de focalização de um assunto. V. **Abordagem**.

ENGAJAMENTO. Conversação estabelecida entre uma marca e seus públicos ou entre uma organização e seus colaboradores. Desenvolvimento de ações que façam com que esses indivíduos se tornem verdadeiros advogados da marca de forma natural e voluntária, graças às boas experiências com a marca ou organização. Significa ter empenho em acompanhar e defender uma causa.

ENHANCED TV. Em tradução literal, "TV expandida". É a possibilidade de interação com o envio de informações ou dados adicionais de um programa televisivo, por exemplo, para os *smartphones* dos telespectadores, para que aumentem sua experiência também navegando na internet enquanto assistem à programação. Recurso facilitado pelo uso de *smart TVs*.

ENQUADRAMENTO. Posicionamento de câmera para exibir elementos de cena.

ENQUETE. Pesquisa de opinião em que um grupo de pessoas é questionado sobre determinado assunto ou tema, a fim de obter informações ou opiniões sobre um tópico. Geralmente, uma enquete é uma pesquisa simples, com poucas perguntas, que pode ser respondida de forma rápida e fácil. As enquetes podem ser realizadas em diversas plataformas, como redes sociais, *sites*, aplicativos ou até mesmo via pesquisas de rua. Elas são uma ferramenta valiosa para organizações, políticos, organizações ou qualquer pessoa que precise coletar informações sobre algum assunto.

ENTRETÍTULO. Título interno a uma matéria, utilizado para dar uma pausa em um bloco de texto. Normalmente, é formado por até três palavras (em uma revista ou jornal) e uma ou duas frases curtas, escritas em letras grandes e em destaque na tela (em um audiovisual). Pode ser usado para indicar mudança de tempo, local ou cenário ou para apresentar um diálogo importante entre personagens que não foi mostrado na cena anterior. Também pode ser usado como uma ferramenta narrativa, permitindo que o diretor ou o roteirista transmitam informações importantes para o público sem interromper a fluidez da história.

ENTREVISTA COLETIVA. Estratégia utilizada pelas áreas de comunicação de organizações, órgãos governamentais, políticos, entre outros, para mobilizar a imprensa para a transmissão de um comunicado importante. Esse mecanismo serve para que todas as informações relevantes sejam repassadas por um representante da instituição ou porta-voz do comunicado.

ENTREVISTA EM PROFUNDIDADE. Pesquisa qualitativa por meio de entrevista pessoal não estruturada e, normalmente, com um único entrevistado.

ENTREVISTADOR. Profissional escalado para realizar uma entrevista em *set* ou estúdio.

ENTROPIA. Medida da incerteza em uma fonte de informação. Quanto maior a entropia de uma fonte, maior a imprevisibilidade ou a falta de informação contida em seus símbolos ou eventos. A entropia é frequentemente utilizada para quantificar a eficiência da codificação de informações.

EPG – *electronic programm guide*. Expressão que pode ser traduzida como "guia eletrônico de programação". Interface gráfica que permite a visualização de toda a programação e navegação nos múltiplos recursos de uma TV digital.

ERP – *enterprise resource planning*. Em tradução literal, "planejamento dos recursos da organização". Sistema de dados que reúne informações e ações (processos) de uma organização, sendo o sistema lógico responsável pela gestão desse conteúdo.

ESCALADA. Leitura inicial dos principais assuntos que serão tratados ao longo de um jornal televisivo ou radiofônico. V. **Abertura**.

ESOMAR (Sociedade Europeia para Pesquisa de Opinião e Mercado). Associação global sem fins lucrativos dedicada à promoção da pesquisa de mercado e opinião pública. Fundada em 1948, a Esomar é uma das principais organizações representativas da indústria de pesquisa de mercado e opinião pública em todo o mundo, com mais de 6 mil membros em mais de 130 países.

ESOV – *excess share of voice*. Em tradução literal, "crescimento do compartilhamento de voz". Indicador do nível de crescimento do *market share* (fatia de mercado) de uma marca ou organização.

ESPAÇO. Medida de espaço disponível para veiculação de anúncios publicitários em rádio, TV, internet, impressos e *outdoors*. Na rádio e na TV, o espaço é medido em tempo, normalmente em segundos; na internet, em *pixels*; no jornal e na revista impressos, em centímetros por coluna; e, no *outdoor*, em metros quadrados. É o tempo comercial dos meios e veículos de comunicação.

ESPECIAL. Programa, edição ou ação especial produzida por uma TV, rádio, jornal, revista ou na internet, acerca de algum assunto relevante que extrapole a cobertura diária normal do veículo. Muito utilizado em homenagem a pessoas falecidas, em aniversários de cidades e estados, bem como na cobertura de eventos culturais, musicais e esportivos.

ESPELHADO. V. **Anúncio espelhado**.

ESPELHO. Prévia da diagramação de uma página de revista, jornal ou internet. É um diagrama possível com as ideias prévias de alinhamento, de colocação de texto e imagem etc. V. **Paginação**, **Diagramação**.

ESTAÇÃO. V. **Emissora**.

ESTAÇÃO TERRENA. Estação receptora de sinais de satélite localizada no chão em área destinada exclusivamente para esse fim.

ESTIMATIVA. Prévia de um orçamento ou custo de campanha publicitária.

ESTRATÉGIA. Conceito que se refere à forma como uma organização pretende atingir objetivos a médio e longo prazo. É o processo de planejar, executar e controlar. Contempla diversas áreas de uma organização, como finanças, *marketing*, operações e gestão de pessoas. É um conjunto de ações publicitárias para o atingimento de objetivos comunicacionais.
V. **Planejamento**, **Tática**.

ESTRATÉGIA 2PP (dois produtos por pessoa). Técnica de vendas em que se oferece ao cliente a oportunidade de adquirir dois produtos em vez de apenas um. Tal estratégia busca aumentar o valor da compra do cliente, incentivando-o a adquirir mais itens. A ideia por trás da estratégia 2PP é aproveitar a oportunidade de uma venda inicial para estimular o cliente a adquirir um segundo produto, geralmente complementar ao primeiro. Ao oferecer um desconto especial, promoção ou vantagem adicional na compra de dois produtos, busca-se persuadir o cliente a considerar a aquisição de um segundo item que possa agregar valor à sua experiência ou atender a uma necessidade adicional.

ESTUDOS IPSOS MARPLAN. Instituto de pesquisas que, mais do que realizar o fornecimento de dados, busca ser uma organização que produza informações precisas e confiáveis e as transforme em verdades acionáveis. *Site*: <https://www.ipsos.com/pt-br>.

ÉTICA PUBLICITÁRIA. Conjunto de normas, princípios e valores que norteiam a conduta dos profissionais de propaganda e publicidade em sua atuação no mercado. Sua base é garantir que a publicidade seja veiculada de forma responsável, respeitando a dignidade e a integridade das pessoas e da sociedade como um todo. Todo indivíduo que trabalha com comunicação deve respeitar diversas normas éticas, como: a) não utilizar imagens ou informações enganosas; b) não fazer uso de estereótipos ou preconceitos; c) não fazer uso de linguagem ofensiva ou agressiva; d) não violar a privacidade das pessoas. Esse profissional deve também ter consciência do impacto que seus planos e campanhas podem ter na sociedade, levando em consideração questões éticas e sociais, como o respeito aos direitos humanos, a proteção ao meio ambiente e a promoção da diversidade e da inclusão.

EUROMETER. Versão europeia do *peoplemeter*, desenvolvida pela AC Nielsen para mais de 300 países. *Site*: <https://www.nielsen.com/pt/about-us/locations/brazil/>.

EVP – *employee value proposition*. Em tradução livre, "proposta de valor para o colaborador". A proposta pode ser relativa à remuneração, aos benefícios ou até mesmo à cultura organizacional. A função de atrair e reter talentos lança mão da proposta de valor.

EXCESSO. V. **Sobrecarga**.

EXCLUSIVIDADE. Desenvolvimento de estratégias de mídia e planejamento que visem buscar espaços comerciais exclusivos para clientes e anunciantes. Consiste em buscar espaços publicitários que sejam exclusivamente veiculados sem a presença de *players* concorrentes de um mesmo mercado ou nicho de atuação.

EXECUÇÃO. Cumprimento de tarefas das diferentes áreas de uma agência de comunicação. Consiste em colocar em prática uma operação planejada para uma marca ou cliente.

EXECUTIVO DE CONTA. V. **Atendimento**.

EXEMPLAR. Edição única de uma publicação, como jornal ou revista impressa.

EXIBIÇÃO. Transmissão de uma programação ou programa, comercial ou anúncio publicitário em televisão, rádio, cinema ou internet. É o tempo de veiculação de um *outdoor*, de um cartaz ou de estruturas como *backlight* e *frontlight*.

EXIBIDORA. Emissora de televisão ou rádio que transmite ou retransmite programação regional e nacional quando vinda da matriz; organização dona dos espaços publicitários em *outdoors* e que faz a montagem, a colagem e a veiculação dessas áreas.

EXPEDIENTE. Em uma publicação, a enumeração dos créditos de autoria e ação técnica por sua edição, periodicidade, assinaturas, endereços etc. Comum em jornais, *sites* e revistas impressas. É o *insert* (cartão) de créditos de um programa de televisão. V. **Billboard**.

EXPERIÊNCIA DO CLIENTE (*customer experience*). Todas as ações desenvolvidas para uma boa experiência do cliente ao longo de uma jornada de compra. São também todas as percepções e impressões que um cliente desenvolve após o contato com uma marca e seus produtos e serviços.

EXPERIÊNCIA DO USUÁRIO. Do inglês *user experience* (UX). Forma como os usuários percebem (nessa experiência) um produto, serviço, aplicativo ou *website*. É o resultado das interações dos usuários com cada aspecto do produto, desde o *design* visual até a usabilidade e, sobretudo, o retorno imediato às suas necessidades. A UX visa criar uma experiência positiva para os usuários, assegurando que sua jornada ocorra de maneira eficaz e agradável, levando em consideração especificidades da experiência de navegação, como facilidade de uso, eficiência, acessibilidade, relevância, estética visual, clareza de informações e experiência geral.

EXPO. Abreviação de *exposição*. V. **Feira**.

EXPOSIÇÃO. Exibição de um comercial, de um anúncio publicitário. É o objetivo de uma feira, ou seja, expor produtos e serviços para os diferentes públicos do segmento temático da exposição.

EXPOSITOR. Instrumento ou aparato de exposição. *Display*, mostruário. Profissional que expõe sua marca, produtos ou serviços em uma feira. V. **Feira**, **Stand**.

EYE MOVEMENT CAMERA. Em tradução literal, "câmera com movimento dos olhos". Câmera que reconhece os movimentos dos olhos e a dilatação da pupila, alternando sua posição nos eixos possíveis do dispositivo. Equipamento que reage aos estímulos visuais.

FACA. Elemento utilizado no processo de impressão e acabamento para cortar o papel ou material impresso em uma forma específica, fora do normal (corte reto, por exemplo). A faca é uma ferramenta de corte que tem uma lâmina afiada e é projetada para criar recortes precisos e personalizados em peças gráficas, como folhetos, cartões e embalagens. É projetada de acordo com o formato desejado para a peça impressa, como contornos complexos, bordas arredondadas, dobras ou qualquer forma personalizada. Esses formatos especiais e recortes são conhecidos como *cortes especiais*.

FACING. Termo em inglês que significa "voltado para", ou seja, a exposição frontal de um produto em uma prateleira ou gôndola de varejo. É a área visível da embalagem que está voltada para o consumidor quando o produto está disposto para venda.

FADE. Espaço livre na programação de TV e rádio para a inserção de comercial regional. Aumento gradativo do nível de sinais de áudio. Em edição, refere-se ao espaço propositalmente deixado para definir o ponto onde termina um conteúdo e começa outro.

FADE IN. Em tradução literal, "aparecimento gradual". Efeito de transição que é utilizado no cinema, na televisão e em outras formas de multimídia. É quando a imagem aparece gradualmente, partindo de um fundo escuro ou preto e, lentamente, tornando-se mais nítida e clara até que fique completamente visível. O *fade in* é utilizado principalmente no início de um filme ou cena para criar uma transição suave do escuro para a imagem em si. V. **Fade out**.

FADE OUT. Em tradução literal, "desaparecimento gradual". O inverso de *fade in*. Efeito em que a imagem diminui gradualmente para o preto, partindo de uma imagem nítida e clara até que desapareça completamente, deixando apenas uma tela preta. V. **Fade in**.

FAIXA DE RADIODIFUSÃO. Banda ou faixa destinada exclusivamente a transmissões de radiofrequência de TV e rádio.

FAIXA HORÁRIA. Período de inserção e veiculação de um comercial de TV ou rádio. V. **Horário nobre**.

FAMÍLIA. Grupo de pessoas que constituem uma unidade econômica e que dividem uma mesma moradia ou domicílio.

FANZINE. Publicação independente e de pequena escala produzida por fãs de determinada cultura, como música, quadrinhos, filmes, séries de TV e jogos. O termo *fanzine* é a combinação das palavras *fã* e *magazine*. É um produto valorizado como uma forma tangível e artesanal de expressão.

FAQ – *frequently asked questions*. Em tradução literal, "questões feitas com frequência". É recomendável que marcas e produtos organizem uma página com respostas para perguntas frequentes advindas de seus consumidores, a fim de evitar gargalo e congestionamento nas centrais de atendimento ao cliente, por exemplo.

FASE. Duração de uma parte da campanha publicitária. Exemplos de fases: lançamento, baixa sustentação, sustentação e encerramento.

FATOR DE EXPOSIÇÃO. Parcela de telespectadores expostos a uma mensagem publicitária no âmbito do universo do público esperado para aquele programa.

FATURAMENTO. Valores do levantamento bruto de autorização e veiculações de um meio e veículo ou montante percebido por uma agência de propaganda e publicidade com campanhas publicitárias durante uma faixa de tempo.

FEATURE. Em tradução literal, "recurso". Estilo de matéria ou reportagem que vai além das notícias básicas e busca explorar um assunto de forma mais aprofundada e de um modo mais criativo. As matérias do tipo *feature* costumam ter um foco em histórias humanas, perfis de pessoas, análise de tendências, reportagens investigativas ou abordagens originais sobre um determinado tema.

FEATURED SNIPPET. Em tradução literal, "trecho em destaque". Formato especial de resultado de pesquisa exibido nos motores de busca, que fornece aos usuários respostas rápidas e objetivas para suas diferentes consultas, sem precisar clicar em diferentes *links* para mais informações.

FECHAMENTO. Data ou horário definitivo para fechamento de uma programação e veiculação de rádio ou TV e/ou de reserva e entrega de material em uma edição de revista ou jornal impressos. V. *Deadline*, **Data de fechamento**.

FEE. Remuneração pela contrapartida de trabalhos comunicacionais prestados. É o pagamento de uma quantia preestabelecida contratualmente, fixa e mensal, paga independentemente da quantidade de *jobs* executados naquele espaço de tempo.

FEED. Formato de distribuição de conteúdo atualizado regularmente. Permite que usuários de uma plataforma ou rede social acompanhem e recebam atualizações de um perfil pessoal ou de marca. V. *Reels*.

FEEDBACK. Resposta a um estímulo com um diálogo, um debate, uma conversa. É a reação do receptor (positiva ou não) a uma mensagem recebida.

FEIRA. Modelo de evento promocional que tem como objetivo a exposição de uma marca, produtos e serviços de uma determinada temática proposta para a feira. O objetivo é aproximar o portfólio de produtos e serviços do público-alvo. V. **Exposição**.

FENAPEX – Federação Nacional da Publicidade Exterior. Órgão que representa as agências de comunicação brasileiras. Seu objetivo principal é promover e defender os interesses das agências nos diversos setores envolvidos no mercado publicitário. Fundada em 2009, é composta por sindicatos e associações de agências de propaganda de diversos estados brasileiros. Representa as agências perante os poderes públicos, na negociação de acordos coletivos de trabalho, na realização de eventos e cursos de capacitação para os profissionais do setor, entre outras iniciativas. Site: <https://fenapex.org.br/>.

FENAPRO – Federação Nacional das Agências de Propaganda. Órgão que representa as agências de propaganda em âmbito nacional. É uma entidade sindical patronal que nasceu em 1981 com a missão principal de representar das agências de propaganda. Sua capilaridade se dá por meio dos Sindicatos das Agências de Propaganda (Sinapros), que atuam na condição de representação patronal legal no âmbito estadual. Site: <https://www.fenaproinforma.com/>.

FESTIVAL DE CANNES LIONS. Festival anual mais importante do mundo da propaganda e publicidade e que ocorre em Cannes, no sul da França. Site: <https://www.canneslions.com/>.

FESTIVAL DO CLUBE DE CRIAÇÃO. Evento que marca o lançamento do Anuário do Clube de Criação nas diferentes regiões de atuação.

FESTIVAL MUNDIAL DE PUBLICIDADE DE GRAMADO. Desde 1976, um dos principais e mais tradicionais festivais de publicidade e comunicação da América Latina. O objetivo desse festival é promover o intercâmbio de conhecimento, ideias e tendências nas áreas da publicidade, *marketing* e comunicação. Durante o evento, profissionais de mercado e da indústria, estudantes, agências de publicidade, veículos de comunicação e outros profissionais do ramo se reúnem para participar de palestras, *workshops*, debates, exposições e premiações. Site: <https://www.festivalgramado.com.br/>.

FIAP – Festival Iberoamericano de la Publicidad. Festival que há mais de 50 anos reconhece a criatividade em todos os formatos publicitários íbero-americanos com base na excelência e na inovação. *Site*: <https://www.fiapawards.com/>.

FIBER OVERBUILDING. Em tradução literal, "fibra sobre infraestrutura". É a atualização realizada por meio da implantação de uma nova rede de fibra óptica por cima de uma infraestrutura de rede já existente, com o objetivo de oferecer melhores opções de velocidade e sinal, competindo com sistemas de banda larga.

FIBRA ÓPTICA. Tecnologia que possibilita a transmissão de dados, voz e vídeo com alta qualidade de reprodução. É ultrarrápida porque a transferência de dados (envio e recebimento) ocorre na velocidade da luz.

FICHA TÉCNICA. Rol ou relação de pessoas envolvidas na criação de uma peça, de um comercial ou de uma campanha publicitária. É importante citar todos os colaboradores que participaram do projeto, bem como o nome dos clientes e aprovadores de todo o material.

FIDELIDADE À MARCA. Tradução literal da expressão *brand loyalty*. É a lealdade que o cliente tem a uma marca, produto ou serviço, tornando-se "advogado" da marca perante seus pares, de forma natural e engajada. V. **Engajamento**.

FIDELIDADE DE AUDIÊNCIA. Audiência que se mantém estabilizada (na média), em oposição à rotatividade de audiência, em que os indivíduos trocam bastante de veículo ou de programa, conforme o horário ou a periodicidade destes.

FIDELIZAÇÃO. Processo que as marcas constroem por meio da confiança do cliente em seus produtos e serviços, fazendo com que ele os privilegie em suas escolhas.

FILTRO. Mecanismo para separar partes específicas de dados para detectar padrões ou informações que sejam acionáveis pela qualidade dos filtros aplicados em uma pesquisa.

FINDABILITY. Em tradução literal, "encontrabilidade". Referente à facilidade para encontrar informações relacionadas a algo ou a alguém. V. **Encontrabilidade**.

FIRST (1st) PARTY DATA. Em tradução literal, "dados primários". Dados básicos coletados pela própria organização em um processo de pesquisa e montagem de um banco de informações sobre clientes e fornecedores em uma relação direta de troca. Essa coleta pode ser feita por meio de pesquisa informal, de uso de aplicativos institucionais e via interação em mídias e redes sociais.

FISCALIZAÇÃO. Checagem da veiculação nos horários e programas autorizados de mídia. V. **Checking**.

FLAGRANTE. Pesquisa de consumo de mídia no momento exato em que ele acontece, sem prévio aviso ou alerta de levantamento de audiência.

FLASH. Rápida informação gravada ou ao vivo transmitida por um repórter, por exemplo. V. **Boletim**.

FLIGHT. Cada um dos períodos ou fases em que uma campanha é veiculada.

FLOOR PRICING. Em tradução literal, "preço mínimo". Estratégia de precificação usada em diferentes contextos, como em leilões, negociações de propaganda ou publicidade e na determinação de preços para produtos ou serviços. O *floor pricing* é o preço mínimo estabelecido abaixo do qual um vendedor não está disposto a vender um determinado item.

FLOW CHART. Em tradução literal, "fluxograma".
V. ***Fluxograma***.

FLUXO DE AUDIÊNCIA. Avaliação dos comportamentos da audiência ao longo de um período ou programa. A alteração desse fluxo compromete os números relacionados ao alcance dos programas que são objeto da pesquisa.

FLUXO DE COMUNICAÇÃO. Todos os caminhos que a comunicação pode percorrer dentro de uma organização.

FLUXOGRAMA (*flow chart*). Representação das fases ou processos de um planejamento de comunicação. Facilita a percepção do andamento e o tráfego de informações dentro de uma agência de propaganda e publicidade.

FLYER. Material físico ou *on-line* produzido para "voar", ou seja, panfleto ou fôlder pequeno que serve para alta distribuição e panfletagem e que tem baixo custo de produção. Pode ter apenas um lado impresso, 1×0 ou 4×0, ou os dois lados impressos, 1×1 ou 4×4, por exemplo.

FM. Frequência média. V. ***Average frequency***.

FOCUS GROUP. Modelo de pesquisa qualitativa presencial em um pequeno grupo e entre diferentes públicos e o objeto de pesquisa. Envolve uma diversidade de pessoas, sendo de 8 a 12 participantes. Os dados sempre registrados, as perguntas são abertas e há um moderador para guiar o andamento dos trabalhos. V. **Discussão em grupo**.

FOFA. Acrônimo em português referente aos itens que compõem a matriz SWOT: forças, oportunidades, fraquezas e ameaças. V. **SWOT**.

FÔLDER. Material com dobras, sem padrão exato de formato, mas que, em geral, é constituído por capa, apresentação do produto e/ou serviço (institucional ou promocional) e dados de contato para os clientes. V. *Gate folder*.

FOLHETO. Material impresso com mais de quatro páginas e de fácil manuseio, ideal para apresentar um portfólio de produtos e serviços ou para divulgar uma marca ou ideia.

FOLLOW UP. Em tradução literal, "dar seguimento", "acompanhar", "realizar o acompanhamento". Consiste em dar continuidade a uma campanha publicitária que esteja na fase de sustentação.

FONOGRAMA. Gravação sonora de uma música ou de qualquer outro tipo de material sonoro. É a gravação em suporte físico ou digital do desempenho de uma obra musical, de um registro sonoro. Pode ser também uma peça publicitária sonora para veiculação em rádio, por exemplo.

FONTE. No jornalismo, pessoa, organização ou instituição que fornece informações para um repórter ou jornalista para serem usadas em uma reportagem. As fontes podem fornecer informações, em primeira mão, sobre um evento, opiniões sobre um assunto ou uma situação. O objetivo do jornalista é verificar as informações fornecidas pelas fontes e usá-las para produzir uma reportagem precisa e confiável. Manter as fontes em sigilo é uma prática comum no jornalismo, especialmente em casos que possam colocar a segurança delas em risco. As fontes podem ser anônimas ou identificadas, dependendo do acordo entre o jornalista e a fonte e da natureza da informação fornecida.

FORA DO AR. Emissora, canal ou transmissão que por algum motivo técnico interrompeu sua transmissão.

FORECAST. Em tradução literal, "previsão".

FORMADORES DE OPINIÃO. São pessoas capazes de influenciar pessoas dentro de um mercado específico e afetar diretamente os hábitos e comportamentos de consumo dos demais clientes.

FORMATO. Dimensões totais de um anúncio comercial. Em publicações impressas, por exemplo, os jornais se dividem em diferentes formatos: tabloide, americano, *standard*, *berliner* etc. Quanto aos anúncios, podem ser formatados por centímetros por coluna ou ser anúncios de rodapé, de meia página, de página inteira ou rouba-página. No eletrônico em TV ou rádio, os comerciais podem ser de 15 segundos, 30 segundos, 45 segundos, 1 minuto. O *outdoor* pode ser no formato 3:1, ou 9 m × 3 m (27 m²). Cada meio ou veículo pode ter seus padrões de formato.

FORMATOS YOUTUBE. Formatos de comerciais que veiculam antes (*pre-roll*), durante (*middle-roll*) e depois (*post-roll*) dos vídeos do YouTube. V. **Pre-roll, Middle-roll, Post-roll**.

FOTO-FICHA (foto *board*). Cartão impresso com a reprodução de um comercial de TV, *outdoor* ou anúncio que visa organizar os registros e a veiculação de uma marca ou agência de propaganda e publicidade.

FOTOGRAMA. Cada uma das imagens individuais que compõem uma sequência de filme. O filme cinematográfico é composto por uma série de fotogramas capturados em rápida sucessão e projetados em uma velocidade específica para criar a ilusão de movimento contínuo.

FOTOGRAVURA. Processo de reprodução de imagens utilizado na indústria gráfica para a impressão de materiais como revistas, jornais, embalagens e catálogos. Também é conhecida como *rotogravura* ou *processo de heliogravura*. Utiliza-se um cilindro de cobre ou aço, chamado de *cilindro de impressão*, que passa por diversas etapas para criar as áreas de relevo necessárias para a impressão da imagem. O cilindro é revestido com uma camada fotossensível que recebe a imagem a ser reproduzida. Em seguida, a imagem é gravada no cilindro por meio de um processo químico ou fotográfico.

FOTOLITO. Filme em poliéster ou transparente produzido com sais de prata, fotossensível, que servia de suporte ou registro para gravação de chapas de impressão. Processo intermediário entre a arte-final e a impressão. Foi substituído pelo CTP (*computer-to-plate*), que dispensou a queima e a gravação de chapas, automatizando o processo. V. **CTP**.

FOTÔMETRO. Dispositivo ou ferramenta utilizada na fotografia para medir a intensidade da luz. Define a exposição correta ao capturar uma imagem, fornecendo informações sobre a quantidade de luz presente em determinada cena.

FREELANCE. Trabalho realizado por um *freelancer* que não tem perfil de vínculo empregatício com uma agência de publicidade e propaganda, por exemplo.

FREELANCER. Profissional que realiza as atividades de criação, redação e arte, geração de conteúdo, mídia, entre outras, contratado por *job* ou demanda, sem vínculo empregatício com uma agência ou organização. Trabalho de um autônomo. V. **Autônomo**.

FREE-TO-AIR. Em tradução literal, "ao ar livre". São programas de televisão liberados para veiculação em diferentes meios de comunicação da própria rede.

FREQUÊNCIA. Periodicidade com que uma tarefa é realizada. V. *Reach*, **Alcance**.

FREQUÊNCIA EFETIVA. V. **Frequência eficaz**.

FREQUÊNCIA EFICAZ. Quantidade efetiva de inserções necessárias para transformar uma marca, um produto ou um serviço conhecido do público-alvo, favorecendo uma ação de compra.

FREQUÊNCIA MÉDIA. Indicador médio de vezes que o público foi exposto a uma mensagem.

FREQUÊNCIA MODULADA – FM. Técnica que surgiu como alternativa à amplitude modulada (AM) para ser uma solução para ineficiência, alto nível de ruído e baixíssimo alcance. Sua qualidade, sem ruídos, com raras interferências e um alcance maior, fez da FM uma alternativa melhor em termos de frequências em rádios. V. **Amplitude modulada**.

FREQUENCY. Em tradução literal, "frequência".

FREQUENCY DISTRIBUTION. Em tradução literal, "distribuição de frequência".

FRINGE. Em tradução literal, "margem". Usado como *fringe time* ou horário marginal de programação que antecede o horário nobre, por exemplo.

FRONTLIGHT. Tipo de luminoso semelhante ao *backlight*, mas que, em vez de a mensagem ser iluminada por trás, tem os sistemas de iluminação posicionados na frente dos painéis publicitários. V. *Backlight*.

FRONT OFFICE. Equipes de frente que têm contato direto com os clientes da marca. Todas as atividades que estejam relacionadas ao seu público.

FULL BANNER. Um dos diferentes formatos de *banner* em mídia digital. Formato-padrão de 468 × 60 *pixels*.

FULL TIME. Em tradução literal, "tempo integral".

FUNÇÃO-RESPOSTA (*response function*). Valores unitários atribuídos a cada indivíduo que compõe uma audiência. São levados em consideração fatores como exposição, frequência e percepção.

FUNIL DE VENDAS. Conhecido também como *funil de conversão*. É a representação do processo da venda de captação até a conversão final, englobando todas as etapas da jornada de compra do cliente ou consumidor.

GADGETS. Equipamentos usados no dia a dia que contêm alta inovação tecnológica, com atributos inovativos e eficientes. São *smartphones*, *smartwatches*, *tablets*, entre outros.

GALHARDETE. Bandeirola alongada e pontiaguda, com um lado curto e dois mais longos, usada para representar uma organização, time, equipe esportiva, clube ou grupo.

GAMIFICAÇÃO. Utilização de elementos do *design* e de métricas de jogos e *games* para criar um passatempo exclusivo para uma marca, produto ou serviço. Podem ser utilizados alguns recursos dos *games*, como avatares, desafios, *rankings* e prêmios. V. **Advergames**.

GATE FOLDER. Fôlder com várias páginas encartadas dentro de uma publicação.

GATEKEEPER. Em tradução literal, "porteiro", "guardião do portão". É comumente utilizado para descrever um indivíduo, grupo ou organização que tem o poder ou a capacidade de controlar o acesso a determinado recurso ou informação. Na mídia, por exemplo, os *gatekeepers* são os profissionais que selecionam e definem quais histórias e informações serão apresentadas ao público em geral. Eles podem ser editores, produtores, repórteres ou outros profissionais que têm o poder de decidir o que é notícia e o que não é. Os *gatekeepers* também podem ser encontrados em outras áreas, como na indústria da música, na qual as gravadoras e os promotores de eventos decidem quais artistas terão acesso a um público maior. V. **Curador de conteúdo**.

GATEWAY. Em tradução literal, "portal". Sistema para estabelecer a comunicação entre múltiplos ambientes. *Gateway* de pagamento, por exemplo, são as ferramentas disponibilizadas por um banco para o pagamento dentro de um *site*.

GATEWAY DE PAGAMENTO. Aplicação para o *e-commerce*, mantida por uma organização financeira, que autoriza transações entre o cliente e a loja *on-line*.

GERAÇÃO *BABY BOOMERS*. Pessoas nascidas entre 1945 e 1960.

GERAÇÃO X. Pessoas nascidas entre 1961 e 1979.

GERAÇÃO Y. Pessoas nascidas entre 1980 e 2000.

GERAÇÃO Z. Pessoas nascidas entre 2001 e 2010.

GEMINI. Ferramenta de inteligência artificial generativa do Google que, a partir de fevereiro de 2024, substituiu o nome Google Bard, passando a se chamar Google Gemini. *Gemini* significa "gêmeos" e também é o nome de um programa de exploração espacial da Nasa criado na década de 1960. A ferramenta, o *dashboard* e seu mecanismo generativo são parecidos com o ChatGPT e o antigo Bard. *Site*: <https://gemini.google.com/>. V. **Google Bard**, **ChatGPT**.

GÊNERO. Classificação de programas de rádio, televisão ou internet que formam uma grade de programação: noticiários, esportes, geral, internacional, regional etc.

GEOLOCALIZAÇÃO. Tecnologia que permite determinar a posição geográfica de um aparelho digital, por exemplo, por meio de um sistema universal de coordenadas. Os sinais podem ser captados por meio de GPS, radiofrequência, AGPS ou Wi-Fi. Essa ferramenta pode ser usada para traçar uma rota até um ponto de destino; para planejar rotas de entregas; na gestão de equipes externas; em rastreamento veicular; e, ainda, para conquistar mais clientes por meio de estratégias de *marketing* em pontos de venda.

GEOTAGGING. Em tradução literal, "marcação geográfica". Processo que possibilita a marcação de um ponto de saída ou destino por meio de marcações de GPS. Permite registrar um local importante ou marcar pontos de passagem.

GEOTARGETING. Segmentação geográfica. Técnica de *marketing* que envolve direcionar anúncios, conteúdo ou mensagens específicas para um público-alvo com base em sua localização geográfica. Forma de personalização e segmentação que utiliza informações sobre a localização dos usuários para adaptar a experiência do *marketing* de acordo com a região em que eles se encontram. Podem ser realizadas ações por endereços IP, GPS, sinais de Wi-Fi e redes celulares.

GERADORA. Emissora matriz de rádio e TV que tem uma concessão ou outorga estatal e retransmite o sinal para suas afiliadas, podendo explorá-lo comercialmente.

GESTÃO DE CRISE. Trabalho inerente à área de assessoria de imprensa ou do time de comunicação de uma organização que consiste em prever, remediar e evitar crises que envolvam uma marca, produtos ou serviços. É possível administrar e gerir da melhor forma possível crises que não estavam previstas ou fugiram do controle.

GHOSTWRITER. Em tradução literal, "escritor fantasma". Profissional contratado para escrever textos ou obras em nome de outra pessoa sem receber crédito público pela autoria. O *ghostwriter* é responsável por produzir conteúdo de qualidade, seguindo as diretrizes e os objetivos do contratante.

GIF – *Graphic Interchange Format*. Em tradução literal, "formato de intercâmbio gráfico". Formato de arquivo de imagem que suporta animações curtas e repetitivas. Ao contrário de uma imagem estática, um GIF pode conter uma sequência de imagens em um único arquivo, reproduzindo-as em um *loop* contínuo. V. ***Loop***.

GIGABYTE. Volume de 1.024 *megabytes*. Símbolo: GB.

GIGANTOGRAFIA. Ampliação de uma imagem para impressão em um *outdoor*, por exemplo.

GIMMICK. Em tradução literal, "truque". Efeito criado para despertar a atenção do público em um comercial de televisão para determinado produto ou promoção.

GÔNDOLA. Estrutura de prateleiras usadas no varejo para exibir e organizar produtos para venda. Peça principal do *layout* de uma loja, que auxilia na divisão e na maximização da exposição de produtos, facilitando a navegação, a encontrabilidade e a compra. V. **Ponta de gôndola**.

GOOGLE BARD. Ferramenta de inteligência artificial do Google. O termo *bard* tem origem celta e significa "bardo". Os bardos eram poetas e músicos treinados que desempenhavam um papel importante na cultura celta: a transmissão oral de histórias, lendas e eventos históricos. Eram pessoas consideradas excepcionais e que detinham conhecimento e sabedoria. O funcionamento e a mecânica dessa ferramenta são muito semelhantes às do ChatGPT. Em fevereiro de 2024, a ferramenta Bard mudou o nome para Gemini, porém suas características de inteligência artificial generativa permaneceram no mesmo sistema. *Site*: <https://gemini.google.com/>. V. **ChatGPT**, **Gemini**.

GOSSIP. Em tradução literal, "fofoca". Ato de espalhar informações ou comentários sobre a vida privada de outras pessoas, muitas vezes sem verificar a veracidade das informações. Refere-se a rumores, boatos ou fofocas sobre a vida de outras pessoas, especialmente celebridades, figuras públicas ou conhecidos em geral.

GPS – *global positioning system*. Em tradução literal, " para sistema de posicionamento global". Sistema de navegação por satélite que emite em tempo real o posicionamento de um aparelho ou indivíduo que carregue um GPS. São utilizados

24 satélites e 31 estações de controle, responsáveis por emitir os sinais de rádio para os aparelhos que realizam a recepção.

GRADE DE PROGRAMAÇÃO. Mapa com todos os programas do dia a dia de uma emissora de televisão ou rádio.

GRÁFICA. Prestadora de serviços para trabalhos impressos e/ou gráficos. Pode operar com diferentes formatos, como *offset* e rotativa, e produzir panfletos, fôlderes, catálogos, revistas, jornais, embalagens e livros. V. **Editora**.

GRANDE USUÁRIO. Consumidor frequente de uma mesma marca, produto ou serviço.

GREAT PLACE TO WORK. Consultoria global especializada em desenvolver soluções para ajudar organizações a criar e manter um ambiente de trabalho saudável e produtivo. *Site*: <https://gptw.com.br/>.

GRISÊ. Conhecido também como *papel cinza*. Tipo de papel utilizado em diferentes áreas, como artes plásticas, desenho, pintura e *design* gráfico. Caracterizado por ter uma tonalidade de cinza médio, semelhante à cor do grafite ou do lápis.

GRP – *GROSS RATING POINTS*. Em tradução literal, "pontos brutos de audiência". Referente à audiência acumulada bruta. V. **Audiência acumulada bruta**, **Custo GRP**.

***GROWTH LOOPS*.** Ciclos de crescimento. Sistema que considera o fator de crescimento para a avaliação de seus processos, monitorando o produto do início ao fim de seu ciclo de vida.

***GROWTH MARKETING*.** Abordagem centrada na identificação, na administração e no aproveitamento de oportunidades de crescimento comercial para uma organização.

Sua proposta é maximizar o retorno sobre os investimentos realizados em *marketing*, ajudando as organizações a crescer sustentavelmente.

GROUP DISCUSSION. Em tradução literal, "grupos de discussão". V. **Focus group**.

GRUA. Equipamento utilizado na indústria cinematográfica para movimentar a câmera de forma suave e controlada. Chamada também de *grua de câmera*, é uma estrutura com braço extensível que permite a elevação, a descida e a movimentação horizontal da câmera durante as filmagens, criando movimentos de câmera dinâmicos, como panorâmicas, *travellings* e movimentos verticais.

GRUPO-ALVO. Sinônimo para *público-alvo*. V. **Público-alvo**.

GRUPO DE ATENDIMENTO E NEGÓCIOS. Entidade cujo propósito é promover a educação continuada de profissionais de atendimento, gestão e negócios mediante a realização de cursos e eventos. Trabalha com educação continuada, temas atuais do mercado, encontros com líderes, Young Lions de atendimentos, GAN Summit, entre outros conteúdos. *Site*: <https://www.ganegocios.com.br/>.

GRUPO DE MÍDIA DE SÃO PAULO. Grupo criado 1968 para impulsionar a aprendizagem sobre a atividade. Desde então, promoveu a evolução técnica da mídia no Brasil, aglutinando esforços e apontando caminhos para a solução de problemas comuns aos profissionais da área. Edita ano a ano o Mídia Dados, maior repositório de mídia do país, que apresenta informações importantes para o segmento de mídia nacional. *Site*: <https://www.gm.org.br/>.

GRUPO DE MÍDIA DO RIO DE JANEIRO. Grupo criado em 1972, na sede da Associação Brasileira de Agências de Publicidade (Abap). Teve originalmente o nome de Clube dos Medias. Página do Instagram: @grupodemidiarj.

GRUPO DE PLANEJAMENTO DE SÃO PAULO. Organização sem fins lucrativos, gerida voluntariamente por executivos da área, que tem como meta melhorar o valor percebido da estratégia. Desde 2002, com sede em São Paulo, é aberta a todos os profissionais do Brasil e do exterior. São especialistas em planejamento, estratégias, *branding*, dados e afins. *Site*: <https://grupodeplanejamento.com/>.

H.264. Código considerado padrão para gravações, para compactação de arquivo e para distribuição de conteúdo de vídeos *on-line*.

HACKER. Termo usado para descrever um profissional com habilidades avançadas em computação e sistemas de tecnologia da informação. Os *hackers* são especialistas em manipular e explorar sistemas de computadores, redes e *softwares* de maneiras criativas e, muitas vezes, não autorizadas.

HALF BANNER. Formato digital padrão de 234 × 60 *pixels*.

HAND SELL. Em tradução literal, "venda à mão". Abordagem personalizada e interativa na qual um vendedor ou representante de vendas se envolve diretamente com um cliente para promover um produto ou serviço. Abordagem mais individualizada, em que se busca entender as necessidades e as preferências específicas de um cliente, destacando os benefícios do produto ou serviço de forma personalizada e criando uma conexão mais intimista, direta e pessoal.

HANDLE. Em tradução literal, "lidar". Conta que identifica um usuário. Precedido de @, identifica um usuário ou marca, em plataformas como Instagram e Twitter. É o identificador de usuário.

HANDOUT. Em tradução literal, "folheto".

HASHTAG. Símbolo otimizador de buscas por termos. *Keywords* (palavras-chave) precedidas pelo símbolo # resultam em maiores associações (indexações) e têm mais relevância em mecanismos de busca por se transformarem em *hiperlinks* e alimentarem essas bases juntando-se a outras publicações sobre o mesmo tema.

HD – Redução de *high definition*. Em tradução literal, "alta definição".

HDTV – *high definition television*. Sinal de televisão digital de alta resolução.

HEADEND. Central de recepção, geração e transmissão de áudio e vídeo. V. **Operadora de cabo**.

HEADLINE. Em tradução literal, "título". Manchete, chamada ou título de uma matéria ou de um anúncio.

HEATMAP. Em tradução literal, "mapa de calor". Ferramenta de análise visual que mostra a atividade e o comportamento dos usuários em um *website* por meio de representações gráficas de cores.

HEAVY USER. Em tradução literal, "grande usuário". São clientes potenciais que consomem muito determinada marca ou produto ou, ainda, usuários que têm conhecimentos e utilizam pesadamente determinado aplicativo, produto ou serviço. V. **Grande usuário**.

HEAVY VIEWER. Usuário ou telespectador assíduo, frequente, leal.

HEMEROTECA. Arquivo ou biblioteca dedicada à coleção e à manutenção de exemplares de publicações periódicas impressas, que são catalogadas e organizadas em ordem cronológica, facilitando o acesso e a pesquisa de informações históricas.

HIGH-END (subscribers). Clientes que assinam a maioria ou a totalidade dos pacotes (combos) de uma TV por assinatura. V. ***Low-end***.

HI-FI – Redução de *high fidelity*. Em tradução literal, "alta fidelidade".

HIGHLIGHTS. Em tradução literal, "altas luzes". Partes de imagens que são mais claras ou brilhantes. Na televisão americana, são repetições (*replays*) de fragmentos importantes de imagens.

HIPERTEXTO. Concepção de uma nova textualidade, disposta em um ambiente que é atualizado de forma não linear, por meio de associação e não de sequências fixas de palavras.

HISTÓRICO DE CASO. V. *Case history*, *Case*.

HISTOTIPIA. Impressão de imagens em tecidos ou materiais têxteis. Pode ser serigrafia, estampagem, sublimação ou impressão digital.

HOLOGRAMA. Imagem tridimensional que é criada a partir da interferência de feixes de luz. Diferentemente do que se observa em uma imagem bidimensional tradicional, um holograma contém informações de profundidade e perspectiva, o que lhe confere uma aparência tridimensional bem realista.

HOMEM-SANDUÍCHE. Uma das mais antigas formas de circulação de cartazes. É um ambulante que anda pelas ruas das cidades carregando consigo duas placas: uma afixada no peito e uma nas costas, com a propaganda ou a promoção de alguma empresa.

HORA DO *RUSH*. Pico de audiência em rádios, TVs e na internet. Horário de grande movimento nas grandes cidades, na ida e na volta do trabalho.

HORÁRIO COMERCIAL. Período de veiculação de um comercial na TV ou no rádio. V. *Dayparting*.

HORÁRIO NOBRE (*prime time*). Nos dias úteis da semana, horário nobre nas emissoras de televisão com alto índice de audiência, principalmente na faixa entre 19h e 22h. Um dos horários mais caros da televisão brasileira é uma inserção no jornal das 20h 30 min.

HOSPEDAGEM. Serviços terceirizados *on-line* realizados por organizações especializadas principalmente no armazenamento de páginas *web*, com arquivos e todo o seu conteúdo.

HOTSPOT. Em tradução literal, "ponto de acesso". É o ponto de acesso a uma rede de comunicação sem fio, como WI-FI. É criado por meio de roteador ou dispositivo que fornece conexão à internet e a compartilha com dispositivos próximos como *smartphones*, *tablets*, *laptops* e demais *gadgets*. É frequentemente encontrado em cafés, aeroportos, hotéis, restaurantes, etc.

HOUSE AGENCY. Estúdio que pode atuar como agência ou servir de suporte para uma agência, sendo a mediadora da comunicação interna e externa de uma organização. Normalmente, trabalha apenas com uma marca.

HOUSE ORGAN. Em tradução literal, "publicação interna". Nos formatos de jornal ou revista, é utilizado para veicular notícias e informações referentes ao público interno e às matérias da própria organização. Periódico publicado por uma marca.

HTML. Uma das linguagens de código mais utilizadas e populares para a criação de *sites*.

IA – INTELIGÊNCIA ARTIFICIAL. Área da computação responsável por pesquisa e desenvolvimento de formas de simulação de inteligência e de compreensão de áreas do comportamento humano.

IA – *interactive advertising*. Em tradução literal, "propaganda interativa". Instruções sobrepostas a um comercial ou programa de televisão digital que permitem a interação e a busca por mais informações sobre determinada marca, produto ou serviço.

IAB – *Interactive Advertising Bureau*. Órgão que preza pelo desenvolvimento sustentável da comunicação mediante boas práticas em ações *on-line*. Representa o ecossistema do digital de forma ampla e conta com o apoio de organizações de diferentes áreas de atuação: a) veículos de mídia e produtores de conteúdo; b) anunciantes; c) institutos de pesquisa; d) *ad techs*; e) agências e consultorias. *Site*: <https://iabbrasil.com.br/>.

IBGE – Instituto Brasileiro de Geografia e Estatística. *Site*: <https://www.ibge.gov.br/>.

IDENTIDADE CORPORATIVA. Identidade institucional, que representa os valores essenciais de uma organização e a mensagem sólida que esta gostaria de transmitir para seus diferentes públicos.

IDENTIDADE VISUAL. Conjunto de logotipos, cores, padrões gráficos, tipologia, entre outros elementos gráficos e de *design* que representem ou identifiquem a marca, a organização, o produto ou o serviço.

IDENTIFICAÇÃO. A Constituição Federal de 1988 não admite o anonimato na propaganda e publicidade, o que é respaldado também pelo Código de Defesa do Consumidor (CDC). O consumidor precisa identificar a organização responsável pelo produto comercializado, bem como sua marca na propaganda e publicidade, conforme art. 36 do CDC (Lei Federal n. 8.078, de 11 de setembro de 1990) e o art. 5, inciso IV, da Constituição Federal de 1988.

IDENTIFICAÇÃO DE EMISSORA (*chain break*). Identificação da emissora durante intervalos comerciais. V. ***Chain break***.

IDTV – *integrated digital TV*. Em tradução literal, "TV digital integrada". Televisores com conversores.

ILHA. Subterfúgio de diagramação para ocupar uma página inteira de jornal, a fim de evitar que a concorrência insira anúncios ao lado ou ao redor. Anúncio posicionado no centro de uma página com editorial em volta.

ILHA DE EDIÇÃO. Estação que serve como receptora de sinais de áudio e vídeo de um estúdio, por exemplo, e como armazenadora em servidores desse material. Também realiza as edições e os cortes de câmera ao vivo de uma transmissão.

IMAGEM CORPORATIVA. V. **Imagem de marca**.

IMAGEM DE MARCA. Conjunto de percepções que uma marca (organização, produto ou serviço) provoca em seu público, na opinião pública, em investidores e parceiros comerciais e/ou em fornecedores. É sua identidade única, ressaltando todas as suas vantagens e diferenciais. Denomina-se *imagem corporativa* quando se relaciona à organização. V. **Brand image**.

IMAGOTIPO. Combinação entre símbolo e letra (*lettering*) e que mantém sua identidade, mesmo separados.

IMPACTOS. Indicador do número de pessoas que podem ser impactadas por um comercial ou anúncio impresso, por exemplo. Se determinado jornal distribui 50 mil exemplares por dia e sua leitura líquida é de três leitores por unidade ou edição, há a possibilidade de 150 mil pessoas verem o anúncio. Se saírem cinco anúncios seguidos, em cinco dias ou cinco edições do mesmo jornal, o impacto poderá ser de 750 mil pessoas.

IMPRENSA. Conceito de veículos de comunicação de cunho jornalístico com boa audiência, alcance e públicos variados. Pode ser em mídia impressa, emissoras e redes de televisão, estações de rádio e organizações *on-line* ou digitais. O ofício de imprimir.

IMPRESSÃO. Impacto. Produto de editoras e gráficas. V. **Edição**.

IMPRESSÃO 3D (3D *printing*). Impressão, técnica ou fabricação de objetos tridimensionais por meio da queima de filamentos ou resina, a partir de um arquivo digital STL. Conhecida como *manufatura aditiva*.

IMPRESSO. Produto gráfico impresso por gráficas e editoras. Pode ser produzido em máquinas gráficas *offset* ou rotativas, dependendo do produto. Pode ser um folheto, cartaz, cartazete, *flyer*, catálogo, embalagem, jornal, revista, livro, entre outras possibilidades.

IMPRESSÕES. Quantidade de vezes que um anúncio foi visto por um usuário. Quando se trata de produção gráfica, são todos os produtos gráficos de editoras e gráficas.

INBOUND MARKETING. Em tradução literal, "*marketing* de entrada". Porém, a tradução mais aceita é "*marketing* de atração". Estratégia que consiste em atrair a atenção dos clientes certos por meio de diferentes conteúdos em múltiplos pontos de contato. De forma ativa, busca *leads* em seu público-alvo, tentando atrair assertivamente seu público real.

INDEXAR. Introduzir um documento (ou página *web*, por exemplo) em um índice (índex). Esse processo serve para organizar os documentos e favorecer sua encontrabilidade.

ÍNDICE DE AUDIÊNCIA. Indicador do número de pessoas impactadas por determinado programa, dentro de uma faixa de programação.

ÍNDICE DE COMPROMETIMENTO. Métrica que avalia o engajamento ou a interação dos usuários com determinado conteúdo ou campanha. Algumas métricas que auxiliam na medição do engajamento são: taxa de cliques (CTR), taxa de abertura (*open rate*), taxa de conversão.

ÍNDICE DE LEITURA. Na área de meios e veículos impressos, o mesmo que *índice de audiência*, o qual serve para indicar a penetração e o impacto de um jornal, por exemplo, em um mercado pesquisado.

ÍNDICE DE QUALIDADE ADWORDS. Ferramenta exclusiva do Google que calcula qual a melhor oportunidade ou qual o melhor anúncio, isto é, com maior probabilidade de atrair a atenção do usuário, sempre visando à conversão em cliques.

INDOOR. Materiais para comercial ou divulgação interna, dentro de ambientes fechados ou de transporte público, como táxis, metrôs e ônibus.

INDÚSTRIA CULTURAL. Importante conceito criado pelos filósofos alemães Theodor Adorno e Max Horkheimer, em meados do século XX, para descrever a produção e a distribuição em massa de produtos culturais (música, cinema, televisão, rádio, entre outros) com fins comerciais. Para esses filósofos, a indústria cultural transforma a cultura em mercadoria, cujo valor é determinado não pelo seu conteúdo artístico, mas pelo seu potencial de lucro. Essa indústria é capaz de produzir em série produtos culturais padronizados e uniformizados, que atendem a demandas específicas do mercado, muitas vezes com pouco ou nenhum valor artístico. Para evitar uma conceituação simplista exagerada da expressão *indústria cultural*, cunhada em 1947 por Theodor Adorno, Messagi (2018) elenca mais algumas contribuições dessa teoria para a comunicação, a saber: a) devemos enxergar a indústria cultural como parte do processo geral de antidesmistificação; b) também como instrumento da repressão e da autorrepressão organizada; c) como agente principal da mercantilização da cultura; d) como técnica extra-artística, em geral, estranha à técnica intra-artística; e) e, finalmente, como causa, em última instância, do fim da autonomia estética. Antidesmistificação é um conceito que, em linhas gerais, impede que o indivíduo seja incapaz de ser formado autonomamente, com seus próprios valores e juízos, sendo, portanto, inapto a decidir conscientemente; a repressão vem como ferramenta de acuação do indivíduo, uma vez que sua capacidade de escolha estava limitada. A indústria cultural permitiria uma "mercantilização" de todos os processos artísticos, visto que seria uma espécie extra-artística, fora das características inerentes ao fazer criativo ou artístico. Por fim, como resultado de toda essa mercantilização industrial da cultura, tal prática aniquilaria a autonomia estética e de criação dos indivíduos artistas, pois estariam fadados e condenados a produzir segundo uma determinada prática conceitual de mercado padrão capitalista. Atualmente, esse conceito de indústria cultural perdeu o peso de conceito único e pétreo, justamente pelo surgimento das atividades midiáticas e das plataformas digitais; no entanto, muito embora não seja um conceito largamente veiculado ou utilizado na comunicação, ele "democratizou" as novas formas de cultura, de produção e de arte.

INFLÁVEIS. Estruturas formadas de material flexível, como tecidos sintéticos, PVC ou *nylon*, que são infladas com ar ou gás para criar diferentes formas tridimensionais. Usados em propaganda e publicidade, entretenimento, decoração, esportes e brinquedos.

INFLUENCER. Em tradução literal, "influenciador". Pessoa pública, conhecida dentro de sua área de atuação e que tem grande quantidade de seguidores nas diferentes mídias sociais. Quando remunerado, é capaz de influenciar seus públicos mediante a recomendação do uso de marcas ou produtos, podendo ser pagos também por meio de troca (permuta) de alguns benefícios. Alguns dos maiores influenciadores do Brasil, na atualidade, são: Neymar Junior, Virgínia Fonseca, Anitta, Whindersson Nunes, Gusttavo Lima, Larissa Manoela, entre muitos outros.

INFOMERCIAL. *Reviews* (análises) de produtos ao vivo ou gravados, com vídeos de longa duração. O sistema de vendas, produto por produto, diferencia essa modalidade de anúncio do resto da programação de uma emissora. O produto é apresentado ostensivamente. V. **Identificação**.

INFORMAÇÃO PUBLICITÁRIA. V. **Informe publicitário**.

INFORME PUBLICITÁRIO. Formato diferenciado para um comercial publicitário que não segue as mesmas regras do editorial da televisão ou de um jornal impresso. Normalmente, essa ação é identificada como informe publicitário em sua veiculação.

IN-HOME VIEWING. Em tradução literal, "audiência em casa". Caso em que não é contabilizada a audiência fora de casa ou domicílio.

INPUT. Em tradução literal, "entrada", "carga", "inserção". Atividade de dar entrada a dados e informações em um banco de dados, por exemplo.

INSERÇÃO. Veiculação de um anúncio, comercial ou mensagem em quaisquer meios ou veículos de comunicação. É o VT ou comercial de TV, o *spot* de rádio ou o anúncio de jornal, revista ou internet que foi reservado, programado e pago para sua inserção ou publicação.

INSERT. Cartão com oferta, preço ou marca que é "inserido" em um comercial de varejo. Por exemplo, imagem estática de um produto de varejo com um *splash* (balão gráfico) de preço ou oferta que é editado em um vídeo promocional. V. ***Splash***.

INTERLÚDIO. Pausa ou intervalo entre duas partes de uma obra, especialmente no campo das artes, como música, cinema, teatro e literatura. Na música, por exemplo, um interlúdio é uma seção instrumental que ocorre entre as partes vocais de uma canção ou entre duas músicas em um álbum.

INSTITUCIONAL. Propaganda e/ou publicidade que veicula apenas a imagem da organização ou do anunciante, sem anunciar oferta, produto ou serviço. Usada para criar uma imagem importante perante a sociedade e seus diferentes públicos, visando a um posicionamento de mercado.
V. **Imagem de marca**.

INTELSAT – International Telecommunications Satellite Organization. Maior controladora de satélites geoestacionários do mundo e que intensifica cada vez mais o serviço integrado de conectividade via satélite no Brasil.

INTERATIVIDADE. Ação de um usuário em face de um estímulo digital. Comunicação recíproca entre duas ou mais pessoas ou entre um usuário e um sistema.

INTERCOM – Sociedade Brasileira de Estudos Interdisciplinares da Comunicação. Associação que reúne pesquisadores, professores, estudantes e profissionais da área de comunicação de todo o país, além de ter parcerias com outras associações e entidades internacionais. Entre suas atividades, destaca-se a organização de eventos acadêmicos, congressos, seminários e *workshops* regionais e nacionais, além da publicação de revistas e livros sobre comunicação e da promoção de grupos de pesquisa. Desde dezembro de 1977, em São Paulo, a Intercom compartilha pesquisas e conhecimento de forma interdisciplinar. *Site*: <https://www.portalintercom.org.br/>.

INTERNET DAS COISAS. Tradução literal de *Internet of Things* (IoT). Conceito referente a uma múltipla conexão de aparelhos ou *gadgets on-line* por meio da internet. Seu alcance é múltiplo, causando impacto em todos os setores, inclusive na administração pública, em razão dos recursos possíveis de gestão. É a possibilidade de fazer com que objetos do dia a dia coletem e transmitam dados para uma central controladora, por meio de uma rede que possibilita intercâmbio de conhecimento entre todos os aparelhos interligados.

INTERNET TV (TV pela internet). Processo de transmissão de conteúdo televisionado pela rede e entregue em dispositivos que transmitem e recepcionam sinal de vídeos de conteúdo, vídeos de *streaming* e programação de TV digital.

INTERPROGRAMA. Faixa comercial localizada exatamente entre dois programas de televisão, entre o fim de um e o início de outro. Comumente chamado de IP em emissoras. Não raramente o IP é descartado em uma programação para tentar segurar a audiência que o programa anterior entregou, tentando evitar o *zapping* ou o desligamento do aparelho pelo telespectador.

INTERVALO COMERCIAL. Espaço entre blocos (ou partes) de um programa de televisão ou de rádio destinado a comerciais publicitários e regulado com tempo máximo estipulado por lei. No intervalo, são veiculados anúncios, comerciais, vinhetas identificadoras da emissora, entre outros recursos.

INTRANET. Rede interna, de acesso exclusivo de uma organização. Interliga áreas ou unidades e funciona como tráfego e armazenamento de dados e documentos.

IP – *internet protocol* (protocolo de internet). Número identitário único que todo computador ou rede tem e serve como identificador e reconhecedor em uma rede.

IPSOS. V. **Estudos Ipsos Marplan**.

IPTV – *internet protocol television*. Sistema de transmissão de televisão digital que utiliza o protocolo IP para transmissão de sua programação via internet.

ISBA – *Incorporated Society of British Advertisers*. Sociedade Incorporada de Anunciantes Britânicos. Associação comercial sem fins lucrativos que representa os interesses dos anunciantes no Reino Unido, abrangendo mais de 450 empresas anunciantes. *Site*: <https://www.isba.org.uk/>.

ISBN – *International Standard Book Number*. Em tradução literal, "número padrão internacional de livro". Sistema internacional de identificação de livros, utilizado para atribuir um código único a cada título ou edição de um livro publicado. O ISBN permite rastrear informações sobre um livro, como autor, título, editora, ano de publicação e formato, além de facilitar a venda, a distribuição e a organização dessas obras. V. **ISSN**.

ISO – *International Standard Organization*. Medida que referencia a sensibilidade à luz do filme. Quanto menor o ISO, menor a sensibilidade do filme, que favorece ambientes mais iluminados; quanto mais alto o ISO, mais sensível e útil em ambientes com pouca luz.

ISOLOGO. Símbolo e texto (*lettering*) agrupados em um único elemento.

ISOTIPO. Símbolo que visualmente pode representar uma marca. V. **Logo**.

ISSN – *International Standard Serial Number*. Em tradução literal, "número internacional normalizado para publicações seriadas". Sistema internacional de identificação de publicações seriadas, como revistas, jornais, periódicos científicos, boletins e outros tipos de publicações regulares. Assim como o ISBN para livros, o ISSN atribui um número único a cada publicação seriada, facilitando sua identificação e seu controle.

ISSUE. Número da edição de uma publicação.

ISSUE LIFE. Em tradução literal, "vida útil". Tempo de validade de uma edição ou publicação.

ITV – *interactive TV*. Múltiplos recursos utilizados pela televisão digital para controle de canais, ações e interações com a operadora.

IVC BRASIL – Instituto Verificador de Circulação. Entidade privada, criada em 1962, que verifica e audita a circulação e/ou a tiragem de veículos de mídia impressa que são filiados a ela. Segundo o histórico do IVC, não se fala de circulação de forma especulativa, vaga e imprecisa. A circulação de publicações é um padrão exato de medida, como o metro e o litro, por exemplo. Métodos minuciosos de aferição trabalham com dados reais e atualizados, que embasam estudos dos custos por centímetro, coluna e milheiro aplicáveis às mensagens publicitárias. *Site*: <https://ivcbrasil.org.br/>. V. **Circulação**, **Tiragem**.

JAGGIES. Alterações em imagens *raster*. Também conhecidas como *aliasing*, são as alterações ou componentes de alta frequência que aparecem em saídas de gráficos ou na exibição de imagens gráficas. São os "degraus" que se alternam, em vez de linhas bem contornadas de uma imagem, gerando um efeito nem sempre desejado de serrilhado. V. ***Anti-aliasing***.

JANELA. Espaço comercial que não foi negociado. Diz respeito também à situação em que a agência ou o anunciante não entregou o material em tempo hábil para veiculação em determinado jornal, revista, televisão, rádio ou na internet. Caracteriza-se ainda quando uma emissora abre espaço por conta própria na programação. V. **Corte local**.

JINGLE. Sem tradução para o português. Música ou canção curta (30 a 60 segundos) utilizada na propaganda e publicidade para a divulgação de uma marca, produto ou serviço. *Jingle* é diferente de *spot* (formato comercial natural de rádio), distingue-se pelo formato: enquanto o *jingle* é cantado ou musicado, o *spot* é falado.

JOB. Em tradução literal, "trabalho". É um trabalho, um projeto, uma tarefa publicitária.

JOB DESCRIPTION. Em tradução literal, "descrição de um trabalho". Consiste em um descritivo de deveres, de funções dentro de um trabalho ou projeto. V. **Job**.

JOINT-VENTURE. Em tradução literal, "consórcio". Parceria, cooperação contratual para agentes interessados em um mesmo objeto ou projeto.

JORNAL. Meio de comunicação com caráter informativo e jornalístico. Pode ser no formato impresso, gráfico, ou ainda, ser formatado e veiculado em mídias eletrônicas (rádio e televisão) e em meios digitais (internet).

JOVE DATA. Organização que presta serviços diretos a agências de publicidade, organizações de *clipping*, universidades, institutos de pesquisa, anunciantes, meios, veículos, consultorias e produtoras. Trabalha com o processamento de tabelas de preços das múltiplas mídias: TV, impressos (jornal e revista), rádio, internet e cinema. Realiza o desenvolvimento de estudos como atlas de cobertura, análise de concorrência, inflação e evolução de mídia. *Site*: <https://www.jovedata.com.br/>.

JORNAL CORPORATIVO. Jornal que veicula, por meio de diferentes canais, informações e conteúdos estritamente relacionados com a organização, sendo elaborado, montado e transmitido pela assessoria de imprensa, pela assessoria de comunicação ou pelo departamento de *endomarketing*.

JORNAL MURAL. Jornal com boa periodicidade, semanal ou quinzenal, que trata de assuntos organizacionais e, normalmente, é fixado fisicamente em espaços públicos, dentro da organização, à vista de todos os colaboradores. Produto de fácil visualização e rápida leitura.

JPEG – Joint Photographic Experts Group. Formato popular de imagem que suporta de 224 a 16,8 milhões de cores. Tem diferentes níveis de compactação.

KANTAR IBOPE MEDIA. Instituto de pesquisa presente nas regiões Sul, Sudeste, Norte, Nordeste e Centro-Oeste do Brasil. *Site*: <https://www.kantaribopemedia.com/>.

KEYWORD. Palavra-chave.

KEYWORD STUFFING. Em tradução literal, "preenchimento de palavras-chave". Preencher conteúdo ou *tags* de *websites* com palavras-chave irrelevantes e repetitivas para manipular mecanismos de busca. V. **Black Hat SEO**.

KERNING. Em diagramação e *layout*, processo que consiste em ajustar o espaço entre pares específicos de caracteres em uma fonte tipográfica. Otimiza a aparência visual e o espaçamento uniforme entre as letras de uma palavra ou frase.

KINESCOPIA. Antigo processo que transferia material gravado em videoteipe para filme ou película.

KINESCÓPIO. Aparelho que realizava a cópia ou kinescopia. V. **Kinescopia**.

KNOW-HOW. Conhecimento teórico e prático adquirido por um indivíduo (ou organização), acumulado ao longo do tempo.

KPI – key performance indicator. Em tradução literal, "indicador-chave de *performance*". Em mídia, KPIs são métricas usadas para medir o desempenho de um planejamento ou campanha de *marketing*. São importantes porque ajudam a avaliar o sucesso de uma campanha, identificar áreas de melhoria e otimizar o retorno sobre o investimento (ROI).

KRAFT. Tipo de papel resistente e durável, poroso e absorvente, geralmente de cor marrom-clara e que tem esse nome pela quantidade de produtos químicos que recebe para tornar a matéria mais resistente. Adequado para embalagens, sacolas, envelopes, sacos de papel, entre outros.

LABEL. Etiqueta.

LAI – Lei de Acesso à Informação. Lei n. 12.527, de 18 de novembro de 2011, que garante o direito de acesso às informações públicas. Objetiva a promoção e a transparência, além da *accountability* no setor público, permitindo que os cidadãos tenham acesso a informações governamentais de forma rápida e efetiva. Estabelece que todas as informações produzidas ou custodiadas pelos órgãos públicos são consideradas públicas e devem estar disponíveis para qualquer pessoa que as solicite, a menos que sejam classificadas como sigilosas. Define prazos e procedimentos para que os órgãos públicos atendam às solicitações de informação, estabelecendo que as respostas devem ser fornecidas de forma clara, objetiva e em linguagem acessível. Ademais, obriga os órgãos públicos a manter portais da transparência, nos quais devem ser disponibilizadas informações de interesse público, como despesas, contratos, salários de servidores e projetos em andamento. V. *Accountability*.

LANÇAMENTO. Fase inicial de uma campanha de propaganda e publicidade. Por ser o início de um planejamento, exige maior investimento em tempo, frequência e verba.

LANDING PAGE. Em tradução literal, "página de destino". Página de direcionamento após o acesso ou o clique em um anúncio ou resultado de busca.

LATE FRINGE. Em tradução literal, "margem ou faixa tardia". Faixa de programação de fim de noite. V. **Fringe**.

LAYOUT. Rascunho, esboço ou desenho preliminar de uma arte que os criativos fazem e que, posteriormente, será transformado em uma peça publicitária. Serve para dar uma dimensão daquilo que poderá transformar-se em caminho criativo da peça. O mesmo que *rough* ou como chamamos no Brasil, *rafe*. V. **Rough**.

LAYOUTMAN. Antiga designação para o profissional que fazia *layouts* manualmente, sem o uso ou suporte de dispositivos eletrônicos ou computadores. V. **Diagramador**, *Paste-up*.

LCD – *liquid crystal display*. Em tradução literal, "tela de cristal líquido". Tecnologia de tela amplamente utilizada em dispositivos eletrônicos, como *smartphones*, computadores, TVs e monitores. As telas LCD são compostas por camadas de cristais líquidos entre dois painéis de vidro: a luz de fundo, geralmente uma fonte de luz fria, como lâmpadas fluorescentes ou LEDs, é projetada através dos painéis de vidro. A luz passa pelos cristais líquidos presentes nas camadas da tela, e estes podem ser ajustados eletricamente para permitir ou bloquear a passagem de luz, dependendo do sinal elétrico aplicado. V. **Pixel**.

LEAD. Em tradução literal, "guia" ou "aquele que vem à frente". Potencial cliente ou consumidor que representa oportunidade de negócios para a organização e que já demonstrou interesse (deu indícios) em um produto ou na marca e que está ao alcance da organização. Lide, no jornalismo, é a primeira parte de uma notícia, com as informações mais importantes e capaz de chamar a atenção para a matéria. V. **Cabeça**, **Lide**.

LEI N. 4.680/1965. Lei que dispõe sobre a profissão e a área de propaganda e publicidade. Pode ser acessada em: <https://www.planalto.gov.br/ccivil_03/Leis/L4680.htm>.

LEITOR. Indivíduo que consome produtos gráficos como jornais, livros e revistas.

LEITOR PRIMÁRIO. Indivíduo propenso a adquirir uma publicação para leitura imediata.

LEITOR SECUNDÁRIO. Indivíduo cujo interesse na leitura de uma publicação não é suficiente para comprá-la.

LEITURA COMPROVADA. Prática que, por meio de pesquisa, comprova que o conteúdo de uma publicação foi lembrado por um leitor, mostrando que este esteve exposto de fato à publicação em diferentes momentos de leitura.

LEITURA DECLARADA. V. **Leitor**.

LETRA CAIXA. Luminoso confeccionado com letras em metal, acrílico ou madeira e que serve como identidade visual.

LETREIRO. Letra caixa, painel luminoso, placa de identificação para um ponto de venda ou comércio. Letras corridas ao longo de uma imagem na televisão para identificar um personagem ou situação.

LETREIRO ANIMADO. Letreiro equipado com dispositivo motorizado (elétrico ou eletrônico) que permite movimentar uma mensagem ou apresentação. V. **Letreiro**.

LETTERING. A parcela de texto de uma publicação gráfica, física ou *on-line*. Todas as inserções de texto em um vídeo. V. ***Alltype***.

LEVANTAMENTO SOCIOECONÔMICO – LSE. Pesquisa com dados sociais e econômicos de um estrato da população, de um grupo de pessoas ou de um universo determinado. Pode ser realizado por meio de questionários estruturados, grupos de discussão, entrevistas em profundidade, observação etnográfica, entre outros modelos e formas de pesquisa.

LGPD – Lei Geral de Proteção de Dados Pessoais. Lei 13.709, de 14 de agosto de 2018, que tem como objetivo padronizar regulamentações e práticas relacionadas à forma como os dados de indivíduos devem ser coletados, armazenados e protegidos. Estabelece punições para o descumprimento de casos de vazamentos e outras irregularidades. Pode ser acessada em: <http://www.planalto.gov.br/ccivil_03/_Ato2015-2018/2018/Lei/L13709.htm>.

LIBERDADE DE EXPRESSÃO. Direito de manifestar opiniões e ideias livremente, de receber e transmitir informações. Assegurada pela Declaração Universal dos Direitos Humanos e ratificada pela Constituição Federal de 1988: "é livre a manifestação do pensamento, sendo vedado o anonimato" (Brasil, 1988, art. 5º, IV). V. **Anonimato**.

LIDE. V. *Lead*.

LIGADOS. Indicador de TVs ou rádios ligados e sintonizados em uma grade de programação ou faixa de programas.
V. **Desligados**.

LIGHT USER. Em tradução literal, "usuário leve". Usuário que compra eventualmente; consumidor de uso limitado, com menor frequência.

LIMINAR. Ordem ou ato de imediata sustação de um comercial publicitário demandada pelo Conselho de Ética do Conselho Nacional de Autorregulamentação Publicitária (Conar). V. **Conar**.

LINE-UP. Lista de artistas ou bandas que participarão de um festival, por exemplo.

LINHA DE PROGRAMAÇÃO. Grade de programação de uma emissora de rádio ou televisão.

LINK. Em tradução literal, "ligação", "elo", "vínculo", "conexão".

LINK FARMING. Em tradução literal, "plantio de *links*". Criar ou participar de redes de *websites* apenas para criar *links* entre eles, sem considerar a relevância ou a qualidade dos *links*.
V. *Black Hat SEO*.

LINKAR. Ato de fazer um *link*, uma ligação.

***LINKS* PATROCINADOS**. Anúncios digitais em forma de textos simples, encontrados principalmente pelos mecanismos de busca. Podem ser separados em CPC, CPM, CPA e CPV. Aparecem normalmente no topo dos resultados na página, em destaque, com a identificação de que se trata de anúncios pagos, patrocinados.

LINOTIPIA. Antiga tecnologia de composição tipográfica. Uma máquina fundia uma linha completa de metal, com letras e caracteres precisos para a criação de um texto.

***LIP SYNC* (*lip synchronization*)**. Em tradução literal, "sincronização labial" ou "dublagem". Atualmente, existem alguns programas nos Estados Unidos e no Brasil que privilegiam essa modalidade, denominados Batalha do *Lip Sync*.

LISTA DE ENDEREÇOS. Destinatários agrupados em uma lista.

LITOGRAFIA. Processo também conhecido como *planografia*, que tem como fundamento a ideia de que água e óleo são imiscíveis. Isso faz dessa arte um processo complexo, em que uma emulsão sensível à luz na chapa de impressão (ou uma placa de pedra) forma uma imagem que, posteriormente, servirá de registro para impressão. As áreas de imagem e não imagem estão no mesmo suporte, porém a área de imagem que será a base da impressão é mais alta do que a imagem da base. A impressão pode ser feita com qualquer tipo de *medium*: óleos, giz, lápis, giz de cera etc. V. **Medium**.

LIVE. Transmissão ao vivo pela internet. Em rádio e televisão, o termo utilizado é *ao vivo*. Feita de forma simples e ágil, geralmente não tem limite de tempo nem quantidade de usuários ou espectadores. V. **Ao vivo**.

***LIVE VIEWING* (audiência ao vivo)**. Toda a audiência aferida ao longo de um programa ao vivo.

LM2 (*loudness meter*). Dispositivo que mede e ajusta parâmetros de loudness, ou seja, da sonoridade ou intensidade do som. V. **Loudness**, **Dolby Media Meter 2**.

LOBBY. Atividade realizada por grupos de interesse com objetivos claros de influenciar políticas vigentes ou ainda moldar políticas que já vigorem em favor exclusivo de tais grupos, mediante a interação e a negociação direta e indireta com os influenciadores e tomadores de decisão que formulam e ajuízam as leis.

LOCAL. Transmissão de rádio ou TV para uma região estrita. O contrário do conceito de *rede*.

LOCAÇÃO. Local utilizado para uma gravação ou filmagem, fora de um estúdio (externas) ou em ambientes fechados (internas).

LOCUÇÃO DE CABINA. Locução de texto ao vivo. Não pode ser gravada.

LOCUÇÃO EM OFF. Texto interpretado por um locutor que não aparece na cena ou no filme.

LOGO. Elemento reconhecível que, normalmente, inclui um nome, símbolo ou marca que representa uma organização, marca ou produto. Redução de *logotipo*. V. **Símbolo**.

LOGOMARCA. *Logos* é uma palavra de origem grega que pode significar, entre outras coisas, "marca". *Marca* é de origem germânica e significa "marca". A palavra exprime um conceito redundante. Pode ser substituída pela redução *marca*. Termo muito utilizado no Brasil; no exterior, são mais usados *logo*, *logotipo* ou *marca*.

LOGOTIPO. *Logos* é uma palavra do grego para "marca". *Typos*, também de origem grega, significa "figura". Pode ser considerado um arranjo ou *design* que representa uma marca ou organização e pode ser prontamente reconhecido pelo público.

LOMBADA. Em revista ou livro, elemento que comporta os cadernos de páginas, facilitando o agrupamento de folhas. Local de grampo, cola ou costura de folhas.

LONG FORM. Em tradução literal, "forma longa". Conteúdo aprofundado acerca de uma marca ou pauta, composto por artigos, ensaios ou relatórios que apresentam uma quantidade significativa de informações e detalhes sobre determinado assunto.

LOOP. Em vídeo, trecho da gravação que é reproduzido continuamente, criando um efeito de repetição. Configurado para reiniciar a cada final, o vídeo acaba criando um ciclo ininterrupto de visualizações. Técnica comum em mídias digitais, como vídeos para a internet, redes sociais, aplicativos e *displays* de publicidade. V. **GIF**.

LOUDNESS. Em tradução literal, "sonoridade". Intensidade subjetiva de áudio. V. **Dolby Media Meter 2**, **LM2**.

LOVEMARK. Em tradução literal, "marca que amamos". Marca verdadeiramente amada, defendida e engajada por seus clientes.

LOW-END (*subscribers*). Clientes que assinam apenas o pacote básico de TV por assinatura. V. **High-end**.

LTV – *lifetime value*. Em tradução literal, "valor ao longo da vida". Volume de receita que um cliente pode gerar até que deixe de ser cliente.

LUMINOSO. Placa publicitária que veicula mensagem comercial e é iluminado por luz projetada. É um meio e um veículo da área de *out-of-home*, sendo largamente utilizado em propaganda e publicidade. V. **Backlight**, **Frontlight**.

LURKER. Usuário que lê, observa ou acompanha o conteúdo em fóruns, grupos de discussão, redes sociais ou outras plataformas *on-line*, mas raramente (ou nunca) participa ativamente da interação ou contribui com comentários, publicações ou postagens. Esse usuário prefere permanecer na posição de observador, consumindo o conteúdo e acompanhando as discussões sem se envolver ativamente.

M-COMMERCE. Comércio eletrônico efetuado por meio de dispositivos móveis (*mobile*), como *smartphones* ou *tablets*.

MAILING LIST. Pode ser traduzido como "lista de endereços". Cadastro de nomes e endereços. Banco de dados de consumidores e *prospects*. V. **Lista de endereços**.

MAINSTREAM. Convencional. Conceito que se aplica quando alguma moda ou tendência recai no tradicional, no convencional.

MALA DIRETA. Recurso de *no media* para personalização de campanhas direcionadas a determinado público. Ainda que sirva apenas como um suporte a um plano de comunicação por seu retorno baixo em relação a outras formas de comunicação, propicia um bom momento de conversação com os clientes e o público. Pode ser um fôlder, um panfleto ou um catálogo enviado por carta, que pode ser personalizado envelope, a envelope por meio do uso de banco de dados e de uma impressora que permita essa padronização. Há regulação nesse segmento de ação comunicacional. V. *No media*.

MAPA DE PROGRAMAÇÃO. Mapa ou documento que facilita visualmente o acompanhamento dos pedidos de inserções, programas, horários etc.

MARCA. Indicador que designa um nome de produto ou serviço ou de uma organização. Sinal distintivo, perceptível e identificador de uma organização ou de um produto de seu portfólio. V. *Brand*.

MARCA DE CORTE. Ferramenta ou marcação que indica as medidas em que uma arte termina, na região em que o impresso ou papel deve ser cortado. Pode ser usada em conjunto com a sangria. V. **Anúncio sangrado**.

MARKET GROWTH RATE. Em tradução literal, "taxa de crescimento de mercado". Indica a taxa de crescimento do tamanho total de determinado mercado em um período de tempo específico. É usada para avaliar a atratividade e o potencial de crescimento de um setor ou indústria.

MARKETING. Conjunto de ferramentas que visam satisfazer desejos e necessidades de clientes por meio de uma relação de troca com uma marca, produto ou serviço, resultando em benefícios para o indivíduo e em lucro para a organização, considerando o impacto que essa relação pode causar na sociedade de forma geral.

MARKETING **DIRETO**. Conjunto de estratégias que promovem ações dirigidas para um público-alvo específico. Exemplos: mala direta, *telemarketing*, televendas, *e-mail marketing*. V. *Telemarketing*.

MARKETING MIX. O *mix* de *marketing* é uma abordagem estratégica que busca equilibrar os quatro elementos de *marketing* (4 Ps) para atender às necessidades e aos desejos dos clientes de forma eficaz. A combinação ideal dos 4 Ps pode variar de acordo com o setor, o tipo de produto ou serviço, o público-alvo e outros fatores contextuais. O objetivo é criar uma oferta de valor atraente, que se destaque no mercado e satisfaça as necessidades dos consumidores, ao mesmo tempo que possibilite alcançar os objetivos da empresa.

MARKETING ONE-TO-ONE. *Marketing* personalizado, que se concentra em criar relacionamentos exclusivos e diretos com os clientes, atendendo às suas necessidades e preferências específicas. Em vez de tratar grupos de consumidores, dá atenção a pessoas individualmente. Essa ação é facilitada pela tecnologia e por banco de dados por meio do uso de sistemas de CRM.

MARKETING VIRAL (publicidade viral). Estratégia digital que objetiva um grande compartilhamento por meio da publicação de um vídeo nas redes.

MARKETPLACE. Portal que reúne multimarcas de varejo e *on-line*. *Shopping* virtual.

MARKET SHARE (*brand share*). Em tradução literal, "quota de mercado". A fatia de mercado que uma marca ocupa dentro de seu segmento de atuação.

MARKET TEST. Em tradução literal, "teste de mercado". O Grupo Marktest é o responsável pela administração do Markdata Media Workstation. *Site*: <https://www.marktest.com/wap/a/grp/p~60.aspx#mmw>. V. **Media Workstation**.

***MARKUP* (marcação)**. Valor adicionado a um produto ou serviço em relação ao seu custo de produção. É expresso por porcentagem do custo e usado para determinar o preço de venda de um item. Não deve ser confundido com margem de lucro.

MARPLAN (Marplan Brasil). Antigo instituto de pesquisa conhecido por suas pesquisas e seus painéis de dados. Em 2001, foi adquirida integralmente pela Ipsos. V. **Estudos Ipsos Marplan**.

MARQUISE. Estrutura externa de pontos de venda onde se faz a fixação de placas e painéis publicitários e de identidade de lojas e comércio.

MASS MEDIA. Em tradução literal, "comunicação de massa". Mídia de massa.

MATERIAL. Todo e qualquer suporte para armazenamento e reprodução de produtos publicitários. Meios e veículos têm regras próprias para gravação, formato, prazos e envio de materiais para produção ou veiculação. São cópias de videoteipes, *blu-ray*, DVD, arquivos FTP, clichês, fotolitos e arquivos de audiovisual que contenham o material para publicação, produção e/ou veiculação.

MATÉRIA PAGA. Informe publicitário editado para o formato padrão de um veículo de comunicação.

MATUTINO. Jornal que é veiculado no período da manhã, em TV ou rádio, ou que é distribuído por uma editora gráfica nesse período.

MAXIMIZAÇÃO. V. **Otimização**.

MEDIA. Plural do latim *medium*.

MÉDIA ARITMÉTICA. Um dos indicadores de tendência central, calculado pela soma dos valores em questão dividida pelo número dos valores considerados nessa soma.

MEDIA BUYER. Em tradução literal, "comprador de mídia".

MEDIA BUYING SERVICE. Em tradução literal, "serviço de compra de mídia".

MEDIA KIT (kit de mídia). Documento ou conjunto de materiais preparados por uma organização para apresentar informações relevantes e atrativas sobre sua marca, produtos, serviços e alcance de público para potenciais parceiros, anunciantes, patrocinadores ou outros interessados em colaborar ou investir naquela organização. Inclui uma combinação de elementos que fornecem uma visão geral da marca e ajudam a promover seus pontos fortes. Pode conter acessórios, amostras e brindes relacionados à marca. É ainda o espaço em *websites*, por exemplo, em que organizações e marcas disponibilizam suas tabelas de preços das formas e formatos disponíveis para veiculação em seus meios e/ou veículos. Termo diferente de *press kit*, que é um material mais voltado para divulgação na imprensa e entre formadores de opinião. V. **Press kit**.

MEDIA MIX. V. **Mídia *mix***.

MEDIANA. O valor central de um conjunto de dados. Indicador usado na distribuição de frequências. V. **Frequência**.

MEDIA PLAN. Em tradução literal, "plano de mídia". V. **Plano de mídia**.

MEDIA STRATEGY. Em tradução literal, "estratégia de mídia".

MEDIA TRAINING. Em tradução literal, "treinamento de mídia". Processo e/ou treinamento para preparar indivíduos ou organizações para que se envolvam eficazmente com a mídia ou com a imprensa, quando necessário. Prepara os profissionais com habilidades e conhecimentos necessários para comunicar mensagens de maneira clara, confiante e estratégica em diferentes formatos de mídia, como entrevistas e coletivas de imprensa, ou em aparições públicas. Ajuda os indivíduos a entender como a mídia opera, ensina a elaborar mensagens-chave e fornece técnicas para lidar com perguntas difíceis ou desafiadoras.

MEDIA WORKSTATION – MW. Aplicativo lançado pelo Ibope Media em 2007 para medição e análise de dados de televisão. Analisa resultados de audiência de mídia e investimentos publicitários na área. *Site*: <https://www.marktest.com/wap/a/grp/p~60.aspx#mmw>. V. **Market test**.

MEDIUM. Em tradução literal, "meio". O termo no plural é *media*. Diz-se também dos aditivos utilizados para acelerar o tempo de secagem de tintas, aumentando o brilho, melhorando a fluidez, a textura etc. V. **Mídia**, **Meio**, **Litografia**.

MEGABYTE. Unidade múltipla do *byte*, equivalente a 1.024 *kilobytes*. Símbolo: MB.

MEIO DE COMUNICAÇÃO. Designação para formas de conteúdo ou instrumentos para transmissão de conteúdo de comunicação. Exemplos: televisão, rádio, internet, *outdoor*, revista, jornal.

MEIOS. Todos os transmissores de conteúdo de comunicação.

MEME. Imagens, vídeos, GIFs ou textos humorísticos que são compartilhados em redes sociais, fóruns, aplicativos de mensagens e outras plataformas *on-line*. Conhecidos por seu caráter viral, os *memes* tendem a se propagar rapidamente, muitas vezes por meio do compartilhamento e da reinterpretação por parte dos usuários. Eles podem abordar uma ampla variedade de assuntos, desde acontecimentos atuais e celebridades até situações do cotidiano, e são criados com o objetivo de entreter, provocar risos ou transmitir uma mensagem de forma humorística e fácil de compartilhar.

MENSURAÇAO DE AUDIÊNCIA. Diferentes formas de pesquisa para apuração e mensuração dos diferentes públicos que compõem uma audiência. V. **Audiência**.

MERCADO. Área de atuação ou praça de uma marca, produto ou serviço.

MERCADO-ALVO. Mercado específico que se objetiva atingir com uma ação publicitária, comunicacional. V. **Público-alvo**.

MERCADOLOGIA. Designação para traduzir o mercado do *marketing*. A ciência que estuda o mercado. V. **Marketing**.

MERCADO PRIORITÁRIO. Praça, área geográfica ou segmento de público-alvo que merece mais atenção nos planos e estratégias de uma organização ou marca. V. **Área prioritária**.

MERCADO SECUNDÁRIO. Praça ou área com menor prioridade em relação a uma estratégia organizacional de marca ou produto. V. **Mercado prioritário**.

MERCADO-TESTE. Praça ou área exclusiva para testes-piloto de uma marca ou produto. A estratégia limita a distribuição, a cobertura e o preço e leva em conta características da região.

MERCHANDISING. Todas as ações de comunicação e *marketing* – inclusive venda e promoção – que preparam um produto ou marca para exposição em uma praça ou ponto de venda. Promoção de propaganda e publicidade em seus diferentes pontos de contato. É diferente de *product placement*.

META. Para qualquer planejamento, deve existir uma meta. Muitas organizações nasceram, cresceram e prosperaram ou sem planejamento ou com metas muito frágeis, pouco exploradas, à base de boa vontade, sorte e bons produtos ou serviços na sacola, sem compreender o mercado, sem saber da concorrência e sem identificar claramente seus diferentes públicos. Esse cenário de décadas fez com que algumas marcas prosperassem. Porém, são raros os negócios que prosperam e se perenizam. No Brasil, apenas seis em cada dez organizações sobrevivem aos cinco primeiros anos. Começar um plano ou negócio sem planejamento é apostar em um futuro de incertezas. V. **Objetivo**.

METADESCRIÇÃO. Atributo HTML que fornece uma breve descrição do conteúdo de uma página da *web*. Exibida nos resultados dos mecanismos de busca, abaixo do título da página, corresponde ao objetivo de resumir o conteúdo da página e atrair os usuários para que cliquem no *link*.

METALINGUAGEM. Tipo de linguagem que se refere à própria linguagem. Em palavras simples, caracteriza-se quando utilizamos a linguagem para falar da linguagem. Exemplos: em língua portuguesa, o verbo *ser* é conjugado da seguinte maneira…; a área de publicidade e propaganda utiliza a linguagem para persuadir o consumidor.

METAVERSO. Ambiente virtual imersivo, que pode integrar diferentes tecnologias, como a realidade virtual (VR), a realidade aumentada (AR) e dentro de um espaço *on-line* (a internet) que permite a interação entre usuários em tempo real, por exemplo.

METER. V. Dispositivo usado para captação e medição de audiência da televisão. V. *Peoplemeter*.

MICROBLOG. Plataforma que limita a quantidade de caracteres por postagem. Exemplo: Twitter.

MICROGERADORA. Retransmissora mista ou RTV que transmite sinais de audiovisual, porém não tem as mesmas licenças de uma emissora com concessão estatal.

MICRO-ONDA. Radiação eletromagnética de altíssima frequência e ultracurta.

MIDDLE-ROLL. Anúncio veiculado automaticamente no meio de vídeos *on-line*. V. *Pre-roll*, *Post-roll*.

MÍDIA BÁSICA. Em uma estratégia ou plano de mídia, o meio principal escolhido para conversar com o público-alvo da marca ou do produto. Leva em consideração todas as especificidades do meio e seus resultados. V. **Mídia de apoio**, **Mídia mix**.

MÍDIA DADOS. Publicação anual do Grupo de Mídia, com dados importantes, referentes ao Brasil, sobre mídias, veículos, hábitos e comportamentos, do público, perfil de consumidores, entre outros temas. *Site*: <https://midiadados.gm.org.br/>.

MÍDIA DE APOIO. Todos os meios possíveis de complementação dos principais meios escolhidos em um plano ou planejamento de mídia. Reforço dos pontos de contato de uma estratégia comunicacional. V. **Mídia básica**, **Mídia *mix***.

MÍDIA DE MASSA. Meio que tem como especificidade ou característica o maior número de pessoas como audiência. Todos os meios que têm alta demanda de público.

MÍDIA ELETRÔNICA. Todos os meios relacionados com áudio e vídeo que necessitem de recursos eletrônicos para sua transmissão para o atingimento de seus públicos.

MÍDIA ESPONTÂNEA (*earned media*). Mídia ganha. Toda e qualquer propaganda e publicidade que seja veiculada em formato de notícia e de forma espontânea, ou seja, não houve uma negociação de valores entre a assessoria ou agência e o veículo ou meio de comunicação. É o resultado do intenso trabalho de relacionamento e negociação entre as assessorias de imprensa e comunicação e os formadores de opinião, decisores da imprensa ou dos veículos comunicacionais. Pode ser resultado também da negociação sem valores de contrapartida com blogueiros, *influencers* e *youtubers*.

MÍDIA EXTERIOR. Todos os suportes de mídia que são veiculados em área ou ambiente externo, OOH (*out-of-home*).
V. **Publicidade exterior**.

MÍDIA IMPRESSA. Todos os suportes gráficos comunicacionais, como jornal, revista, folheto, catálogo e livro.

MÍDIA MIX. Conjunto de ferramentas ou estratégias para alcançar de forma efetiva o maior número de pessoas ou públicos de uma marca, organização ou produtos.

MÍDIA *OFF-LINE*. Todas as mídias mais tradicionais que não estejam ligadas à internet, como rádio, jornal e televisão.

MÍDIA ON-LINE. Todos os meios que dependem de transmissão e tecnologia digital para comunicar.

MÍDIA PROGRAMÁTICA. Busca automática de espaços para compra de anúncios a fim de otimizar o processo com que as agências e os anunciantes se relacionam com os planos de mídia, combinando dados e tecnologia para conversão em anúncios e espaços publicitários. A Ad Spend Brasil anunciou que 63% das campanhas de mídia digital foram operadas de forma programática no ano de 2022, e a perspectiva é que em 2023 esse número ultrapasse 69%.

MÍDIA SEGMENTADA. Meios e veículos que são produzidos e publicados exclusivamente com editoriais específicos, dirigidos, segmentados para determinado nicho de mercado. Também é a mídia dirigida a um tipo exclusivo de público. V. **Público-alvo**, **Nicho**.

MÍDIAS SOCIAIS. *Sites*, aplicativos, ações e estratégias *on-line* para estabelecer uma conversação entre uma organização ou marca e seus diferentes públicos. Tem significado diferente de *redes sociais*. V. **Redes sociais**.

MIX DE MÍDIA. Estratégia de distribuição de investimentos em diferentes canais (meios e veículos de comunicação) para atingir o público-alvo de uma organização de forma eficaz. Envolve a seleção e a combinação de diferentes meios, como televisão, rádio, jornais, revistas, internet, mídias sociais e *outdoor*, com o propósito de atingir os objetivos de *marketing* da organização. A escolha do *mix* de mídia adequado depende de vários fatores, incluindo a identificação do público-alvo, o orçamento disponível, os objetivos de *marketing*, o produto ou serviço oferecido e a mensagem que se deseja transmitir. V. **Mídia *Mix***.

MMDS – *multichannel multipoint distribution service*. Sistema de transmissão de multicanais e multipontos. Sistema de alta frequência com baixa capacidade de transmissão.

MOBILE. Tecnologia móvel. Está relacionado com os dispositivos portáteis que se conectam a redes e à internet, possibilitando múltiplas tarefas e interação. V. **Mobile marketing**.

MÓBILE. Estrutura suspensa feita de diferentes materiais, como plástico, papel, lona, tecido ou metal, decorada com elementos visuais relacionados à campanha ou promoção. Serve para atrair a atenção do público de forma impactante, justamente por estar suspenso, movendo-se e criando um efeito visual atraente.

MOBILE MARKETING. Ações e estratégias de *marketing* voltadas para dispositivos móveis, como celulares, *smartphones* e *tablets*. V. **Mobile**.

MOCKUP (modelo). Maquete ou protótipo visual de um produto, projeto, *layout* ou *design*, que tem como objetivo demonstrar como será sua aparência final ou como determinado mecanismo deverá funcionar.

MODA. Indicador (número ou dado) com alta ocorrência ou frequência em um conjunto de dados.

MODEM. Modulador e demodulador de sinais. Modula sinais digitais em ondas e os distribui para um conversor, que os transforma em sinais digitais em seu formato original. Roteador ou servidor de internet.

MODERADOR. Profissional que medeia uma discussão, uma transmissão, um bate-papo, sem influenciar nas diferentes posições ou perspectivas.

MÓDULO. Faixas ou blocos de programação em mídia eletrônica. Formato padrão de comercialização de espaços publicitários em veículos impressos como jornal e revista.

MOLDURA. Cerco ou linha que limita um anúncio de veículo impresso. Estrutura que envolve um *outdoor* ou placa publicitária.

MONITOR EVOLUTION. Ferramenta que monitora investimentos publicitários das marcas em veículos nacionais. V. **Dashboard**. *Site*: <https://kantaribopemedia.com/brazil/>.

MROI – *Marketing Return on Investment*. Retorno sobre o investimento em marketing ou futuro de uma campanha de *marketing*. Métrica indicativa do retorno financeiro do investimento em uma campanha de *marketing*, por exemplo.

MOTE. Motivo ou conceito criativo de uma campanha publicitária. Transmite aos consumidores a proposta de mercado de uma marca, produto ou serviço. Fio condutor que norteará uma campanha. V. **Conceito**.

MPEG-4. Padrão internacional para compressão e descompressão de áudio e vídeo.

MUB. Redução de *mobiliário urbano*. Mobiliário como pontos de ônibus, paredes de bancas de revistas e cafés, tótens que são explorados com comunicação, por meio da fixação de cartazes com formatos padrão da exibidora. V. **OOH**.

MULTIMÍDIA. Serviço ou ferramenta que permite a utilização e a aplicação de diversos recursos eletrônicos (áudio e vídeo) e digitais (internet, animações, 3D) para apresentação e transmissão de conteúdos interativos. V. **Mídia *Mix***.

MULTIPACK. Em tradução literal, "embalagens múltiplas". Geralmente, consiste em produtos individuais que são agrupados em uma única embalagem. Essa embalagem pode ser uma caixa, sacola ou envoltório especial que contém vários itens idênticos ou relacionados. O objetivo é oferecer aos consumidores uma solução prática para adquirir uma quantidade maior de produtos de uma só vez, muitas vezes a um preço mais competitivo do que se eles fossem comprados separadamente.

MULTIPLICIDADE. Comercial publicitário que se refere a mais de um produto em seu espaço comercial. São as diversas possibilidades de meios e veículos comunicacionais.

MULTITELA. Hábito recente do usuário ou telespectador de usar sincronamente dois dispositivos de comunicação (por exemplo, o celular e a televisão). V. **Segunda tela**.

MURAL DIGITAL. Telas estrategicamente dispostas na organização, para atualizar as informações. Sua programação (ou transição das inserções) deve diferir da que consta na TV corporativa para atrair a atenção dos colaboradores.

MURAL IMPRESSO. Quadro disposto em locais estratégicos de uma organização para promover a divulgação de conteúdo e informações relevantes para todos os colaboradores.
V. **Jornal mural**.

MURAL DE RECADOS. V. **Jornal mural**, **Mural impresso**.

MXF – *Material eXchange Format*. Em tradução literal, "formulário de troca de material". Formato aberto de arquivo utilizado para a troca de materiais audiovisuais. Tipo de arquivo usado em *softwares* e aplicativos audiovisuais.

NARIZ DE CERA. Termo antigo muito utilizado no jornalismo, para fazer referência a trechos introdutórios extensos e desnecessários em uma reportagem, por exemplo. Pode ser prejudicial a uma notícia, por atrasar a entrada de um assunto principal, tornar o texto cansativo e pouco objetivo e, por fim, prejudicar a clareza e a concisão do todo da matéria.

NATIVE ADS (publicidade nativa). Todas as notícias ou conteúdos pagos que entrarão como informe publicitário em *sites*, mídias e redes sociais, adaptados para o mesmo formato do veículo de comunicação.

NATIVOS DIGITAIS. Indivíduos que já nasceram com a oferta e a disponibilidade de informações e conteúdo digital acessível nas redes.

NAVEGADOR. Suporte para navegação para utilização do usuário na internet. V. *Browser*.

NEAR VIDEO ON DEMAND. Formato de vídeo *on demand* (sob demanda) que mantém recursos de TV aberta. Diferentemente da TV *on demand*, que o usuário pode programar para assistir ao conteúdo escolhido livremente, essa modalidade tem comerciais e/ou intervalos publicitários.

NEGOCIAÇÃO. Todo o processo de ajuste, concordância ou aliança realizado entre um cliente ou anunciante e uma agência; ajustes realizados entre os coordenadores de mídia e os contatos publicitários de um meio ou veículo no sentido de empreender esforços comuns na busca pela melhor negociação de mídia e valores para os seus clientes e anunciantes.

NET. Em tradução literal, "rede" ou "cadeia". Redes globais de informação e interligadas. Antiga emissora de TV fechada, comprada pela Claro em 2015, junto com a Embratel.

NET REACH. Em tradução literal, "alcance líquido". Alcance.

NETLIKES. Contagem líquida de curtidas em uma postagem ou conteúdo nas redes sociais. Representa a diferença entre o número de curtidas positivas (*likes*) recebidas e o número de curtidas negativas (*dislikes*) ou removidas. Métrica que indica a popularidade ou aceitação geral de uma postagem nas redes sociais. Se uma postagem recebeu 1.000 curtidas positivas e 200 curtidas negativas, o *netlikes* total é de 800.

NETWORK. Em tradução literal, "rede". V. **Cabeça de rede**.

NEW BUSINESS. Em tradução literal, "negócios novos". Nome dado ao departamento de prospecção e abertura de novos clientes em agências e veículos de comunicação.

NEW YORK FESTIVAL. Um dos maiores festivais da propaganda e publicidade mundial, que premia as maiores áreas da comunicação. *Site*: <https://www.newyorkfestivals.com/>.

NEWSJACKING. "Sequestro" de notícias. Estratégia de *marketing* que aproveita um tópico ou evento atual e relevante para promover uma marca, produto ou serviço. O termo sugere a ideia de "sequestrar" a atenção da mídia ou do público em torno de um assunto em destaque.

NEWSLETTER. Em tradução literal, "boletim de notícias". Boletim informativo de uma organização ou marca, físico ou eletrônico, para envio para públicos específicos e predeterminados.

NEWSLETTER DIGITAL. Boletim informativo enviado por *e-mail* ou diretamente pela intranet de uma organização. Pode ser chamado de *e-letter*.

NFT – NON FUNGIBLE TOKEN. Em tradução literal, "*token* não fungível". São representações digitais únicas e indivisíveis de ativos no *blockchain*. Enquanto as criptomoedas, como o bitcoin, são fungíveis, ou seja, cada unidade é igual a outra e pode ser trocada livremente, os NFTs são projetados para representar a propriedade digital exclusiva de um item específico, como uma imagem, um vídeo, um áudio, um item de jogo virtual, uma música, um *tweet*, entre outros.

NICHO. Segmento ou recorte específico de mercado. Parcela de um mercado consumidor.

NIELSEN. Líder mundial em medição e análise de dados. *Site*: <https://www.nielsen.com/pt/>.

NÍVEIS DE COMUNICAÇÃO. Podemos perceber alguns diferentes níveis de comunicação, segundo Yanaze (2011): massa e não segmentada; multidão e fluxo de pessoas; público e segmentada; grupo, específica e dirigida; e individual e pessoal. A comunicação de massa e/ou não segmentada não tem a preocupação de segmentação e atinge a grande massa sem distinção. Um exemplo prático é a propaganda na televisão durante programas de auditório. A comunicação voltada para a multidão ou um grande fluxo de pessoas tem por objetivo comunicar em locais de grande tráfego de pessoas, por meio de ações *outdoor*, com cartazes de rua, painéis rodoviários, MUBs (mobiliários urbanos), entre outros. Quando pensamos em comunicar para um público e segmentar essa comunicação, o interesse principal é aproximar a marca ou produto de pessoas específicas com interesses em comum. Assim, a comunicação é segmentada, dirigida a meios especializados, como cinema e TV por assinatura, em que os públicos são mensurados e qualificados. Ao falarmos em comunicação para grupos, específica ou dirigida, a ideia é segmentar a mensagem: criar uma propaganda para um nicho específico de clientes, que são o público de uma marca. Um exemplo prático é o desenvolvimento de feiras específicas de segmentos diversos, organização de eventos, *workshops*, entre outros. Ao pensarmos em comunicação voltada para o individual ou pessoal, a intenção é pensar no sujeito de forma exclusiva e pessoal. Em tempos de tecnologia digital, o sujeito ou indivíduo tem exigido uma comunicação cada vez mais exclusiva, mais personalizada. Hoje, ferramentas como *call center* personalizado, mensagens privadas e ações digitais se destacam na personalização do público.

NÍVEL DE SUSTENTAÇÃO. V. **Sustentação**.

NO MEDIA. Todas as ações que não se enquadrem nem em estratégias tradicionais (TV, rádio, revista, *outdoor*, jornal), nem em ações digitais (internet e meios sociais), mas que sirvam de suporte para ações comunicacionais. V. **Mala direta**.

NO PRELO. Termo antigo muito utilizado em gráficas e editoras que se refere ao momento do processo editorial anterior à impressão de um livro, revista ou jornal, por exemplo. Portanto, o texto já passou por revisão e está nas etapas finais de edição e impressão.

NOME. Sinalização identitária de origem de uma organização, marca ou produto. V. **Brand**, **Marca**, **Logotipo**.

NOVELA. Produto da teledramaturgia, narrada em capítulos. V. *Soap opera*.

NPS – *Net Promoter Score*. Pesquisa para avaliar o quanto os clientes estão satisfeitos com suas experiências com a marca ou com suas jornadas de compras.

NTSC – *National Television System of Color*. Sistema de cores para televisões nacionais. Sistema analógico adotado pelos Estados Unidos e outros países que opera em 60 Hz e com 525 linhas de resolução. V. **PAL Color**.

NUVEM. V. **Computação em nuvem**.

OBJETIVO. A meta de um plano ou planejamento estratégico. A formulação de metas e objetivos é imprescindível para a consecução de uma estratégia. Serve de norte, de orientação para resultados. Alguns dos objetivos da propaganda e publicidade são: a) incluir produtos em segmentos (nichos) específicos de mercado; b) auxiliar na construção de marcas; c) buscar posicionamento (neutralizando esforços) de *players* concorrentes de mercado; d) informar os diferentes públicos sobre produtos, benefícios, praças e pontos de venda; e) auxiliar nas ações dos vendedores da marca ou da organização; f) estimular o consumidor a responder a *call-to-action* e partir para a ação; g) auxiliar o cliente em suas escolhas por produtos mais similares. V. **Call-to-action**, **Comunicação**.

OFF. Passagem de áudio gravado separadamente da imagem, sem a presença de um personagem ao vivo, em cena. É comum que, durante a produção de filmes, séries, comerciais ou programas de TV, algumas cenas necessitem de diálogos adicionais ou correções de som, por exemplo.

OFF CAMERA. Áudio e vídeo gerados "fora da câmera" ou fora da cena que está sendo transmitida. V. **Locução em off**.

OFFSET. Sistema de impressão gráfica indireta, em que a imagem não é impressa diretamente no papel, mas em um cilindro intermediário que recebe a imagem e a transmite ao papel por meio de pressão contra o suporte. É o contato entre a matriz (chapa *offset* e cilindro) e o suporte (papel, nesse caso). A impressora pode ser rotativa ou plana.

OFFSET. Tipo de papel com boas características para impressão gráfica: superfície lisa e uniforme, boa absorção de tinta, opacidade, brancura e disponível em diversas gramaturas.

OLHO. Também chamado de *janela*. Recurso visual utilizado na diagramação de jornais e revistas para destacar um trecho importante de uma notícia ou reportagem. É um "convite" para o leitor se aprofundar no texto completo.

OMBUDSMAN. Em uma editoria jornalística, por exemplo, é uma figura independente que é o responsável direto por receber e trabalhar com reclamações, críticas, sugestões ou denúncias em relação a uma publicação do jornal, nesse caso. Age como um canal de comunicação entre os *stakeholders* e a entidade (pública ou privada), buscando soluções justas e equitativas para problemas levantados por seus diferentes públicos.

ONBOARDING. Em tradução literal, "embarcar". Processos ou procedimentos iniciais de adaptação ou ambientação de novos colaboradores em uma organização. No *marketing* digital, é uma forma de orientar e guiar um novo cliente no relacionamento com o produto, sobretudo para evitar problemas entre sua experiência e a marca. Diz-se também da câmera embarcada para captação de imagens em movimento em carros de corrida, barcos, aviões, motos etc.

OMNIBUS. Em impressão gráfica, é um sistema de encadernação gigante, para grandes publicações, sobretudo livros. Em pesquisa, é a investigação de um segmento ou de determinado universo em termos macroambientais e não com foco em um único mercado, segmento ou região.

OMNICHANNEL. Estratégia de conteúdo entre diferentes canais que têm como objetivo melhorar a experiência do usuário na condução de conversações com seus diferentes públicos por meio de múltiplos pontos de contato.

ON CAMERA. Em tradução literal, "em câmera". Diz-se da perfeita sincronia em áudio e vídeo de uma gravação ou de uma captação ao vivo.

ONE-TO-ONE. Estratégias e ações personalizadas para atingir objetivos focados na individualidade de cada cliente. Favorece organizações que já partilha de relações estreitas com seus clientes.

ON-LINE. Em tradução literal, "em linha". Transmissão de dados ou informações em tempo real.

ÔNUS DA PROVA. É dever e incumbência de quem acusa provar determinado fato ou alegação em um processo. Conforme o art. 38 do Código de Defesa do Consumidor (CDC – Lei Federal n. 8.078, de 11 de setembro de 1990), o ônus da prova "da veracidade e correção da informação ou comunicação publicitária cabe a quem as patrocina" (Brasil, 1990b).

OOH – *Out-of-home*. Anúncios fora de casa. Propaganda e publicidade que impactam as pessoas em ambientes externos ou quando estão "fora" de suas casas. Exemplos: outdoor, mobiliário urbano (bancas de jornais, pontos de ônibus), ações no transporte público (vidros de ônibus e táxis), aeroportos (totens, luminosos, painéis digitais), estádios e arenas.

OPÇÃO DE COMPRA. Garantia de reserva de um espaço publicitário. Negociação com contato do veículo, reservando espaço comercial em rádio, televisão ou internet e/ou espaço em centímetros por coluna em jornais e revistas impressas.

***OPEN SOURCE* (código aberto)**. Formato de licenciamento de *software* que permite que o código-fonte seja livremente disponível, acessível e modificável por qualquer usuário.

OPERADORA DE CABO. Recebedora que processa e emite o sinal de uma emissora de televisão fechada, a cabo. V. *Headend*.

OPINIÃO PÚBLICA. O público normalmente age por intermédio de formações de múltiplas opiniões públicas. Não é opinião unânime nem consenso de uma maioria formada. É opinião composta: um processo constante de formação e resultado do embate entre opiniões divergentes, o que fortalece uma democracia.

OPORTUNIDADE DE VER. Resultado de uma negociação comercial entre um anunciante e um veículo. V. **OTS**.

ORÇAMENTO (*budget*). Montante total disponibilizado por uma organização, marca ou cliente para o desenvolvimento de uma campanha publicitária. Não existe regramento ou receitas de valor para essa destinação. Devem ser levados em consideração o público, o mercado, a frequência, a abrangência e os objetivos de comunicação e *marketing*.

ORDEM DE INSERÇÃO. Documento que autoriza a veiculação de um comercial ou anúncio publicitário. V. **Autorização**.

ORELHA. Também conhecida como *aba*. Parte da primeira e da quarta capas de um livro que se caracteriza como a parcela de papel que se dobra para a parte interna do livro.

OTIMIZAÇÃO. Escolha dos melhores canais e pontos de contato para aplicação da verba publicitária. Escolha de um conjunto de meios, sem restrição.

OTS – opportunity to see. Em tradução literal, "oportunidade de ver". É a probabilidade de um ponto de contato atingir seu objetivo.

OTT – *over-the-top*. Em tradução literal, "por cima". Provedor que usa a banda larga para a entrega de produtos audiovisuais aos seus clientes.

OUTDOOR. Propaganda e publicidade exteriores, em ambiente externo. Todos os formatos de placas, luminosos, tótens, cartazes e painéis disponíveis de OOH (*out-of-home*). V. **OOH**.

OUT-OF-HOME VIEWING. Em tradução literal, "audiência fora de casa". Toda a audiência que é formada pelos indivíduos que acessam programações diversas fora de seu domicílio. Serve também para indicar pessoas que acessam conteúdo em *smartphones*, *tablets* etc.

OUTPUT. Canal de saída.

OUVINTE. O público exclusivo de rádio.

***OVERLAY GRAPHIC* (sobreposição gráfica)**. Em transmissões de televisão, *streaming* de vídeo ou apresentações digitais, um *overlay* refere-se a elementos gráficos que são sobrepostos na tela principal. Logotipos, legendas, barras de informações, gráficos, animações ou qualquer outro elemento visual adicionado à imagem principal.

***OVERLAY* UX (sobreposição em interface do usuário)**. Em *design* de interface de usuário, um *overlay* é uma camada visual exibida temporariamente na parte superior da interface principal. Isso pode ser usado para mostrar informações adicionais, solicitar ações do usuário ou exibir mensagens de alerta. Um exemplo comum é a aparição de um *pop-up* em uma página da *web*, exibindo um formulário de inscrição ou uma mensagem de confirmação.

OVERLAPPING. Sobreposição ou superposição de audiência. É como anunciar em dois programas concorrentes ao mesmo tempo, prevendo que a audiência pode migrar de um lado para o outro ao longo do programa.

OVERNIGHTS. Em tradução literal, "pernoites". Descrição de dados de audiência no dia seguinte, depois de o programa ter sido veiculado.

OWNED MEDIA (mídia própria). Todos os canais comunicacionais de uma mesma marca: *blogs*, canais corporativos, aplicativos, perfis de mídias e redes sociais, entre outros.

P2P – *peer-to-peer*. Em tradução literal, "de par para par". Modelo de arquitetura de rede descentralizada em que os computadores ou dispositivos conectados na rede atuam como iguais, ou seja, como "pares" ou pares uns dos outros. Nesse modelo, não há um servidor centralizado que coordena as comunicações ou controla o acesso aos recursos.

PACKAGE. Em tradução literal, "pacote". Em comunicação, pode ser pacote de dados ou de informação. No *marketing*, refere-se ao conceito de *embalagem*.

PACOTE. Negociação de várias inserções dentro de um mesmo veículo ou ainda negociação e compra de várias inserções em diferentes veículos de um mesmo grupo de comunicação. V. **Compra**, **Desconto**, **Negociação**.

PACOTES BÁSICOS. Conjunto de canais básicos de uma televisão paga, por assinatura.

PADRÃO. V. **Critério**.

PADRÃO ISDB-TB – Integrated Services Digital Broadcasting Terrestrial. Sistema brasileiro de TV digital de medidas de campo, usado em dez países da América Latina.

PAGEVIEWS. Em tradução literal, "visualização de página". Para contar como visualizada, a página precisa ser inteiramente carregada. Um milhão de *pageviews* significa que uma página foi carregada por inteiro um milhão de vezes.

PAGINAÇÃO. Trabalho de diagramação de uma página de jornal, livro ou revista, de publicação física ou *on-line*. Serve para o casamento de páginas pares e ímpares em uma publicação, para a formação dos cadernos. V. **Espelho**.

PÁGINA DETERMINADA/INDETERMINADA. A compra de uma inserção determinada tem preço de tabela mais caro que de uma indeterminada. Quando a inserção é determinada, o anunciante ou a agência escolhe a página em que o anúncio será veiculado, determinando sua posição definitiva. Quando indeterminada, o anúncio será veiculado onde houver um espaço disponível na publicação para a veiculação. V. **Determinado, Indeterminado, Tráfego de leitura**.

PÁGINA DUPLA. V. **Dupla central**.

PÁGINA ESPELHADA. Anúncios colocados lado a lado em uma publicação, sem a intervenção de conteúdo editorial.

PÁGINA JÚNIOR. Tipo de anúncio ou módulo que não permite a inserção de outros anúncios na mesma página. V. **Ilha**, *Rouba-página*.

PAICA. Unidade de medida tipográfica, equivalente a 12 pontos ou a 4,23 milímetros. Usada para medir o tamanho de fontes e espaçamentos em textos impressos.

PAINEL. Tipo de propaganda e publicidade *outdoor*, parte de uma placa. Modalidade de pesquisa que acontece por fases e em que a amostra é constante ou se modifica mantendo parte da amostra até o final da pesquisa. V. **OOH**, *Outdoor*.

PAINEL ELETRÔNICO. Placas intercaláveis de exibição de *leds* de tamanhos variados, com boa definição de imagens, cores e movimentos.

PAL *COLOR*. Padrão PAL de cores, com maior fidelidade de cores e qualidade de imagem. Padrão brasileiro de imagem.

PANEL. Em tradução literal, "painel".

PANTONE. Organização conhecida mundialmente pelo seu sistema de cores Pantone Matching System (PMS), utilizado globalmente para padronizar e comunicar cores via sistemas numéricos, permitindo uma correspondência precisa e consistente entre diferentes dispositivos, como fábricas de tintas de diferentes aplicações, impressoras e suportes de pintura.

PANTRY-CHECKING. Em tradução literal, "verificação de presença". É comprovação de presença de produto, uma metodologia ou conceito usado em pesquisa de mercado.

PARTICIPAÇÃO DE MERCADO (*share*). Fatia de mercado de participação de uma marca ou organização no segmento em que atua. V. **Participação de audiência**, *Share*.

PARTICIPAÇÃO DE AUDIÊNCIA. Proporção de pessoas de um grupo específico (faixa etária, social ou geográfica) na audiência total de um programa. V. **Índice de audiência**, **Perfil de audiência**.

PASSIVE PEOPLEMETER. V. **Meter**, **Peoplemeter**.

PASTE-UP. Montagem de uma peça gráfica com suporte de *grids* em uma página física (cartão) pré-formatada, com a diagramação e a colagem da composição, do bromuro e das artes-finais sobre o cartão. Depois de finalizado, segue para a ampliação fotográfica e a produção do fotolito, para depois virar chapa. Com o processo CTP, esse formato de trabalho foi aos poucos sendo substituído até ser extinto. A diagramação hoje é feita diretamente em aplicativos e *softwares* de editoração. V. **Bromuro**, **CTP**.

PATROCINADOR. Organização ou marca que, por meio de pagamento de cota, associa-se a um evento, programa de rádio, TV ou internet, para veicular seus produtos e serviços, tendo como contrapartida a exposição da marca. V. **Patrocínio**.

PATROCÍNIO. Vamos imaginar o quão difícil seria, por exemplo, promover a marca de energéticos Red Bull por meio de ações de *marketing* e comunicação nos quatro cantos do mundo. Seria quase impossível pensar em um planejamento de mídia capaz de contemplar todos os países em que se observa a presença da marca. Salvo raríssimas exceções, a marca está presente nas maiores praças do mundo, com uma capilaridade que poucas organizações conseguiram na história. No Brasil atletas de alta *performance* de diferentes esportes: Henrique Avancini (*mountain bike*), Alison Cerutti (vôlei de praia), Duda Lisboa (vôlei de praia), Flakes Power (*e-sports*), Lucas Chumbo (*surf*), Yndiara Asp (*skate*), Fernanda Maciel (corrida), Cacá Bueno (*stock car*), Letícia Bufoni (*skate*) e Carlos Burle (*surf*) são alguns exemplos de dezenas de esportistas que são patrocinados pela marca (Red Bull, 2024). Claro que, além de patrocínio a um esportista (nesse caso, uma pessoa física), existe também patrocínio a eventos, que inclui desde uma cota de participação na produção de um evento até o patrocínio integral de um projeto. Ainda dentro do escopo da marca Red Bull, ultimamente, no Brasil, a organização tem investido pesadamente em patrocínio de eventos de *e-sports* e *games on-line*. É a marca interagindo com o público em seu momento de entretenimento. Assim, o patrocínio entra como importante ferramenta de estratégia, *marketing* e comunicação, por tentar atingir objetivos diretamente relacionados à consciência do valor da marca, ao posicionamento e à imagem da organização, para ter como resultado o crescimento do volume de vendas da marca. Desse modo, o principal retorno dessa modalidade de investimento em comunicação se concentra na promoção da marca, da imagem institucional. Há diferentes categorias de patrocínio de eventos, mas elencamos aqui as quatro principais: i) patrocínio esportivo; ii) patrocínio cultural; iii) patrocínio social; e iv) patrocínio relacionado a causas sociais e meio ambiente. O patrocínio esportivo, como já vimos, abrange uma infinidade de esportes, impactando atletas de esportes tradicionais e alta *performance* (como *surf* e vôlei), atletas de esportes *on-line* (*e-sports*) e, ainda, atletas de esportes menos conhecidos, como hóquei, corrida de aviões e até corrida de aviões de papel (Red Bull Paper Wings). Vale lembrar que, embora tenhamos mencionado exemplos multinacionais, donos de *budgets* milionários, o patrocínio pode ser feito por uma pequena organização de detrminada região. Há possibilidade de negociação para todo tipo de bolso ou investimento.

PAUTA. Assunto ou lista de assuntos a serem tratados durante um programa jornalístico, independentemente da plataforma ou do meio.

PAY-PER-VIEW. Em tradução literal, "pagar para ver". Sistema em que o telespectador paga determinado valor para poder assistir a um programa específico.

PAY TV. Em tradução literal, "TV por assinatura".

PEÇA. Peça publicitária. Unidade de uma campanha publicitária.

PEDIDO DE INSERÇÃO. V. **Autorização**.

PENETRAÇÃO. Número de pessoas ou domicílios impactados durante um programa de rádio ou televisão. V. **Impacto**.

PEOPLEMETER. Dispositivo eletrônico para medição de audiência única de TV. V. *Meter*.

PEPS – PRIMEIRO A ENTRAR, PRIMEIRO A SAIR. Método de controle de estoque utilizado por organizações para gerenciar a saída dos produtos. Também é conhecido como FIFO (*first-in, first-out*). Segundo o princípio PEPS, os itens mais antigos em estoque são os primeiros a serem vendidos ou utilizados, enquanto os itens mais recentes permanecem no estoque. Essa abordagem garante que os produtos não fiquem obsoletos ou percam a validade, reduzindo, assim, o risco de perdas e desperdício.

PERCENTIL. Medida estatística utilizada para dividir um conjunto de dados ordenados em 100 partes iguais, cada uma contendo um percentual de observações. Plural: percentis.

PERCEPÇÃO. Processo pelo qual o cérebro interpreta e organiza informações sensoriais para criar uma experiência significativa. V. **Atenção**, **Exposição**.

PERFIL DE AUDIÊNCIA. Descrição de todas as características do público de um programa: sociais, etárias, geográficas, de hábitos e comportamentos de consumo.

PERFORMANCE. Desempenho.

PERFURADE. Película vinil adesiva que possibilita 80% de visão para quem está do lado de dentro do local e apenas 50% para quem está do lado de fora, preservando a privacidade do interior. PVC perfurado, com furos de 1,6 milímetro. A lei que autoriza o uso da película é a Lei n. 9.602, de 21 de janeiro de 1998.

PERIODICIDADE. Registro de veiculação constante de um programa, edição ou publicação. Poder ser diária, semanal, quinzenal, entre outras formas.

PERMUTA. Um dos assuntos caros ao planejamento e ao atendimento de uma conta comercial, seja *on-line* (gestão de mídias sociais), seja *off-line* (mídias tradicionais), está diretamente associado à administração de permutas em um relacionamento publicitário digital. Exemplo: determinado atleta, em vez de comprar suplementos, vitaminas e energéticos, faz um contrato de divulgação de uma loja (ou marca) de produtos e passa a divulgar essa marca para seu público em seus eventos, competições, *site*, *blog* ou vídeos. Assim, o atleta e a marca combinam um valor em produtos que corresponda ao número de ações que o profissional realizará em termos de mídia. Obviamente que ambos utilizarão referências de valores compatíveis com suas atividades. Uma coisa é o valor de mídia que um atleta olímpico pode movimentar e outra é o que um atleta amador consegue impactar. Esse tipo de troca pode acontecer em todas as áreas: a agência permuta o mobiliário do escritório com uma fábrica de móveis por uma campanha publicitária anual daquele cliente; a marca troca produtos que fabrica com um veículo de comunicação; o influenciador trocar ações de comunicação em suas plataformas de divulgação por algum benefício gerado pela marca. São múltiplas possibilidades que podem facilitar ou viabilizar um negócio no âmbito da comunicação. Em um primeiro momento, esse tipo de ação é importante para a marca pesquisar ou "sentir" a recepção da comunicação entre novos consumidores, por exemplo. Também pode servir para posicionamento em um novo mercado ou forma de comunicação, haja vista que lançar mão de influenciadores na comunicação é algo relativamente "novo", mas que tem trazido excelentes resultados para as marcas e, por consequência, para os criadores. Favorece também organizações de pequeno porte ou que estejam sem verba para determinadas ações, mas que podem investir com produtos (ou serviços) em suas ações comerciais. Para formalizar essa ação, é importante formalizar um contrato ou termo de parceria entre as partes, para que o documento garanta segurança na negociação, justamente porque esta deve ser o mais assertiva e transparente possível: a organização deve entregar aquilo que é justo e foi prometido, e o *influencer* deve entregar todos os comprovantes de ações, bem como os resultados que essas práticas trouxeram em termos de penetração, impacto e resultado. *Data driven* e *analytics* são importantes comprovantes nessa etapa, muito embora nem todos os profissionais gostem de realizar medições ou analisar suas atividades. Nesse caso, essa prática é imprescindível. Claro que é preciso ter bom senso em alguns casos de permuta, como em uma situação na qual a parceria é a simples utilização de uma camiseta da marca em um evento, por exemplo, em troca de alguns produtos. Talvez a formalização de um contrato para esse fim afaste o influenciador da ação. Agora, quando o produto recebido é algo valoroso ou caro para a marca, é fundamental estabelecer o contrato como mecanismo de segurança para as duas partes. A permuta é uma boa forma de negociação e, bem acordada, pode trazer vantagens e ganhos para as duas partes.

PERSONA. Personificação do público para o qual uma organização se direciona ou entrega produtos e serviços. Apresenta as principais características do público-alvo de determinada marca, produto ou serviço, servindo como uma representação fictícia do cliente ideal do negócio. Histórias pessoais, motivações, desafios e dados sobre comportamento e hábitos moldam esse personagem.

PESCOÇÃO. Termo utilizado no jornalismo para fazer referência a um dia muito puxado, corrido, difícil ou ao último dia da semana de trabalho, quando os jornalistas se dedicam a finalizar as reportagens da semana, editando textos e preparando o material para a edição do fim de semana.

PESO. V. **Ponderação**.

PESQUISA DE COMUNICAÇÃO INTERNA. Pesquisa para avaliar o fluxo de comunicação e das informações inerentes a uma organização. Ajuda a identificar os gargalos de informação entre diferentes áreas, times e/ou equipes.

PESQUISA DE MÍDIA. Levantamento de informações referentes ao cliente para um planejamento de mídia. Envolve pesquisar ações da concorrência, histórico de publicações do cliente, perspectivas de mercado micro e macroambientais, possibilidades de canais, programas e publicações em todos meios possíveis de comunicação. A ideia é, ao avaliar um cliente e todas as suas possibilidades, escolher os melhores pontos de contato para veiculação das mensagens, objetivando ser o mais assertivo possível em termos de mensagens e público. V. **Departamento de pesquisa**.

PESQUISADOR PUBLICITÁRIO. Profissional que realiza um levantamento completo de marca, mercado ou público-alvo para subsidiar as diversas áreas e times de uma agência de comunicação. É o profissional responsável por realizar pesquisas de mercado, coletando e analisando dados relevantes para o desenvolvimento de campanhas publicitárias eficazes. Sua principal função é fornecer *insights* valiosos sobre o público-alvo, suas principais necessidades ou desejos e seus comportamentos de consumo, com o objetivo de orientar a tomada de decisão dos profissionais de *marketing* e publicidade. Algumas de suas ações são: a) identificar as necessidades de pesquisa de mercado para atender aos objetivos da campanha publicitária; b) desenvolver o plano de pesquisa, incluindo a seleção de técnicas e metodologias de pesquisa mais adequadas; c) coletar dados de pesquisa, como entrevistas, questionários, observação e estudos de caso; d) analisar os dados coletados para identificar *insights* e tendências relevantes para o desenvolvimento da campanha publicitária; e) preparar relatórios de pesquisa, apresentando conclusões e recomendações para os profissionais de *marketing* e publicidade; f) participar de reuniões com clientes e equipes internas para discutir os resultados da pesquisa e fornecer orientações para o desenvolvimento da campanha publicitária; g) realizar pesquisas de *benchmarking*, analisando a concorrência e comparando as estratégias de *marketing* e publicidade adotadas por outras organizações do mesmo setor. Esse é o profissional responsável por coletar e analisar dados relevantes para o estabelecimento de planos e estratégias para campanhas eficazes. Ele identifica as necessidades de pesquisa de mercado, desenvolve o plano de pesquisa, coleta e analisa dados de pesquisa, prepara relatórios de pesquisa e participa de reuniões para discutir os resultados da pesquisa e fornecer orientações para o desenvolvimento da campanha publicitária.

PESQUISA ORGANIZACIONAL. Levantamento de informações dentro da organização com a participação dos colaboradores para avaliar o clima organizacional, problemas de comunicação, níveis de satisfação, entre outros fatores. V. **Pesquisa de comunicação interna**.

PICO DE AUDIÊNCIA. O limite máximo de audiência alcançado por um programa de televisão, rádio ou internet.

PILOTO. Edição número zero, que serve de base para a construção de um programa e a aprovação de todos os envolvidos em um projeto.

PIN – *personal identification number*. Em tradução literal, "número identificador pessoal". Utilizado em sistemas de segurança, em dispositivos eletrônicos e/ou em computadores e redes. Código numérico ou alfanumérico usado como medida de segurança para autenticação em sistemas.

PITCHING. No jornalismo, é o ato de apresentar uma ideia de reportagem, por exemplo, a um editor, produtor ou repórter. Na propaganda, é o momento em que o atendimento apresenta, em rápidas palavras e pouco tempo, a ideia criativa de campanha a um cliente, tentando convencê-lo da viabilidade da campanha.

PIXEL (*picture element*). Em tradução literal, "elemento de imagem". Ponto luminoso. Menor ponto ou elemento que compõe uma imagem e ao qual não podem ser atribuídas cores. No *marketing* digital, é um dos processos que auxiliam no gerenciamento de campanhas publicitárias.

PLACA. Instrumento sinalizador e/ou indicador de tráfego, de circulação. Parte de um painel publicitário. V. **Painel**.

PLANEJADOR DE MÍDIA (*planner* de mídia). Profissional responsável pelas estratégias e táticas de mídia que serão empregadas em um planejamento.

PLANEJAMENTO. Ato ou ação de planejar. É formular um plano com estratégias que envolvam pesquisa, rastros passados, planos futuros e que, com base em todo o rol de meios e veículos disponíveis para comunicação, estabeleça ações práticas que proporcionem uma boa conversação entre a organização, a marca e seu portfólio de produtos e/ou serviços.

PLANO DE COMUNICAÇÃO INTERNA. Desenvolvimento de um projeto voltado para conversar com os colaboradores de uma organização.

PLANO DE MÍDIA. Documento que estabelece caminhos possíveis para uma estratégia que envolva os melhores meios e veículos e as melhores oportunidades de inserção, com uma boa negociação e um cronograma bem delineado.

***PLANNER*.** Profissional de planejamento. Esse profissional precisa trabalhar com o imprevisível, com a concorrência previsível, com o imponderável (intempéries) ou, possivelmente, com pouco fluxo de caixa no começo do negócio (Brasil), tendo a percepção de que existem boas chances de, infelizmente, os negócios não prosperarem. O planejamento tem de trabalhar exatamente com esses mesmos cenários. Com base em dados reais, o *planner* deve antecipar movimentos da campanha que será apresentada ao cliente. Conhecer profundamente as características inerentes ao negócio do cliente é fundamental para a consecução da campanha, por isso esse profissional precisa conhecer, além do mercado, quem é o público consumidor, quem são os concorrentes, aonde se quer chegar com aquela campanha. Ter objetivos bem estabelecidos é o começo para um bom planejamento, o que significa ter metas reais, bem desenhadas, formuladas em cenários e contextos tangíveis, que os executivos (ou a marca) possam realmente atingir. Infelizmente, há agências no mercado trabalhando com dados irreais, prometendo metas mentirosas e que, ao não atingi-las, começam a ter problemas na relação com os clientes.

PLATFORM. Em tradução literal, "plataforma". Suporte de transmissão de conteúdo analógico, eletrônico e digital.

PODCAST/PODCASTING. Programa, normalmente ao vivo, disponibilizado na íntegra depois de sua exibição, que privilegia a informação em áudio para o ouvinte. Sua distribuição é feita via programas de *streaming*, como Spotify e Deezer. V. **Videocast**.

POKE. Em tradução literal, "cutucar". Recurso que permite enviar uma notificação rápida para outro usuário. O objetivo do *poke* é chamar a atenção ou iniciar uma interação de forma simples e informal.

POLÍTICA DE COMUNICAÇÃO. Princípios, regramentos, diretrizes e/ou responsabilidades norteadoras de ações comunicacionais em uma organização.

POLICROMIA. Presença de múltiplas cores em um objeto em uma impressão ou imagem. É o resultado da múltipla combinação de cores com o objetivo de criar uma imagem vibrante, colorida, com todas as nuances e tons.

PONTO BRUTO DE AUDIÊNCIA. V. **GRP**.

POOL. Em tradução literal, "agrupamento". Consórcio, grupo.

POP – *point of purchase*. Em tradução literal, "ponto de venda".

POPAI SHOP!. O maior evento do mundo voltado para varejo, PDV, promoção e eventos, que acontece há mais de 50 anos, nos Estado Unidos. O Global Awards e o Prêmio Índio Ouro promovem todas as unidades Popai Shop! ao redor do mundo. *Site*: <https://shopassociation.org/global-network/>.

POPAI Brasil. Associação sem fins lucrativos, franquia do Popai Shop! *Site*: <http://popaibrasil.com.br/>.

POP-UP. Em tradução literal, "aparecer", "saltar". Pequenas janelas que saltam e se sobrepõem ao navegador quando acionados por *link* ou programação.

PORTAL. Página que serve como sumário para diversas outras páginas e endereços ou como um grande repositório de conteúdo diverso nas mais diferentes áreas.

PORTAL CORPORATIVO. Página com conteúdo estritamente voltado para a organização, com âmbito e enfoque institucional.

PORTFÓLIO. Repositório de marcas de uma organização. Seleção de todos os produtos e serviços de uma marca, para apresentar aos públicos seu rol de oportunidades. Pasta física ou *on-line*; ambiente para diretores de arte, criativos e redatores mostrarem seus melhores trabalhos para o mercado. Exemplos de *sites* de portfólio *on-line*: Behance (*site*: <behance.net>); Carbonmade (*site*: <carbonmade.com>); Devianart (*site*: <devianart.com>); Adobe Portfolio (site: <portfolio.adobe.com>).

POS – *point of sale*. Em tradução literal, "ponto de venda".

PÓS-ANÁLISE. V. **Avaliação**, ***Checking***.

PÓS-TESTE. Avaliação qualitativa ou quantitativa de uma campanha após sua veiculação, realizada com o seu público-alvo. V. **Pré-teste**.

POSIÇÃO. Espaço destinado à colocação de um anúncio ou comercial.

POSICIONAMENTO. Encontrar a verdadeira razão de uma marca, produto ou serviço em seu segmento de atuação. Posicionar como a melhor oportunidade, como líder de mercado, como marca diferenciada, como organização sustentável etc.

POST-ROLL. Comercial executado logo após o término de um vídeo *on-line*. V. ***Middle-roll***, ***Pre-roll***.

PÔSTER. V. **Cartaz**, **Cartazete**.

POTÊNCIA. Expressa em watts ou quilo-hertz, é a capacidade geradora e transmissora de uma antena, que comprova sua eficiência de cobertura. V. **Cobertura**.

PRE-ROLL. Anúncio executado antes de um vídeo *on-line*. V. ***Middle-roll***, ***Post-roll***.

PREÇO. Valor financeiro do custo de uma campanha publicitária, da produção de um audiovisual ou da veiculação de um comercial ou anúncio publicitário.

PREÇO BRUTO. Custo cheio de tabela de uma veiculação, produto ou serviço. Valor sem negociação.

PREÇO LÍQUIDO. Preço final, com descontos e depois de ter sido realizada uma negociação.

PREÇO VAREJO. Tabela especial dedicada a clientes e anunciantes do varejo.

PRÊMIO ABRIL DE PUBLICIDADE. Um dos prêmios mais antigos do Brasil, que era organizado e apresentado pela Editora Abril até 2015. Contemplava as melhores iniciativas e os anúncios mais criativos que circulavam nas edições de todas as suas publicações na época.

PRÊMIO COLUNISTAS. A mais antiga e tradicional premiação de comunicação e *marketing* do Brasil, que destaca os trabalhos mais criativos da produção publicitária nacional. *Site*: <https://colunistas.com.br/>.

PRÊMIO PROFISSIONAIS DO ANO. Um prêmio legitimamente brasileiro que reconhece na criatividade o alargar de horizontes, permitindo que novos universos se conectem. Premia os melhores comerciais veiculados nas emissoras do Grupo Rede Globo. *Site*: <https://profissionaisdoano.globo/>.

PREMIUM. Vantagens exclusivas para o anunciante ou benefícios na inserção de uma mensagem.

PRESS KIT. Kit com peças publicitárias e promocionais para ser distribuído entre profissionais da imprensa e formadores de opinião. Contém um *press release* e brindes alusivos à campanha em que está inserido.

PRESS PARTY (festa para a imprensa). Evento organizado por uma instituição ou marca para atrair a atenção da mídia e apresentar novos produtos, serviços, campanhas de *marketing* ou conquistas importantes. Tem como objetivo principal estabelecer relacionamentos com jornalistas, blogueiros, influenciadores e outros profissionais da mídia, oferecendo-lhes a oportunidade de conhecer em primeira mão as novidades e informações relevantes sobre a organização ou seu lançamento.

PRESS RELEASE. Texto jornalístico que descreve a organização, a marca, os produtos ou os serviços de forma institucional e/ou promocional. Serve como base para a criação de notícias por parte de colunistas e articulistas de jornais físicos e *on-line*.

PRESS TRIP. Em tradução literal, "viagem com a imprensa". Preparação de *tours* guiados e viagens, normalmente patrocinados pelo cliente, para a imprensa conhecer produtos ou serviços e, em seguida, divulgar as marcas na imprensa de forma geral.

PRÉ-TESTE. Técnica de pesquisa aplicada antes da aplicação oficial para aprovação de formatos e ferramentas. É uma modalidade de apresentação de comerciais para um pequeno público, antes de ir ao ar em definitivo na mídia. V. **Pós-teste**.

PRIMEIRA POSIÇÃO. Em um intervalo comercial de rádio ou TV, é o primeiro comercial a ser exibido no *break*/intervalo.

PRIME TIME. Em tradução literal, "horário nobre". Os horários das diferentes mídias que mais têm audiência. Na televisão, por exemplo, a faixa das 19h às 22h têm os valores mais caros em todas as emissoras. V. **Hora do *rush*.**

PROBABILIDADE DE CONTATO. Oportunidade criada para que os diferentes públicos conheçam uma marca, produto ou serviço. V. **OTS.**

PROCESSO ÉTICO. Julgamento de processos no Conselho de Ética do Conselho Nacional de Autorregulamentação Publicitária (Conar). V. **Conar.**

***PRODUCT PLACEMENT*.** Inserção de marcas e produtos em roteiros de TV e cinema. Consiste em veicular uma marca ou produto de forma que os atores/protagonistas de uma novela ou filme, por exemplo, interajam com esse objeto. *Product Placement*, aqui, assume um papel de ação comunicacional inserida em um roteiro de uma novela televisiva, um filme ou, ainda, em um jogo eletrônico. V. ***Merchandising*, *Advertainment*.**

PROFISSIONAIS DO ANO. V. **Prêmio Profissionais do Ano.**

PROGRAMA. Denominação referente ao conteúdo de uma grade de programação, podendo ser um programa de TV, de rádio, de internet e das mais diversas formas e conteúdos. Pode ser um programa de entretenimento, esportivo, jornalístico, de variedades, entre outros.

PROGRAMAÇÃO. Rol de programas de uma grade de programação veiculados em um dia, semana ou mês de exibição. Conteúdo diário de programas que serão veiculados ao longo do dia.

PROGRAMAÇÃO EM BLOCO (*block programming*). Inserção de programas de temáticas parecidas em uma mesma faixa horária. Exemplo: programas de cunho jornalístico colocados em sequência, dentro de um mesmo bloco. V. **Audiência cativa**.

PROMOÇÃO. O objetivo de um planejamento de campanha publicitária. Uso de todos os instrumentos possíveis para favorecer uma conversação entre uma marca e seus diferentes públicos, apresentando portfólio, produtos e serviços. É a área de atuação direta da propaganda e publicidade no suporte ao *marketing*.

PROMOÇÃO DE PROGRAMA. Veiculação de comerciais específicos de um programa da emissora. É a campanha promocional de um programa da própria emissora.

PROMOÇÃO DE VENDAS. A definição mais simples e que reflete bem o papel da promoção de vendas no composto de comunicação e/ou *marketing* é muito semelhante ao conceito de *merchandising*: a promoção de vendas deve ser entendida como múltiplas ferramentas estratégicas de promoção, cuja principal característica são ações de curto prazo, que visam despertar o desejo e a resposta dos consumidores. É justamente por essa similaridade que esses compostos são formativos e complementam o *mix* de comunicação integrada. Assim, a promoção de vendas é largamente utilizada como suporte aos demais compostos desse *mix* e é facilmente compreendida por meio do trinômio formado por benefício adicional, tempo de ação e promoção e objetivo (ou meta) estabelecido. O benefício adicional tem como vantagem intrínseca adicionais que são benefícios extras ao se adquirir um produto, preferencialmente diferenciais em face da concorrência. Isso ocorre por tempo determinado, justamente para delimitar tal benefício e estimular o consumidor a comprar o quanto antes; é por isso que a maioria das ações promocionais carrega a reboque a frase: "Ofertas válidas até 00/0000 ou enquanto durarem os estoques". Tal afirmação também é uma salvaguarda a um possível erro ocorrido durante o processo que comprometa as vendas. Desse modo, a organização pode alegar o fim dos estoques e, por consequência, o fim da promoção. Além disso, ao "datar" uma campanha, obriga o cliente a ir até o ponto de venda para realizar suas compras, convencendo seu público de que, após essa data, as ofertas se encerrarão. Não menos importante, o objetivo específico é o atingimento das metas estipuladas pelo departamento comercial da marca do produto ou serviço. Tais objetivos têm de ser viáveis, passíveis de valoração e atingimento. Os objetivos de uma promoção variam conforme a organização e o tipo de negócio, beneficiando tanto a organização quanto o consumidor. Alguns objetivos possíveis são: a) motivar a força de vendas, estimulando com alguma vantagem os vendedores; b) aumentar as vendas – a promoção, obviamente, objetiva um aumento importante de vendas, mensurado pelo estoque disponível para a promoção; c) estimular mercados iniciais; d) apresentar novos produtos para os clientes. Em ampliação de portfólio de produtos e serviços, por exemplo, a promoção tende a destacar o novo em detrimento dos antigos produtos da mesma marca. A promoção é boa para a organização. Para o consumidor, por outro lado, essa ação entrega vantagens. A promoção representa uma recompensa lucrativa e compensatória pela antecipação da compra se diretamente associada à economia e uma possível e perceptível redução de custos. Há ainda as sensações emocionais: aquele consumidor orgulhoso por ter aproveitado e realizado uma compra em uma condição vantajosa. As ações promocionais que são voltadas para o preço (estratégia de precificação) têm a preferência dos consumidores e são as mais utilizadas no mercado. Existe aqui uma variável fundamental na hora da compra, que é a análise (e a comparação) do preço, explorando no consumidor o desejo de levar vantagem, o que promove sua autoestima e favorece a base da relação de troca do *marketing*, que é a satisfação.

PROMOTER (promotor). Profissional que promove, divulga e organiza eventos ou atividades com o objetivo de atrair público e aumentar a visibilidade de uma marca, produto, serviço ou artista. Os promotores são responsáveis por colocar em ação estratégias de *marketing* e focadas em atrair e engajar os públicos-alvo. Assim, desempenham um papel crucial na criação de demanda, promoção de eventos e geração de visibilidade para marcas e produtos.

PROPAGANDA. Forma paga de veiculação, exibição ou promoção de ideias e bens por cliente ou anunciante, sempre identificado. Kotler (1998, p. 554) define *propaganda* como "qualquer forma paga de apresentação impessoal e de promoção de ideias, bens ou serviços por um patrocinador (cliente) identificado". V. **Publicidade**.

PROPAGANDA AÉREA. Propaganda e publicidade exposta em *banner* ou faixa e carregada por um avião ou balão.

PROPAGANDA AO AR LIVRE. Toda propaganda realizada em ambiente externo. V. ***Outdoor***, **Publicidade exterior**.

PROSPECÇÃO. Trabalho do contato ou executivo de contas de uma agência que consiste em apresentar a um cliente potencial os trabalhos realizados pela agência que representa. É a mineração comercial para tentar aumentar o número de clientes atendidos em uma carteira comercial da agência de propaganda e publicidade. V. **Prospect**.

PROSPECT. Em tradução literal, "em perspectiva". Consumidor ou cliente em potencial.

PROSPECTO. Impresso gráfico com a função de apresentar uma marca ou seu portfólio. V. **Folheto**.

PUBLICIDADE. Divulgação, promoção, vulgarização, ato de tornar pública uma marca, produto ou serviço. Pode ser compreendida como "estimulação não pessoal de demanda por um bem, por um lugar, por uma ideia, pessoa ou organização, com a colocação de notícias significativas a seu respeito em um veículo impresso ou eletrônico" (Boone, 1998, p. 91). V. **Propaganda**.

PUBLICIDADE ABUSIVA. É proibida toda e qualquer publicidade enganosa ou abusiva, conforme o art. 37, parágrafo 2º, do Código de Defesa do Consumidor (CDC) – Lei Federal n. 8.078, de 11 de setembro de 1990. V. **Contrapropaganda**, **Sustação**.

PUBLICIDADE ENGANOSA. Prática desonesta na qual um anunciante faz declarações falsas ou enganosas sobre um produto ou serviço com o objetivo de induzir os consumidores a comprá-lo. A publicidade enganosa pode envolver informações falsas sobre qualidade, eficácia, preço ou características de um produto ou serviço, bem como a omissão de informações importantes que poderiam influenciar a decisão de compra do consumidor, conforme consta no art. 37, parágrafo 1º, do Código de Defesa do Consumidor (CDC) – Lei Federal n. 8.078, de 11 de setembro de 1990. V. **Contrapropaganda**, **Sustação**.

PUBLICIDADE EXTERIOR. Propaganda e publicidade realizadas "fora de casa". Toda e qualquer forma de comunicação realizada ao ar livre, em ambiente externo. V. **Mídia exterior**, *Outdoor*.

PUBLICIDADE LEGAL. Propaganda e publicidade reguladas e obrigatórias por lei. Contempla os balanços anuais de organizações, atas registradas de assembleias, editais públicos, licitações etc.

PUBLICITÁRIO. Profissional que exerce a atividade publicitária.

PÚBLICO-ALVO. Objeto das campanhas de propaganda e publicidade porque é o alvo, a fatia de clientes que realmente interessa a uma marca, produto ou serviço. É com esse público que as mensagens precisam estabelecer uma conversa, por meio da utilização de todos os pontos de contato possíveis.

PÚBLICO MULTIPLICADOR. Público que, em determinado segmento de atuação, pode influenciar ou formar opinião relacionada com o consumo de marcas e produtos.

PÚBLICO DE INTERESSE. Elemento essencial ao planejamento estratégico de negócios.

PUBLIEDITORIAL. V. **Informe publicitário**.

PULL STRATEGY. Em tradução literal, "estratégia de puxar". Abordagem de *marketing* em que uma organização busca criar demanda e atrair os consumidores para seus produtos ou serviços. Ao contrário da abordagem de *push strategy*, em que a empresa empurra seus produtos para o mercado por meio de promoções agressivas, a *pull strategy* se concentra em criar interesse e demanda entre os consumidores, fazendo com que eles procurem ativamente os produtos ou serviços da empresa. A estratégia de puxar envolve ações que visam despertar o interesse e o desejo dos consumidores, de modo que eles procurem ativamente por uma marca ou produto. Exemplos: *marketing* de conteúdo; SEO (*search engine optimization*); campanhas em meios e veículos; *marketing* de influência; relações-públicas. V. **Push strategy**.

PUNCH. Impacto sonoro.

PUSH STRATEGY. Em tradução literal, "estratégia de empurrar". Abordagem em que uma organização promove ativamente seus produtos ou serviços para os consumidores. Nessa estratégia, a marca tenta "empurrar" seus produtos para o mercado, utilizando várias táticas de promoção e comunicação para aumentar a conscientização e a disponibilidade dos produtos. A estratégia de *push* envolve ações que visam influenciar diretamente canais de distribuição, revendedores e intermediários, para que estes promovam e vendam os produtos da empresa aos consumidores. Exemplos: vendas e promoções voltadas a intermediários; campanhas em meios e veículos; *merchandising* em pontos de venda. V. **Pull strategy**.

QUADRO. Moldura de uma placa, de um cartaz. V. **Tabuleta**.

QUATRO Ps. Abordagem criada por Jerome McCarthy na década de 1960. A teoria dos 4 Ps (produto, preço, praça e promoção) vigora e é largamente utilizada até hoje, servindo como ponto de partida para a análise e os planejamentos de *marketing* e de comunicação em todo o mundo.

QUALIFICAÇÃO. Atributos possíveis de uma programação. V. **Participação de audiência**, **Penetração**, **Perfil de audiência**.

QUALITATIVA. Pesquisa validada pela profundidade e pela qualidade de sua verificação e de seus processos. V. **Quantitativa**.

QUANTITATIVA. Pesquisa validada pela quantidade e pela diversidade dos públicos pesquisados ao longo de um processo de verificação, de pesquisa.

QUARTA CAPA. A última capa de uma publicação. Dorso de uma revista. Em um casamento de páginas de revista física, é o par direito da primeira capa. V. **Capa**, **Contracapa**.

QUINZENA. Prazo de programação de um cartaz *outdoor*. Em algumas regiões, é chamada de *bissemana*. V. **Cartaz**.

QUOTA (ou cota). Amostragem preestabelecida de uma pesquisa. Parcela de participação (patrocínio) de uma marca em um programa. V. **Copatrocínio**, **Patrocínio**.

RÁDIO CORPORATIVA. Meio de comunicação que serve de canal exclusivo para a conversação entre a organização e seus colaboradores.

RÁDIO CORREDOR. V. **Rádio-peão**.

RADIO ON DEMAND **(rádio sob demanda)**. Modalidade em que os usuários têm a liberdade de escolher quais programas ou episódios de rádio desejam ouvir em vez de seguir uma programação linear predeterminada. É uma evolução do modelo tradicional de rádio, que permite aos ouvintes acessar o conteúdo de áudio de forma flexível e personalizada. Formato muito utilizado nos Estados Unidos e na Europa.

RÁDIO-PEÃO. Conversa de corredor entre colaboradores que sistematicamente divulgam mensagens não oficiais, verdadeiras ou não (boatos), que comprometem a comunicação da organização.

RÁDIO SAT. Modalidade de transmissão de rádio via satélite que aumenta a capilaridade (abrangência) e a atuação do rádio no Brasil.

RANDOM. Aleatório. V. **Acaso, Aleatório, Randômico**.

RANDÔMICO. O mesmo que *aleatório, ao acaso*. V. **Acaso, Aleatório**.

RANK/RANKING. Em tradução literal, "classificação". Nível, posição.

RATE CARD. Em tradução literal, "tabela de preços".

RATEIO. Divisão ou fatia de participação de uma marca em um programa ou patrocínio.

RATING. Em tradução literal, "avaliação". V. **Audiência**.

RATING POINT. Ponto de avaliação de público, audiência.

REACH. Em tradução literal, "alcance". V. **Alcance**.

READER. Leitor de uma publicação física ou *on-line*.

READERSHIP. Em tradução literal, "índice de leitura". Quantidade de leitores de uma publicação.

REALIDADE AUMENTADA – RA. Tecnologia que insere elementos virtuais em ambientes reais, trabalhando em conjunto com vídeos, áudios, imagens, *games*, objetos 3D, entre outros. Para acesso ao seu sistema, são necessários dispositivos que deem suporte a essa tecnologia.

REALIDADE VIRTUAL. Sistema de imersão total em um cenário virtual, literalmente deslocando o usuário do real para o virtual, com plataforma totalmente simulada por meio do uso de um computador. Pode ser utilizada para experiências como viagens virtuais, visitas, *games* e outras ações voltadas para diferentes áreas, como medicina, engenharia, educação e turismo.

REAL TIME. Em tradução literal, "em tempo real". V. **Ao vivo**, **Live**.

REAL TIME BIDDING. Modelo de leilão para compra de publicidade em tempo real. V. **Ad exchange**.

REAPLICAÇÃO. V. Retorno de investimentos em inserção ou de verba, por exemplo.

RECALL. Em tradução literal, "lembrança". Existem sistemas de *recall* para diversos produtos e serviços em que a marca chama seus clientes para atualização ou troca de peças por terem sido detectadas irregularidades.

RECEPTION SHARE (Rsh%). Fatia de participação de um programa no todo de uma grade de programação.

REDATOR PUBLICITÁRIO. Profissional responsável pela criação de textos e ideias para campanhas publicitárias. Sua principal função é desenvolver mensagens persuasivas e criativas que possam atrair a atenção do público-alvo, gerar interesse e estimular a ação desejada. Entre as principais funções do redator publicitário estão: a) desenvolver conceitos criativos e estratégias de comunicação para campanhas publicitárias; b) criar e produzir textos publicitários, incluindo anúncios, *slogans*, *scripts* para comerciais, roteiros para vídeos, entre outros; d) trabalhar em conjunto com o diretor de arte e outras equipes criativas que garantam que a mensagem seja entregue de forma clara, efetiva e atraente; e) realizar pesquisas de mercado para identificar tendências e comportamentos do consumidor, a fim de desenvolver campanhas publicitárias mais relevantes e eficazes; f) participar de reuniões com clientes e equipes internas para discutir ideias e conceitos criativos e apresentar soluções criativas para problemas de comunicação; g) revisar e editar textos produzidos por outros profissionais da área, garantindo que o conteúdo esteja gramaticalmente correto e adequado aos objetivos da campanha; h) acompanhar o desenvolvimento da campanha publicitária e realizar ajustes necessários, com base em *feedbacks* e resultados obtidos. Em suma, é um profissional responsável pela criação de textos e ideias para campanhas publicitárias, desenvolvendo conceitos criativos e produzindo textos persuasivos e atraentes. Trabalha em conjunto com outras equipes criativas para garantir que a mensagem publicitária seja transmitida objetivamente, além de realizar pesquisas e análises de mercado para identificar tendências e comportamentos do consumidor.

REDE. Conjunto de emissoras regionais que são afiliadas a um mesmo grupo, a uma mesma emissora matriz (cabeça de rede) de rádio ou televisão. V. **Cabeça de rede**, *Net*, *Network*.

REDES SOCIAIS. Todas as redes que reúnem grupos de pessoas que estabelecem em comum. Redes virtuais em que participantes, marcas e organizações se relacionam, trocam mensagens, conteúdos e informações. V. **Mídias sociais**.

REELS. Em tradução literal, "carretel". Recurso inicialmente presente no Instagram que possibilita ao usuário criar e compartilhar vídeos curtos e criativos. Foi projetado para oferecer uma experiência de criação e descoberta de conteúdo em formato de vídeo. Possibilita gravar e editar vídeos de até 30 segundos, com a adição de efeitos especiais, trilhas sonoras, texto, adesivos e outros elementos interativos. Os vídeos criados no *Reels* podem ser compartilhados no *feed* do Instagram, na aba "Explorar" e também no perfil do usuário. V. **Feed**.

REFAÇÃO. Ação de refazer completamente uma arte, um vídeo, uma publicação em razão de problemas de estrutura ou de gravação, de postagem, de erro gráfico ou ortográfico etc. Implica perda de produtividade e em custos para quem financia a refação. É o chamado *retrabalho*. V. **Copy**, **Retrabalho**.

REGIÃO GEOGRÁFICA. Divisão do território nacional em cinco regiões geográficas: Sul, Norte, Centro-Oeste, Sudeste e Nordeste.

RELAÇÕES PÚBLICAS. Habilitação da grande área da comunicação social. Atividade do profissional que é responsável pelo estreitamento das relações entre uma organização ou marca e a imprensa e entre a organização e a opinião pública/sociedade.

RELEASE. Carta comunicado com as principais informações sobre um ocorrido, um evento ou uma mudança de uma marca ou organização para a imprensa. V. **Press release**.

REMARKETING. Ações digitais que visam fazer com que o usuário retorne a um *site* ou ambiente de compra e faça a conversão ou finalize a compra que deixou pendente. V. **Retargeting**.

RENTABILIDADE. A eterna busca das áreas de planejamento e mídia pelas estratégias e meios que tragam o melhor custo-benefício para os seus clientes. V. **Planejamento, Plano de mídia**.

REPARTE. Mapa que prevê a quantidade de publicações que deve ser distribuída e deve circular em determinada praça. Quantia de jornais ou revistas que será distribuída em pontos de venda espalhados pelas regiões de abrangência do título da editora.

REPETIÇÃO. Aumento da frequência de exposição a um mesmo comercial ou anúncio. V. **Frequência, Percepção, Sobrecarga**.

REPLAY. Em tradução literal, "repetição". A repetição de algum programa ou anúncio já veiculado.

RESIDUAL DA COMUNICAÇÃO. Aquilo que os colaboradores compreendem e apreendem de uma ação comunicacional dentro de uma organização. Lembrança desenvolvida por um comercial ou anúncio na memória de um cliente ou consumidor.

RETARGETING. Resegmentação. V. *Remarketing*.

RETRABALHO. Ato de refazer um trabalho que está com problemas, erros, falhas, por falta de atenção ou revisão. Implica custos de reprodução. V. **Refação**.

REVISTA CORPORATIVA. Comunicação impressa de uma organização com periodicidade e circulação interna.

RGB. Modelo ou padrão de coresque leva em conta as cores primárias da luz aditiva (em inglês, *red, green* e *blue*). Nesse modelo de cor, as cores são criadas pela combinação dessas três cores primárias em diferentes intensidades. A adição dessas três cores resulta em uma cor clara, próxima ao branco. Portanto, o modelo RGB é considerado um modelo aditivo, em que as cores são produzidas pela adição de luz.

RICE CONAR. Regimento Interno do Conselho de Ética do Conselho Nacional de Autorregulamentação Publicitária (Conar). V. **Conar**.

ROI – *Return on Investiment*. Em tradução literal, "retorno sobre o investimento". Indicador de rentabilidade de uma ação ou planejamento de comunicação e *marketing*. A fórmula para o cálculo do ROI é a seguinte: ROI = (Receita – Custo) / Investimento.

ROO – *Return on Objective*. Em tradução literal, "retorno sobre o objetivo". Indicador utilizado para mensuração de resultados em ações isoladas de comunicação e *marketing*. É calculado com a mesma fórmula do ROI, porém com o recorte do investimento na ação e não na totalidade da verba.

ROTATIVIDADE DE AUDIÊNCIA. Público que não é leal à audiência de um único programa. Essa rotatividade é importante para a ampliação do alcance do programa.

ROTATIVO. Modelo de inserção de comercial que percorre as diferentes faixas de programação de uma emissora. Modelo de anúncio que é trocado sistematicamente dia a dia (ou a cada inserção) em uma publicação como o jornal impresso, por exemplo.

ROTOFILME. Matriz utilizada em rotogravura. V. **Rotogravura**.

ROTOGRAVURA. Cilindro gravado quimicamente por processo de revelação e muito utilizado no mercado editorial para embalagens flexíveis e cartonadas. V. **Rotofilme**.

ROUBA-PÁGINA. Anúncio posicionado em jornal ou revista de forma que a concorrência não possa inserir um anúncio ao lado (ou espelhado), na mesma página. V. **Anúncio espelhado, Ilha**.

ROUGH. Sem tradução para o português. No mercado, é sinônimo da expressão *rafe*. Designa o esboço, rascunho ou *layout* de uma arte ou conceito criativo que mais tarde se transformará em uma peça publicitária. V. **Layout**.

ROYALTY. Designação referente aos direitos autorais ou *copyrights*. São pagamentos feitos por uma parte (licenciada) a outra parte (licenciadora) pelo uso de determinados direitos, propriedade intelectual ou ativos. Esses pagamentos são uma forma de compensar o titular dos direitos pela utilização ou exploração de sua propriedade intelectual ou outros bens específicos. Comumente aplicados em diferentes áreas, como indústria musical, indústria cinematográfica, tecnologia, patentes, marcas registradas e franquias.

RSS – *Really Simple Syndication*. Em tradução literal, "suporte realmente simples". Formato padronizado para distribuição de conteúdo *on-line*. Baseado em formato XML, organiza as informações de forma simplificada.

RTB – *real time bidding*. Em tradução literal, "compra em tempo real". Compra e venda de espaços e anúncios comerciais ao vivo em um leiloeiro digital.

RUÍDO. Interferências internas ou externas que prejudicam uma mensagem ou a comunicação de uma informação.

ROP – *run of paper*. Expressão traduzida como "inserção indeterminada". V. **Anúncio indeterminado**, **Página indeterminada**.

SAMPLE. Em tradução literal, "amostra". V. **Amostra**, **Amostra grátis**.

SAMPLING. Distribuição de amostra grátis. V. **Amostra**, **Amostra grátis**.

SANTINHOS. Pequenos folhetos ou cartões impressos muito utilizados em campanhas políticas, com a imagem dos candidatos. Semelhantes a cartões de visitas, apresentam candidato, nome, número de campanha e partido.

SAP – *second audio program*. Em tradução literal, "segunda programação de áudio". Tradução ou transcrição da locução de um programa por meio da inserção de *lettering* em vídeo. V. **Locução** *off*.

SATÉLITE DE COMUNICAÇÃO. Repetidor e/ou transmissor de dados e de sinais de áudio, vídeo, rádio e telefonia, que serve como suporte ou canal de comunicação entre um transmissor e um receptor. Repetidor de sinal.

SATÉLITE GEOESTACIONÁRIO. Satélite que se move na mesma direção e na mesma velocidade da Terra e que, em razão dessa propriedade, consegue estabelecer comunicação contínua com todas as regiões. Colocado em sincronicidade com a órbita.

SATURAÇÃO. Excesso de exposição a uma mesma mensagem, comprometendo o planejamento de mídia. V. **Exposição**.

SAZONALIDADE. Fases cronológicas para exposição de alguns produtos e ações dirigidas especificamente para esse fim:

início de ano escolar, Páscoa, carnaval, Dia das Mães, Dia dos Pais, Natal etc.

SCANNER. Dispositivo que permite a digitalização de documentos, imagens e outros materiais impressos em formato físico para formato digital. O *scanner* utiliza um sensor óptico para capturar a imagem ou o texto e convertê-lo em um arquivo digital que pode ser armazenado, editado e compartilhado em um computador ou em outros dispositivos eletrônicos. V. **Digitalização**.

SCHEDULE. Em tradução literal, "agenda". Cronograma, pauta, programação.

SCORE. Em tradução literal, "placar". Pontuação, resultado.

SCRIPT. Em tradução literal, "roteiro".

SECOM – Secretaria de Comunicação Social. Órgão que, entre outras competências, formula e implementa políticas de comunicação e de divulgação social e consolida as estratégias de comunicação no âmbito do Poder Executivo Federal. *Site*: <https://www.gov.br/secom/pt-br>.

SECUNDAGEM. Tempo gasto na veiculação de comerciais de televisão e rádio. Formatos mais utilizados: 15, 30, 45 e 60 segundos.

SEGMENTAÇÃO. Partilha de mercado em diferentes nichos ou áreas de atuação. V. **Nichos, Público-alvo**.

SEGMENTO. Fatia (ou parte) de um mercado que determinada mídia ou planejamento deve atingir.

SEGUIDORES (*followers*). Usuários que acompanham (seguem) diferentes perfis em redes sociais.

SEGUNDA CAPA. V. **Capa**, **Capa interna**.

SEGUNDA TELA. Conceito que explica o fato de o usuário assistir a dois dispositivos simultaneamente. Em comunicação, há ainda o termo *multitela*, que também pode explicar esse fenômeno recente de hábito e comportamento. V. **Multitela**.

SELEÇÃO DE VEÍCULOS. Escolha dos melhores veículos em um planejamento de mídia e/ou comunicação que visa à utilização das melhores opções em termos de pontos de contato para a comunicação entre uma marca, produto ou serviço e seu público-alvo. V. **Estratégia**, **Planejamento**.

SELETIVIDADE. V. **Seleção de veículos**.

SEO – Search Engine Optimization. Otimização para motores de busca é o conjunto de estratégias e técnicas utilizadas para melhorar a visibilidade de um site nos resultados orgânicos (não pagos) dos motores de busca, como Google, Bing e Yahoo. O objetivo principal do SEO (profissional que trabalha com otimização para motores de busca) é aumentar a quantidade e a qualidade do tráfego de um site através de resultados de pesquisa relevantes, seja por meio de melhora na pesquisa de palavras-chave; no ajuste de elementos internos do site, mediar conteúdos de qualidade, busca por sites parceiros que possam impulsionar a chegada de usuários.

SEPEX – Sindicato das Empresas de Publicidade Exterior. *Site*: <https://www.sepexsp.com.br/>.

SERIGRAFIA. Formato de impressão para pequenas e médias tiragens por meio do contato de uma tela com um suporte de impressão, que pode ser tecido, papel, plástico, entre outras opções.

SET METER. V. *Meter, Peoplemeter*.

SHARE. Em tradução literal, "fatia" ou "fatia de mercado". V. **Participação de mercado**.

SHARE OF AUDIENCE. Em tradução literal, "fatia de audiência". V. **Participação de audiência**.

SHARE OF HEART. Fatia de participação das marcas do coração dos consumidores. V. *Lovemarks*.

SHARE OF MARKET. Em tradução literal, "fatia de mercado". Participação de uma organização no segmento em que atua.

SHARE OF MIND. Lembrança da marca.

SHARE OF SPENDING. Parcela de gastos. Indicador da quantidade de investimentos de mídia da organização ou da marca em relação aos investimentos realizados por todos os *players* concorrentes do segmento.

SHARE OF VOICE. Percentual do investimento em comunicação com os indicadores de ROI (*Return on Investment*) no segmento de atuação em relação aos demais *players* concorrentes. Parcela de contribuição de um canal ou *influencer* na discussão de um tema corrente em uma rede social.
V. *Influencer*, *ROI*, *Share of spending*.

SHOWROOM. Em tradução literal, "sala de exposição". Salão de exposição ou salão de vendas.

SIGN. Em tradução literal, "sinal". Peça de publicidade de *out-of-home* (OOH). V. **OOH, Mídia exterior**.

SILKSCREEN. V. **Serigrafia**.

SÍMBOLO. Desenho ou ilustração que representa ou identifica uma organização. V. **Logo**, **Isotipo**.

SIMULCASTING (transmissão simultânea). Transmissão síncrona de um mesmo programa em um canal de televisão na internet.

SINAL. Frequência de transmissão de um estímulo elétrico de forma contínua. V. **Potência**.

SINTONIA. Acerto da frequência exata para transmissão de um programa de TV ou rádio.

SLOGAN. Sem tradução para o português. Frase curta e que desperta a atenção da marca para o consumidor.

SMPTE – *Society of Motion Picture and Television Engineers*. Sociedade dos Engenheiros de Cinema e Televisão. Responsável pela criação de normas técnicas que abrangem uma ampla variedade de áreas, como a qualidade de imagem e som, a distribuição de conteúdo, a segurança cibernética e a produção remota. Essas normas são amplamente utilizadas pela indústria de cinema e televisão em todo o mundo, para garantir a interoperabilidade entre equipamentos e sistemas de diferentes fabricantes e para assegurar a qualidade e a eficiência dos processos de produção.

SOAP OPERA. Em tradução literal, "novela". V. **Novela**.

SOBRECARGA. Repetição excessiva de um mesmo comercial em um mesmo programa ou ao longo da programação. V. *Clutter*.

SOUND EFFECTS. Efeitos sonoros.

SOUNDTRACK. Trilha sonora. Pode ser de um comercial, de um filme, de um *clip*.

SPLASH. Balão gráfico usado em *inserts* ou cartões de ofertas em um comercial de varejo, por exemplo. V. **Insert**.

SPAM. Mensagem comercial enviada contra a vontade do cliente ou consumidor. Mensagem irrelevante ou inapropriada enviada para grande número de destinatários, em lote.

SPLIT RUN. Reparte. V. **Reparte**.

SPONSOR. Patrocinador. V. **Patrocinador**.

SPOT. Designação para o comercial de rádio, muito embora alguns profissionais usem a definição também para TV. V. **Comercial**, *Jingle*.

SPREAD. Em tradução literal, "espalhar", "expandir", "propagar". Vem do conceito de "espalhar" a verba em diferentes meios e/ou veículos.

STAFF. Time (ou equipe) de colaboradores.

STAFF MEETING. Reunião de time ou equipe.

STAKEHOLDERS. Público de interesse ou partes interessadas em determinado negócio. Indivíduos ou grupos que têm interesse ou são afetados direta ou indiretamente pelas atividades e decisões de uma organização, marca ou projeto. Podem exercer influência sobre a organização ou ser impactados por suas ações. Os *stakeholders* abrangem uma variedade de partes interessadas, como clientes, funcionários, acionistas, fornecedores, comunidade local, governo, organizações não governamentais (ONGs) e outros grupos ou indivíduos relacionados.

STAND. Espaço dedicado para a promoção de produtos ou serviços de um anunciante, em pontos de venda, em feiras e exposições.

STANDARD. Formato tradicional do jornal impresso, também conhecido como *broadsheet* (folha larga). Utilizado como padrão na maioria das editoras jornalísticas do mundo, tem como medida média 380 mm de largura por 600 mm de altura. V. **Tabloide**, *Berliner*.

STOP MOTION. Técnica de animação que utiliza objetos inanimados para criar ilusão de movimentos. O processo consiste em fotografar um objeto quadro a quadro ou movimento a movimento, repetidamente, movendo-o a cada foto. Quando reproduzidas, as fotos transformam o objeto em animação, fazendo-o parecer que se move por conta própria.

STOPPER. Elemento gráfico utilizado em faixas de gôndolas e prateleiras no varejo. Usado para chamar a atenção do público por meio de impacto visual.

STORIES. Em tradução literal, "histórias". Recurso popular disponível em diversas plataformas de redes sociais Instagram, Facebook, Snapchat e WhatsApp. São pequenos *posts* (postagens) de curta duração, normalmente com vida útil de 24 horas, que consistem em fotos, vídeos ou a combinação de ambos. São exibidos em uma sequência contínua (conforme as postagens) e visíveis para os seguidores ou contatos do usuário que os publicou. Permitem que os usuários compartilhem momentos de seu dia a dia de forma mais casual e efêmera, sem a permanência de uma postagem no *feed* principal. V. **Feed**.

STRIP. Antiga emenda realizada em fotolitos para corrigir pequenos erros ortográficos ou de composição, sem precisar refazer o processo de filme.

STORE AUDIT. Inventário (auditoria) de uma loja de varejo.

STORYBOARD. Roteiro ilustrado em quadrinhos que decupa e detalha as tomadas mais importantes de um comercial ou de um filme.

STORYTELLING. Narrativa, contação de histórias. Muito utilizado pelas marcas para, por meio de histórias, contar a trajetória da organização.

STREAMING. Formato ou método de transmissão e recebimento de áudio e vídeo via internet.

STRIP. Faixa.

SUNDAY MAGAZINE. Revista encartada em jornal impresso, na edição de domingo. Edição anexada à publicação de um jornal *on-line* no domingo.

SUPER BANNER. Formato publicitário *on-line* com dimensão de 728 × 90 *pixels*.

SUPERPOSIÇÃO DE AUDIÊNCIA. Autorização para inserção de dois comerciais iguais em duas emissoras diferentes, mas que disputam a atenção de um mesmo público, o qual, eventualmente, alterna entre os programas. V. **Audiência duplicada**.

SUPLEMENTO. Publicação que não pode ser vendida separadamente do veículo em que foi encartada. Grampeado ou encartado na publicação.

SUPPLY CHAIN. V. **Cadeia de suprimento**.

SUSTAÇÃO. Suspensão da veiculação de um comercial ou anúncio.

SUSTENTAÇÃO. Parte da campanha publicitária que sustenta ou mantém a programação de mídia para preservar a lembrança de uma marca nos meios de comunicação. Tem menor frequência e intensidade que o lançamento. V. **Lançamento**.

SWOT. Método de planejamento estratégico que avalia e cruza os resultados de análises referentes aos pontos fortes e fracos, às oportunidades e às ameaças relacionados ao micro e macroambiente de uma organização.

TABELA. Documento em que consta o preço das inserções de comerciais e anúncios publicitários, para impressos, eletrônicos e internet.

TABLOIDE. Metade exata do formato de um jornal impresso *standard*. V. **Formato**.

TABULETA. Estrutura ou moldura de um cartaz. V. **Cartaz**, **Cartazete**, **Moldura**, **Quadro**.

TAG. Etiqueta. Conceito que auxilia na identificação de arquivos, materiais e mídias.

TAG **DE PREÇOS**. Etiqueta ou rótulo físico e/ou digital que exibe informações sobre o preço de um produto ou serviço. Utilizada em estabelecimentos comerciais, como lojas físicas, supermercados, lojas *on-line* e outros pontos de venda, para informar os clientes sobre o valor monetário de um item.

TAKE ONE. Em tradução literal, "pegue um". *Display*, normalmente em acrílico, que serve de suporte para materiais promocionais, como folhetos, fôlderes, catálogos, amostras ou qualquer tipo de material informativo da marca. Colocado em locais estratégicos, como balcões, mesas de espera, áreas de exposição e pontos de venda.

TAPE. Fita.

TARGET. Em tradução literal, "alvo". Em *marketing*, refere-se ao público-alvo.

TARGET GROUP. Em tradução literal, "grupo-alvo", "público-alvo".

TARGET MARKET. Mercado-alvo.

TARIFA. Custo tabelado dos Correios do Brasil para envio de correspondências.

TÁTICA. Ação comunicacional dentro de uma estratégia.

TAXA DE ABERTURA (*open rate*). Taxa livre. Representa a porcentagem de destinatários de determinado *e-mail* que efetivamente abriram a mensagem em relação ao número total de *e-mails* enviados. É calculada dividindo-se o número de *e-mails* abertos pelo número de *e-mails* entregues e, em seguida, multiplicando-se o resultado por 100, para obter a porcentagem. A fórmula da taxa de abertura é a seguinte: (total de *e-mails* abertos / total de *e-mails* entregues) × 100 = taxa de abertura.

TAXA DE CLIQUES. V. **CTR**.

TAXA DE CONVERSÃO. Número de *leads* (potenciais clientes) que convertem a pesquisa ou acesso a um *site* em compra e conversão. V. **Lead**.

TAXA DE ENTREGA. Percentual de mensagens efetivamente entregues a destinatários pré-selecionados. Costuma variar de acordo com as ferramentas utilizadas para o envio e o controle de respostas.

TAXA DE REJEIÇÃO. Indicador que demonstra a quantidade de usuários que acessaram a página (URL), porém desistiram da navegação. V. *Bounce rate*.

TEASER. Em tradução literal, "provocador". É uma rápida prévia (degustação) de uma campanha que está para ser lançada. Mensagens curtas e frequentes. Para criar um certo clima de expectativa (*teaser*) de uma marca junto ao seu público, é possível utilizar ações como: campanhas digitais, patrocínio de eventos, trabalhos de assessoria de imprensa, ações de vendas pessoais e veiculações de *product placement*. Não raramente a comunicação cria estímulos que despertam a atenção dos consumidores, mas sem entregar a campanha completa. Como exemplo, podemos citar uma campanha que comece na televisão e termine nas redes sociais. V. **Cross-media**, **Product placement**.

TELEMARKETING. Ferramenta de *marketing* direto via telecomunicação usada por organizações e marcas, para ações como contato, prospecção, manutenção, suporte, cobrança e FAQs. Prática regulada pela Associação Brasileira de Propaganda (ABP) e pela Agência Nacional de Telecomunicações (Anatel). V. **ABP**, **Anatel**, **FAQ**, **Marketing direto**.

TELEPONTO (*teleprompter*). Equipamento colocado na frente das câmeras para apoio de leitura, roteiro e texto dos apresentadores.

TELEPROMPTER. V. **Teleponto**.

TELESPECTADOR. Indivíduo que consome programação de televisão.

TEMPO MÉDIO POR INDIVÍDUO (unique users). Indicador e registro do tempo que o indivíduo navegou em um *site*, desde a entrada até a saída.

TERABYTE. Volume de 1.024 *gigabytes*. Símbolo: TB. V. ***Bit***.

TERCEIRA CAPA. V. **Capa, Capa interna**.

TESTE A/B. Também conhecido como *teste split* (divisão). Técnica usada no *marketing* digital para comparar duas versões diferentes de um elemento específico, como um anúncio, página de destino, *e-mail*, botão, título, *layout* ou qualquer outro elemento, a fim de determinar qual versão gera melhores resultados. No teste A/B, uma amostra do público-alvo é dividida aleatoriamente em dois grupos: grupo A e grupo B. O grupo A é exposto à versão original ou controle, enquanto o grupo B é exposto à versão modificada ou variante. As versões são apresentadas simultaneamente, e as interações e os comportamentos dos usuários são monitorados e analisados. Os resultados são medidos com base em métricas específicas, como taxa de cliques, taxa de conversão, tempo de permanência no *site* e taxa de abertura de *e-mails*.

TESTEMUNHAL. Depoimento dado por uma pessoa sobre uma organização, marca, produto ou serviço. Pode ser um cliente, alguém que tenha tido experiência com a marca, uma personalidade ou um colaborador da organização. O Conselho Nacional de Autorregulamentação Publicitária (Conar) limita o uso e faz recomendações específicas a respeito. V. **Conar**.

TEST MARKET. V. **Mercado-teste**.

TEXTO. *Lettering*, parte escrita de um anúncio. Em rádio, pode ser a designação para a locução em *off*.

TEXTO ÂNCORA. Tradução literal da expressão *anchor text*. Relacionado ao texto visível e clicável em um *hyperlink* dentro de um documento ou página da internet. É o texto destacado que os usuários podem clicar para acessar outro recurso relacionado, como outra página da *web*, um documento ou um arquivo para *download*. Desempenha um papel importante tanto para os usuários quanto para os motores de busca. Para os usuários, ele fornece informações sobre o destino do *link*, ajudando a entender qual tipo de conteúdo eles podem encontrar ao clicar no *link* em questão. Para os motores de busca, é uma das indicações de relevância e contexto para o conteúdo vinculado no *site*.

TEXTO-FOGUETE. Chamada de 5 a 15 segundos, no máximo. V. **Chamada**, **Vinheta**.

TICKET **MÉDIO**. Valor médio de venda por cliente. É calculado quando se divide a soma das vendas totais em determinado período pelo número de clientes.

TIMESHEET. Em tradução literal, "folha de tempo".

TIME-SHIFTING. Mudança de tempo. Quando o telespectador assiste à programação apenas nos momentos em que desejar.

TIPOGRAFIA. Impressão de contato entre a matriz e o suporte de papel por meio de uma matriz composta por tipos e uma prensa.

TIRAGEM. Registro do número total da impressão de jornais, revistas ou folhetos para circulação e distribuição, podendo ser por assinantes, dirigida ou venda avulsa. Esse indicador serve para precificação de anúncios comerciais por parte da editora e como métrica de controle e estimativa do público atingido pela publicação. V. **IVC Brasil**, **Circulação**.

TÍTULO. Título da matéria jornalística. Tema de um programa de televisão, rádio ou internet.

TOKEN. Representação digital de um ativo ou moeda. V. **NFT**.

TOP OF MIND. Em tradução literal, "topo da mente". Em um questionário ou pesquisa, é a primeira marca que vem à mente, quando estimulada.

TOTAL LIGADOS. Indicador do percentual de indivíduos ou domicílios, independentemente do programa ou da emissora, com as televisões ligadas.

TOTEM. Placa publicitária (sistema *frontlight* ou *backlight*) frente e verso, suspensa por um suporte em cano, normalmente com mais de quatro metros de altura.

TRAÇO. Indicador de audiência de TV ou rádio que é muito pequena, inexpressiva.

TRADE MARKETING. *Marketing* comercial. Estratégia de *marketing* focada no posicionamento estratégico em pontos de venda.

TRADING DOWN. Em tradução literal, "negociação para baixo". Redução na demanda por produtos ou serviços mais caros ou de maior qualidade. Isso pode afetar a lucratividade e a percepção da marca no mercado. Algumas organizações podem adaptar suas estratégias de *marketing* e oferta de produtos para atender às necessidades dos consumidores que buscam opções mais acessíveis. V. *Trading up*.

TRADING UP. Em tradução literal, "negociação para cima". Ao oferecerem produtos ou serviços de maior qualidade ou valor percebido, as organizações passam a atrair consumidores dispostos a gastar mais e a proporcionar uma experiência diferenciada. Isso pode resultar em maior margem de lucro, fortalecimento da imagem da marca e fidelização dos clientes. Porém, essa estratégia não se limita apenas ao preço ou à qualidade do produto e pode abranger também personalização, conveniência, sustentabilidade ou outros atributos valorizados pelos consumidores.

TRÁFEGO. O profissional de tráfego é responsável por coordenar e/ou gerir fluxos informacionais e ações entre as diferentes áreas de uma agência de comunicação. Sua função é garantir que todos os materiais necessários para a produção de campanhas publicitárias, materiais promocionais, peças gráficas, entre outros, estejam disponíveis no momento certo e na quantidade necessária, para que as equipes de criação e produção possam realizar seu trabalho de forma eficiente e nos prazos estabelecidos. O profissional de tráfego também é responsável por acompanhar o andamento dos projetos, identificar eventuais problemas ou atrasos e tomar medidas para solucioná-los ou minimizá-los. Ele deve ter uma visão global do processo de produção e conhecimento das especificidades de cada projeto e das necessidades de cada equipe envolvida. Entre as principais funções do profissional de tráfego estão: a) receber e avaliar os *briefings* das áreas de atendimento e planejamento e distribuí-los para as equipes de criação e produção; b) controlar os prazos de entrega de cada etapa dos projetos; c) acompanhar o andamento dos projetos, identificar possíveis atrasos e tomar medidas para solucioná-los; d) garantir a qualidade dos materiais produzidos, verificando se estão de acordo com as especificações técnicas e com o *brief* do cliente; e) controlar o estoque de materiais e insumos utilizados na produção, fazendo pedidos de reposição quando necessário; f) gerenciar o fluxo de informações entre as equipes envolvidas no processo de produção, garantindo que todos tenham acesso ao conteúdo necessário para a realização do trabalho.

TRÁFEGO DE LEITURA. Pesquisa e mensuração do hábito de leitura de determinada publicação.

TRÁFEGO DE PESQUISA ORGÂNICA. Tráfego referente às visitas que um *website* recebe a partir dos resultados de pesquisa não pagos nos motores de busca, como Google, Bing ou Yahoo. Quando um usuário faz uma pesquisa por palavras-chave relacionada a determinado tópico, os resultados são exibidos em uma lista, geralmente com os *links* para *sites* relevantes. O tráfego de pesquisa orgânica se configura quando os usuários clicam em um desses *links* nos resultados de pesquisa e são direcionados para o *site* correspondente. Esse tipo de tráfego é chamado de *orgânico* porque não é impulsionado por anúncios pagos, mas pela relevância e pela posição do *site* nos resultados de pesquisa naturais.

TRANSDUTOR. Dispositivo que converte energia ou sinal elétrico em energia acústica.

TRANSMÍDIA. Conceito que se refere à ideia de "além da mídia", relacionada à propagação de diferentes conteúdos (mensagens, dados, informações) de uma mesma marca, produto ou serviço por meio de diferentes meios de comunicação, porém com os mesmos objetivos institucionais ou promocionais. Assim, a intenção é fazer com que os conteúdos se completem. V. ***Crossmedia***.

TRANSMISSÃO. Envio de mensagens por meio de ondas eletromagnéticas.

TRANSPONDER. Amplificador de sinal instalado no satélite.

TRILHA SONORA. Locução, música, efeito ou trilha de fundo de uma produção audiovisual.

TROLL. Provocador. Indivíduo que se envolve em comportamentos provocativos, ofensivos, irritantes ou perturbadores na internet. *Trolls* geralmente buscam causar conflitos, desencadear respostas emocionais e perturbar a comunicação em fóruns, redes sociais, comentários de *blogs* e outras plataformas *on-line*. Podem ainda fazer comentários provocativos, postar conteúdo ofensivo, espalhar desinformação, iniciar discussões sem propósito construtivo ou perseguir e assediar outros usuários.

TURNOVER. Rotatividade. Conceito diretamente relacionado à rotatividade de colaboradores em uma função ou em uma organização. Índice de desligamentos ou contratações em uma organização.

TV A CABO. Transmissão por cabo coaxial ou de fibra. V. **CATV**.

TV CORPORATIVA. Televisão interna de uma organização, com programação exclusivamente voltada a seus colaboradores.

TV DIGITAL. Modelo de sistema de transmissão substituto do processo analógico.

TV *EVERYWHERE*. Formato utilizado por organizações de TV por assinatura que permite o mesmo *login* em diferentes plataformas.

TV INTERATIVA. Propriedade das *smart TVs* que permite interação pela conexão de internet entre o telespectador e diferentes plataformas digitais.

TV POR ASSINATURA. Sinal de TV digital distribuído apenas aos domicílios que dispõem de assinatura mensal.

TV SAT. V. **DBS**, **Fibra óptica**.

UHF – *ultra high frequency*. Frequências ultra altas. Sistema de emissão de frequências ultra-altas, de 300 MHz a 3 GHz. No Brasil, realiza transmissão dos canais de TV de 14 a 83.

UNIVERSO. Parcela de uma população de pesquisa. Recorte de um grupo.

URL – *uniform resource locator*. Localizador padrão de recursos. Endereço virtual de página/*website*. V. **Domínio**.

VALUETRACK. Em tradução literal, "faixa de valor". Recurso do Google Ads que permite rastrear informações e parâmetros adicionais nas URLs dos anúncios. Possibilita acompanhar e registrar dados específicos sobre campanhas de publicidade *on-line*, fornecendo *insights* valiosos sobre o desempenho dos anúncios.

VAREJO. Anunciantes da área de comércio, como lojas de departamentos e hipermercados. V. **Preço varejo**.

VEÍCULO. Toda e qualquer emissora de rádio e televisão, editora de revista ou jornal que represente um meio e uma marca. V. **Meios**.

VEÍCULO LOCAL. Veículo cuja abrangência de veiculação se limita a um local determinado. Programação local.

VEÍCULO NACIONAL. Todo e qualquer meio cuja abrangência atinja as cinco regiões do país.

VERBA. O montante dirigido especificamente para a campanha publicitária. Envolve criação, produção e veiculação.

VERIFICAÇÃO. V. **Controle**, **Fiscalização**.

VERNIZ UV. Tipo de acabamento utilizado em diversos materiais impressos, como cartões de visita, panfletos, embalagens, rótulos e outros itens gráficos. É uma técnica de aplicação de verniz que utiliza luz ultravioleta (UV) para secar e endurecer rapidamente o revestimento. Consiste em aplicar uma camada brilhante e transparente sobre a superfície impressa delimitada, proporcionando um acabamento sofisticado e de alta qualidade. Pode ser aplicado na totalidade da impressão ou de forma localizada.

VESPERTINO. Jornal que circula exclusivamente no período da tarde.

VHF – *very high frequency*. Frequência de 30 MHz a 300 MHz. Faixa que abrange os canais 2 a 13 na frequência de TV aberta.

VHS – *video home system*. Fita doméstica de uso popular até a década de 2000. Substituída pelo CD, pelo DVD e pelo *blu-ray*.

VIDA ÚTIL. Tempo de vida útil de uma publicação. V. **Edição**.

VIDEOCAST. Semelhante a um *podcast*, mas com formato em vídeo. A principal diferença entre um *podcast* e um *videocast* é o formato de distribuição do conteúdo. Enquanto os *podcasts* são geralmente áudios que podem ser ouvidos em plataformas de *streaming* ou baixados para serem reproduzidos em dispositivos móveis, computadores ou outros dispositivos de áudio, os *videocasts* são vídeos que podem ser assistidos em plataformas de vídeo *on-line*, como YouTube e Vimeo. Os *videocasts* podem ser produzidos em diferentes estilos e formatos, desde produções altamente profissionais com estúdios e equipamentos sofisticados até vídeos mais simples gravados com uma câmera básica ou até mesmo um *smartphone*. Eles oferecem uma maneira conveniente para os criadores de conteúdo compartilharem suas ideias, opiniões e conhecimentos com o público, permitindo uma experiência visual mais rica em comparação com o áudio apenas. V. **Podcast**.

VIDEO ON DEMAND. Sistema de vídeo em que o cliente escolhe o momento de envio. V. **Streaming**.

VÍDEOTEIPE. Termo derivado do inglês "videotape", que se refere a uma fita magnética usada para gravar e reproduzir imagens e sons em movimento. Foi uma tecnologia amplamente utilizada antes do advento das mídias e arquivos digitais, e do armazenamento em nuvem.

VIDEOWALL. Painel com diversos *leds* para construção de um grande mural capaz de transmitir imagens em altíssima definição. V. **Painel eletrônico**.

VIEWER. Telespectador.

VINCO. Técnica de impressão e de *design* gráfico que consiste em criar uma linha ou dobra em um material, geralmente papel ou cartão, para facilitar a dobra e a conformação em determinada forma ou estrutura. O vinco é aplicado em materiais impressos que precisam ser dobrados, como folhetos, cartões, embalagens e convites. A técnica do vinco cria uma linha de dobra precisa e definida, permitindo que o material seja dobrado de maneira limpa e precisa, sem quebrar ou rasgar. Pode ser manual ou automatizado.

VINHETA. Rápida apresentação de uma marca de patrocinador ou da própria emissora. Tem duração de três a cinco segundos, no máximo.

VIRAL. Ações digitais para que um vídeo receba milhares de visitas na rede.

VISIBILIDADE. Objetivo de uma campanha publicitária. Consiste em chegar ao máximo de pessoas por meio de seus pontos de contato.

VISITANTES ÚNICOS. Visitantes registrados uma única vez em um *site*.

VISITAS. Sessão iniciada por um usuário em um *site*.

VISUALIZAÇÕES DE PÁGINAS. V. *Pageviews*.

VITRINISMO. Arte de compor vitrines segundo as campanhas criadas (*trade*) para a promoção de produtos.

VOLUME. V. **BV**, **Desconto por volume**.

VT. Formato que dá nome a uma veiculação em TV. V. **Videoteipe**.

VOUCHER. Cupom ou *ticket* que dá direito a alguma vantagem ao cliente. V. **Bônus cupom**.

WAVE. Onda.

WAVE EFFECT. Em tradução literal, "efeito de onda". V. **Efeito de onda**.

WEARABLE COMPUTING. Tecnologia em forma de acessório. Roupas, óculos ou relógios acessíveis interligados a um *smartphone*, por exemplo.

WEBINARS. Eventos *on-line* interativos que ocorrem em tempo real, semelhantes a seminários ou *workshops*, mas realizados pela internet. O termo *webinar* é uma combinação das palavras *web* (internet) e *seminar* (seminário). Os *webinars* são conduzidos por meio de plataformas de videoconferência e permitem que um apresentador ou um painel de especialistas compartilhe conhecimentos, faça apresentações, demonstre produtos, responda a perguntas e interaja com o público virtualmente.

WEBRANKING. Posição de um *site* ou página em um resultado de busca.

WEIGHT. Peso, quociente.

WEIGHTING. Ponderação.

WEIGHTING TEST. Em tradução literal, "teste de ponderação". Teste para mensuração de esforços de mídia.

WFA – *World Federation of Advertisers*. Federação Mundial de Anunciantes. Organização global que representa os interesses dos anunciantes em todo o mundo. Fundada em 1953, a organização tem como objetivo promover a eficácia da publicidade e do *marketing*, bem como defender os interesses de seus membros em questões relevantes para a indústria, como regulamentação, ética e responsabilidade social corporativa. *Site*: <https://wfanet.org/>.

WHISPER CAMPAIGN. Boato, murmúrio, rumor.

WIDESCREEN. Tela panorâmica. Formato 16:9.

WI-FI. Equipamento que repete o sinal da internet. Repetidor.

WIKI. Em tradução literal, "rápido". *Wikis* são sistemas de gerenciamento de conteúdo colaborativo que permitem que os usuários criem, editem e compartilhem conteúdo em uma plataforma *on-line*. O termo *wiki* vem da palavra havaiana *wiki wiki*, que significa "rápido" ou "veloz". Reflete a natureza rápida e colaborativa dos *wikis*, que permitem que um grupo de usuários trabalhem juntos para criar e atualizar conteúdo de forma rápida e eficiente.

WIREFRAME. Esboço ou representação visual básica de uma interface de usuário, geralmente usada no *design* de produtos digitais, como *websites*, aplicativos móveis ou *softwares*. É uma representação estrutural e esquemática das principais funcionalidades, elementos e *layout* de uma interface, sem a preocupação com o detalhamento da aparência visual detalhada.

WOBBLER. Movimento oscilante. Elemento de comunicação visual utilizado em pontos de venda para chamar a atenção dos clientes e promover um produto específico. Peça publicitária ou de *merchandising* que é fixada na prateleira ou no ponto de venda, geralmente na altura dos olhos do consumidor, e que tem um movimento oscilante (*wobble*), o qual chama a atenção e atrai o olhar do público.

WWW – World Wide Web. Designação para a rede mundial interligada de computadores.

WYSIWYG. Acrônimo de *"what you see is what you get"*. Em tradução literal, "o que você vê é o que você obtém". Word, Google Docs, Wix e WordPress são exemplos de editores WYSIWYG.

YOUNG LIONS. Concurso anual realizado no Brasil para a escolha de representantes jovens do país no Festival de Cannes, na França. *Site*: <https://www.canneslions.com/initiatives/competitions>.

XDCAM. Unidade de gravação e reprodução que, em 2003, substituíu o formato Beta como meio físico de transporte de vídeo profissional.

ZAPEAR. Ato de mudar rapidamente ou inconstantemente os canais de televisão ou de rádio.

Síntese

Neste capítulo, apresentamos um glossário ou repositório de comunicação e mídia para consulta e compreensão dos termos mais utilizados em propaganda, publicidade, jornalismo, *marketing*, *design*, produção gráfica e relações públicas. É uma rica coleção de conceitos necessários para a compreensão das atividades desenvolvidas nessas áreas. Nossa intenção é manter esse glossário sempre atualizado.

Não se trata de uma simples lista de conceitos, mas de um grande repositório – vivo, evolutivo, que possa sempre ser atualizado.

Esse glossário é mais que uma lista alfabética de termos e conceitos relacionados à comunicação. É uma ferramenta útil e valiosa para que o leitor possa se comunicar de forma mais precisa nesse campo de estudo.

Apresentamos definições claras e concisas de termos técnicos, jargões e acrônimos, de modo a esclarecer seu significado e uso correto. Fornecemos também informações adicionais, com exemplos, contextos de uso, referências e endereços eletrônicos relacionados aos verbetes.

Esta é uma ferramenta indispensável para estudantes, pesquisadores e profissionais que desejam compreender conceitos relevantes nas diferentes áreas de abrangência. Pode ser usada para complementar materiais de estudo, aprimorar a compreensão de textos técnicos e facilitar a comunicação entre os pares.

Considerações finais

Pensar e escrever sobre uma temática da área da comunicação é um desafio. Avaliar e compreender mídia torna a tarefa ainda mais importante pela complexidade dos assuntos inerentes à área, pela velocidade com que os objetos se transformam, se atualizam e se renovam. Falar sobre mídia tradicional é diferente de falar sobre mídia *on-line*, que é diferente de falar sobre mídia exterior. Cada especialidade, uma regra, uma razão, um porquê.

Por mais que os assuntos aqui abordados tenham sido embasados e teorizados, sabemos que a comunicação e, em especial, a mídia logo poderão passar por profundas alterações em sua forma e em seus formatos.

Um livro de mídia pode (e deve) tratar de uma variedade de assuntos e conteúdos relacionados à teoria e à prática, incluindo sua evolução ao longo do tempo, seu impacto na sociedade, seus desafios atuais e suas possibilidades futuras.

Aqui apresentamos um pouco de história, mas procuramos enfocar as práticas atuais dos mais diferentes meios. Como profissionais, acompanhamos o surgimento e o crescimento exponencial da internet, vimos a televisão se reinventando, o rádio se posicionando, as mídias exteriores se desdobrando para ganhar ainda mais espaço.

Com todas essas evoluções, o consumidor também evoluiu e, com ele, a forma de se consumir comunicação. Hoje, para atingir assertivamente um indivíduo, é preciso lançar mão de inúmeras ações de mídia, de modo a aumentar os pontos de contato com o público e, assim, transmitir a mensagem da marca, produto ou serviço. Sabemos, ainda, da importância e do impacto social da comunicação.

Hoje, os profissionais de mídia enfrentam bravamente o desafio de conhecer e compreender as múltiplas possibilidades de mídia disponíveis, na qualidade de ferramentas para veiculação, exibição ou impressão. São realmente dezenas de possibilidades, cada qual com sua característica própria, suas vantagens e desvantagens, prontas para serem usadas, recomendadas, apropriadas.

Logo, o futuro é previsível: cada vez mais, os profissionais de mídia terão de se especializar em relação a seus públicos, suas práticas, para, dentro do possível, multiplicar também seus planos e suas estratégias. Seu objetivo? Fazer a diferença.

De fato, é necessário escolher, entre todas as alternativas, as mídias que melhor responderão ao planejamento idealizado e desenvolvido especialmente para aquele caso, para aquele problema de comunicação.

Nosso desejo é que esta obra sirva de referência para consultas pontuais acerca de conceitos diversos, mas, principalmente, que seja um ponto de partida para reflexões mais profundas sobre o nosso papel como comunicadores e profissionais de mídia.

Pensamos e idealizamos esta obra meses antes do lançamento mundial de ferramentas de IA (inteligência artificial) para uso geral e acadêmico, como ChatGPT e Gemini. Assim, podemos nos orgulhar de ter pesquisado e analisado os termos do glossário um a um, "à unha", estudando relações possíveis, traduções, significados e sinônimos para os verbetes aqui apresentados.

A ideia de desenvolver um glossário de mídia e comunicação faz deste texto algo vivo, renovável, que, por sua importância, merece atualização constante. E esse será o nosso compromisso. Na versão eletrônica da obra, buscaremos a atualização constante, *pari passu* com a evolução quase diária que essa área mágica vivencia, pois este é o segredo da mídia e da comunicação: a velocidade com que as coisas acontecem, mudam, se transformam. Foi um prazer aprender com você!

Até a próxima!

Referências

ANDERSON, C. **The Long Tail**: Why the Future of Business Is Selling Less of More. Nova York: Hyperion, 2006.

ATLAS da Notícia. Versão 5.0. fev. 2022. Disponível em: <https://docs.google.com/presentation/d/e/2PACX-1vR-f5lMNo-MDPTZtQGLEmienJCFfkAxmqpRuL6lpg5o_g6vE9WnMuEu94wn0DeDspft7BGQNPxlvToC/pub?start=false&loop=false&delayms=3000&ref=atlas.jor.br&slide=id.p1>. Acesso em: 2 jan. 2024.

BARRY, T. E.; HOWARD, D. J. A Review and Critique of the Hierarchy of Effects in Advertising. In: ARNOTT, D.; FITZGERALD, M. (Ed.). **Marketing Communications Classics**: an International Collection of Classic and Contemporary Papers. Boston: Cengage Learning, 1999. p. 39-64.

BONA, N. **Publicidade e propaganda**: da agência à campanha. Curitiba: InterSaberes, 2012.

BOONE, K. **Marketing contemporâneo**. São Paulo: IDC, 1998.

BRASIL. Constituição (1988). **Diário Oficial da União**, Brasília, DF, 5 out. 1988. Disponível em: <https://www.planalto.gov.br/ccivil_03/constituicao/constituicao.htm>. Acesso em: 2 jan. 2024.

BRASIL. Decreto n. 57.690, de 1º de fevereiro de 1966. **Diário Oficial da União**, Poder Executivo, Brasília, DF, 10 fev. 1966. Disponível em: <http://www.planalto.gov.br/ccivil_03/decreto/d57690.htm>. Acesso em: 2 jan. 2024.

BRASIL. Decreto n. 9.270, de 25 de janeiro de 2018. **Diário Oficial da União**, Poder Executivo, Brasília, DF, 26 jan. 2018. Disponível em: <https://www.planalto.gov.br/ccivil_03/_ato2015-2018/2018/decreto/d9270.htm->. Acesso em: 2 jan. 2024.

BRASIL. Lei n. 4.680, de 18 de junho de 1965. **Diário Oficial da União**, Poder Legislativo, Brasília, DF, 21 jun. 1965. Disponível em: <https://www.planalto.gov.br/ccivil_03/Leis/L4680.htm>. Acesso em: 2 jan. 2024.

BRASIL. Lei n. 8.069, de 13 de julho de 1990. **Diário Oficial da União**, Poder Legislativo, Brasília, DF, 16 jul. 1990a. Disponível em: <https://www2.camara.leg.br/legin/fed/lei/1990/lei-8069-13-julho-1990-372211-publicacaooriginal-1-pl.html>. Acesso em: 2 jan. 2024.

BRASIL. Lei n. 8.078, de 11 de setembro de 1990. **Diário Oficial da União**, Poder Legislativo, Brasília, DF, 12 set. 1990b. Disponível em: <https://www.planalto.gov.br/ccivil_03/leis/l8078compilado.htm>. Acesso em: 2 jan. 2024.

BRASIL. Lei n. 9.610, de 19 de fevereiro de 1998. **Diário Oficial da União**, Poder Legislativo, Brasília, DF, 20 fev. 1998. Disponível em: <https://www.planalto.gov.br/ccivil_03/leis/l9610.htm>. Acesso em: 2 jan. 2024.

BRASIL. Lei n. 12.527, de 18 de novembro de 2011. **Diário Oficial da União**, Poder Legislativo, Brasília, DF, 18 nov. 2011. Disponível em: <https://www.planalto.gov.br/ccivil_03/_ato2011-2014/2011/lei/l12527.htm>. Acesso em: 2 jan. 2024.

BRASIL. Lei n. 13.709, de 14 de agosto de 2018. **Diário Oficial da União**, Poder Executivo, Brasília, DF, 15 ago. 2018. Disponível em: <https://www.planalto.gov.br/ccivil_03/_ato2015-2018/2018/lei/l13709.htm>. Acesso em: 2 jan. 2024.

CALLIARI, M. Entendendo e monetizando audiências para mídia Out of Home. **Ipsos no Brasil**. Disponível em: <https://www.ipsos.com/pt-br/out-home-audience-measurement>. Acesso em: 18 abr. 2024.

CENP. **Cenp-Meios**: Painéis. Disponível em: <https://cenpmeios.cenp.com.br/cenp-meio/>. Acesso em: 18 abr. 2024.

CHAMUSCA, M.; CARVALHAL, M. **Comunicação e marketing digitais**: conceitos, práticas, métricas e inovações. Salvador: VNI, 2011.

CONAR – Conselho Nacional de Autorregulamentação Publicitária. **Código Brasileiro de Autorregulamentação Publicitária**. São Paulo, 2024. Disponível em: <http://www.conar.org.br/codigo/codigo.php>. Acesso em: 18 abr. 2024.

DATAREPORTAL. **Digital 2023 April Global Statshot Report**. Disponível em: <https://datareportal.com/reports/digital-2023-april-global-statshot>. Acesso em: 18 abr. 2024.

DICIONÁRIO de mídia: **uma publicação da Direção Geral de Negócios**. Globo. Disponível em: <http://www.portfolioglobo.com.br/dicionariodemidia/Conteudo.html>. Acesso em: 18 abr. 2022.

DINIZ, A. E. Bastidores da maior indústria de cinema do mundo. **O Tempo**, 1º fev. 2022. Disponível em: <https://www.otempo.com.br/interessa/bastidores-da-maior-industria-de-cinema-do-mundo-1.2604964>. Acesso em: 18 abr. 2024.

GRUPO DE MÍDIA. **A indústria da comunicação no Brasil**. Disponível em: <https://midiadados.gm.org.br/view-content/tableau@05298f68-198a-4e28-9b22-51600b839e84?category=all>. Acesso em: 18 abr. 2024.

IBGE – Instituto Brasileiro de Geografia e Estatística. **Pesquisa Nacional por Amostra de Domicílios Contínua**. Disponível em: <https://www.ibge.gov.br/estatisticas/sociais/trabalho/9171-pesquisa-nacional-por-amostra-de-domicilios-continua-mensal.html>. Acesso em: 18 abr. 2024.

KANTAR IBOPE MEDIA. **Inside Video 2023**: vídeo, estado de evolução. Disponível em: <https://kantaribopemedia.com/wp-content/uploads/2023/03/Kantar-IBOPE-Media_Inside-Video-2023.pdf>. Acesso em: 17 mar. 2024.

KEMP, S. **Digital 2022**: Global Overview Report. 26 jan. 2022. Disponível em: <https://datareportal.com/reports/digital-2022-global-overview-report>. Acesso em: 2 jan. 2024.

KOTLER, P. **Administração de marketing**. São Paulo: Pearson, 1998.

LEMOS, A. Z. Cenp adota novo percentual de devolução da agência ao cliente. **Meio & Mensagem**, 16 jul. 2019. Disponível em: <https://www.meioemensagem.com.br/comunicacao/cenp-aumenta-percentual-do-desconto-padrao-que-agencia-pode-devolver-ao-cliente>. Acesso em: 18 abr. 2024.

LESSA, I. A nova temporada de W no Brasil: podcasts e radar cultural. **Meio & Mensagem**, 15 set. 2021. Disponível em: <https://www.meioemensagem.com.br/comunicacao/a-nova-temporada-de-w-no-brasil>. Acesso em: 18 abr. 2024.

MESSAGI, M. **Teorias da comunicação**. Curitiba: InterSaberes, 2018.

MURATORI, P.; AYARZA, S. Brandcast 2022: veja os destaques do maior evento do YouTube para o mercado. **Think with Google**, out. 2022. Disponível em: <https://www.thinkwithgoogle.com/intl/pt-br/estrategias-de-marketing/video/brandcast-youtube-destaques-tendencias/>. Acesso em: 2 jan. 2024.

OPERAND. **Pesquisa Censo Agências 2022**. Disponível em: <https://www.operand.com.br/pesquisa-censo-agencias/2022/>. Acesso em: 16 mar. 2024.

OXFORD Dictionary of English. Oxford: Oxford University Press, 1998.

RED BULL. Disponível em: <https://www.redbull.com/br-pt/athletes?filter.countryCode=BR>. Acesso em: 18 abr. 2024.

SACCHITIELLO, B. Cenp-Meios: mercado publicitário brasileiro cresceu 7,7% em 2022. **Meio & Mensagem**, 9 mar. 2023. Disponível em: <https://www.meioemensagem.com.br/midia/cenp-meios-mercado-publicitario-brasileiro-cresceu-76-em-2022>. Acesso em: 18 abr. 2024.

SACCHITIELLO, B. Dia do Mídia: quais habilidades o mercado vai exigir dos profissionais?. **Meio & Mensagem**, 21 jun. 2021. Disponível em: <https://www.meioemensagem.com.br/comunicacao/dia-do-midia-quais-habilidades-o-mercado-vai-exigir-dos-profissionais>. Acesso em: 18 abr. 2024.

SANT'ANNA, A. **Propaganda**: teoria, técnica e prática. São Paulo: Pioneira, 2011.

SHIRKY, C. **Here comes Everybody**: The power of Organizing Without Organizations. Penguin Press: Londres, 2009.

TZU, S. **A arte da guerra**. São Paulo: Jardim dos Livros, 2008.

YANAZE, M. H. **Gestão de marketing e comunicação**: avanços e aplicações. São Paulo: Saraiva, 2011.

Respostas

Capítulo 1

Questões para revisão

1) O profissional de mídia deve se manter atualizado em relação às tendências emergentes, às tecnologias inovadoras e às mudanças no comportamento do consumidor. Essa adaptabilidade e o desenvolvimento de múltiplas habilidades e competências são fundamentais para lidar com a rápida transformação do cenário de mídia, garantindo que as estratégias estejam alinhadas com os objetivos do cliente e as demandas dos diferentes públicos-alvo.

2) Em uma agência de *marketing* digital, as rotinas e os processos tendem a ser mais focados em estratégias *on-line*, baseadas em profunda especialização e conhecimento de recursos, ferramentas e tecnologias inerentes à área. Essa compreensão aprofundada de algoritmos, tipos de mídias e audiências, mais a perfeita leitura e mensuração de resultados das métricas digitais, difere, por exemplo, da avaliação de resultados ou métricas advindas de campanhas integradas ou, mais especificamente, apenas de mídias tradicionais.

3) e
4) b
5) d

Questões para reflexão

1) A variedade de processos de checagem em mídias *off-line* e digitais demanda estratégias adaptativas. A integração de métodos, como relatórios gerados pelos veículos, sistemas complexos de *clippings* e análises detalhadas de métricas digitais, exige diferentes abordagens por parte do profissional. A coordenação eficiente desses trâmites ou processos gerará relatórios de veiculação que são imprescindíveis para o controle de mídia.

2) É justamente essa capacidade de lidar com soluções e/ou adversidades por meio da utilização de suas habilidades e competências (ou *skills*) que pode resultar na eficácia das reuniões e das estratégias. Essa amplitude de aptidões e, por consequência, de responsabilidades pode fomentar uma visão holística, ainda mais abrangente e impactante, das campanhas propostas. Para tanto, o profissional deve equilibrar essas diferentes obrigações para que dê conta de todas as suas demandas.

3) Em virtude da alta demanda de trabalho, o profissional de mídia deve saber trabalhar com inteligência, equilíbrio e, sobretudo, organização. Uma coisa é você trabalhar com uma conta regional, por exemplo; outra é demandar mídia para diferentes clientes, cenários e contextos. Essa capacidade de coordenação de atividades vai da revisão do processo de autorizações de veiculações à manutenção de custos e tabelas de preços dos mais diferentes veículos,

por exemplo. Ao encontrar um equilíbrio nas tarefas, o profissional estará garantindo maior assertividade e solidez em suas entregas e resultados.

Capítulo 2

Questões para revisão

1) As vantagens e as desvantagens apontam que não existe um meio perfeito, ideal ou melhor que os demais. As nuances e as características específicas de cada meio podem ser exploradas estrategicamente com o objetivo de causar o maior impacto possível com a mensagem, adaptando-se às particularidades do público-alvo e, como consequência, entregando resultados mais eficazes.

2) O estudo contínuo, a percepção das constantes mudanças e adaptações e o entendimento das preferências e dos comportamentos dos públicos são fundamentais para que as propostas do *planner* de mídia obtenham bons índices de assertividade, permitindo a criação de estratégias cada vez mais alinhadas com as tendências emergentes no mercado de comunicação.

3) e
4) b
5) d

Questões para reflexão

1) O maior diferencial da revista impressa em relação a todos os outros meios é sua capacidade de segmentação, de criação de nicho. Não há outro veículo tradicional que condense a possibilidade de criação de segmentos e nichos específicos, voltados para temáticas próprias, exclusivas, o que pode gerar uma oferta incontável de títulos. Essa característica, por si só, deve influenciar

positivamente o valor de percepção do título ou editoria exclusiva, tornando, assim, o público-alvo e leitor mais valioso que a própria tiragem ou edição.

2) O jornal impresso, ainda que experimente atualmente altas e baixas em termos de edições e tiragens, apresenta uma flexibilidade importante de veiculação, graças ao seu horário de fechamento da edição do dia, permitindo a negociação em muitas situações de inserção de anúncios autorizados de última hora. Além disso, o meio carrega consigo uma credibilidade reforçada por sua longevidade e pela perenidade da maioria dos bons jornais do Brasil, o que justifica a construção de um valor simbólico intransferível e difícil de se perceber em outros meios, diretamente relacionado à confiança nas editorias e nas informações por ele veiculadas.

3) Esse poder de instantaneidade, de rapidez na veiculação de uma informação ou comercial permite que as notícias e as propagandas cheguem em tempo real aos ouvintes, possibilitando uma interação pessoal bastante intensa. Porém, isso demanda uma capacidade de captação da atenção do ouvinte, que não conta com nenhum suporte visual, tornando necessária uma abordagem sempre muito criativa e assertiva (para evitar sustos ao vivo, por exemplo) na produção de informações e de reclames comerciais.

Capítulo 3

Questões para revisão

1) Estabelecer uma diferenciação entre *meio* e *veículo*, além de resolver uma questão semântica, oferece uma boa perspectiva e um detalhamento sobre as ferramentas e os suportes que os mídias de agências, os mídias de veículos

e os contatos comerciais têm à sua disposição. Com tal distinção, as agências podem personalizar ações, estratégias e planos, considerando não apenas o canal de transmissão (o meio), mas também a reputação e a entrega (audiência, público, perfil) de cada veículo. Isso permite uma escolha mais assertiva e pontual das plataformas que serão demandadas para atingir determinados objetivos, principalmente otimizando recursos e maximizando o impacto de cada uma das ações ou mensagens propostas como soluções comunicacionais.

2) Em um cenário de audiência, com todas as suas características e especificidades, a audiência cativa representa o público que habitualmente acessa determinado programa ou veículo de comunicação, estabelecendo um laço, uma "lealdade" com a programação. Direcionando esforços de mídia para esse tipo de audiência, as marcas se aproveitam da confiança e da afinidade já existente com aquele grupo. O desafio é o estabelecimento de parcerias constantes a longo prazo, para a adaptação de mensagens, de modo que o interesse se mantenha contínuo e os resultados sejam cada vez mais sustentáveis nas campanhas publicitárias.

3) b
4) d
5) a

Questões para reflexão

1) O IVC estabelece a média nacional de leitura multiplicando o número de exemplares impressos de uma única edição por quatro, que representa a média de leitura líquida nacional. No entanto, essa medição pode não ser precisa, pois a leitura média real pode variar para mais ou para

menos, não refletindo a realidade. Há veículos impressos no Brasil que estimam como leitura líquida uma média de até sete pessoas por exemplar ou edição de jornal, por exemplo.

2) A mídia de *performance*, diferentemente da mídia tradicional, permite o rastreamento das ações dos usuários, garantindo que o anunciante e as agências de publicidade e propaganda paguem apenas por ações que efetivamente entreguem resultados. Enquanto a mídia tradicional é paga por veiculação, a mídia de *performance* cobra com base nas ações que levaram ao fechamento do negócio, proporcionando uma abordagem mais efetiva, controlável e de concreta mensuração de retorno.

3) As métricas mais utilizadas para criar relatórios de resultados de mídia principalmente para a justificativa de campanha junto a clientes e anunciantes são o *Return on Investment* (ROI), o *Gross Rating Points* (GRP), o *Cost to Acquire a Customer* (CAC) e as métricas de taxas de conversão, que fornecem *insights* sobre o desempenho financeiro, as taxas de eficiência de investimentos, os custos de aquisição de clientes, a taxa de conversão de *leads* e a eficácia da exposição de *links*, respectivamente. A análise ampla dessas métricas ajuda na tomada de decisões estratégicas, permitindo ajustes para principalmente otimizar resultados e maximizar a eficiência das ações de comunicação e *marketing*.

Capítulo 4

Questões para revisão

1) A campanha publicitária é veiculada quando análises, cotações, reservas, negociações, autorizações e demais

passos são cumpridos, incluindo a autorização de pagamento via agência ou anunciante, sendo esse o momento em que a mídia aciona todos os veículos parceiros do *job* de mídia e dá *start* nas ações. Em seguida, acompanha as diversas programações para checar informalmente as veiculações nos diversos meios e veículos parceiros.
2) É durante o *checking* formal de mídia que são realizadas conferências para verificar todas as publicações e veiculações na íntegra, avaliando se todas foram contempladas e cumpridas por meios e veículos de comunicação, de modo a garantir que o investimento e a entrega foram exatos, conforme os planos de mídia.
3) c
4) c
5) b

Questões para reflexão
1) É a área administrativa ou de gestão do negócio que é responsável pelo controle e pelo envio das faturas para que os diferentes clientes paguem pelas veiculações já comprovadas e atestadas pela área de mídia, encerrando assim o ciclo financeiro junto a meios e veículos que foram utilizados na campanha publicitária.
2) Na pós-veiculação, a mídia analisa, compara e avalia todos os resultados entregues pelas campanhas, criando e gerindo planilhas que comprovem claramente e objetivamente as inserções, para que sejam prestadas todas as contas a clientes e anunciantes, de modo que, juntos, possam auferir os resultados com a campanha já veiculada e formalmente finalizada.

3) *Brief* é um documento, o levantamento prévio de mercado no qual constam os dados mais relevantes da marca e dos produtos e/ou serviços entregues pela organização. O *briefing* é a reunião dos profissionais envolvidos no projeto dentro da agência para que sejam repassados todos os detalhes e conceitos do documento, o *brief*. Ainda, o termo *briefing* é utilizado em diferentes áreas de atuação: em corridas de carros e motos, em reuniões gerenciais etc., assumindo diferentes modelos e formatos adequados a cada uma de suas aplicações.

Capítulo 5

Questões para revisão

1) O profissional de mídia em uma pequena cidade deve realizar um levantamento completo dos meios e veículos disponíveis da região. Com base nisso, ele tem de avaliar o perfil de público desses meios. Além disso, criar uma agenda de fornecedores da comunicação por região e estabelecer parceiras estratégicas pode garantir uma cobertura locorregional completa.
2) A ideia é aproveitar as oportunidades de pesquisas, como o "deserto de notícias", como espaço ou janela para a inovação e a criatividade. Ao se compreender a falta de acesso a veículos comunicacionais nessas regiões, é possível explorar estratégias específicas, como parcerias com organizações locais ou o uso de mídias alternativas, para impactar efetivamente o público-alvo.
3) a
4) a
5) e

Questões para reflexão

1) Os avanços das mídias digitais levaram os pequenos clientes e anunciantes primeiro a resistir à ideia de investir em comunicação em meios sociais e digitais, por desconhecimento e inoperância. O papel do publicitário é apresentar, de forma clara, objetiva e abrangente, as múltiplas possibilidades de veiculação, educando os clientes sobre as vantagens e as oportunidades oferecidas pela mídia digital.

2) O profissional de mídia deve adotar uma abordagem flexível e adaptável, criando planos alternativos e mantendo táticas como planos A, B e C ou deixando ações em *stand by*. Acompanhar de perto essas mudanças, ajustando ações quando necessário, é imprescindível para garantir que a campanha permaneça sempre relevante, atualizada e eficaz.

3) A análise dos 4 Ps é fundamental para moldar um plano de mídia eficaz. Se cada um dos itens for bem explicado e as bases de cada processo estiverem claras, a chance de que o plano gerado seja assertivo é muito grande. A precificação, por exemplo, pode afetar o orçamento disponível para o desenvolvimento de projetos, influenciando e impactando diretamente a escolha de meios e veículos para a execução de uma campanha publicitária.

Sobre o autor

Alexandre Correia dos Santos é bacharel em Publicidade e Propaganda pela Universidade Tuiuti do Paraná (UTP), especialista em Planejamento de Comunicação Integrada pelo Centro Universitário UniOpet e especialista em Formação Docente em EAD pelo Centro Universitário Internacional Uninter, mestre em Comunicação e Linguagens pela Universidade Tuiuti do Paraná (UTP) e doutorando em Administração pela Universidade Positivo (UP). Com mais de 33 anos de profissão, também é jornalista e trabalhou em diversos jornais, como *Tribuna do Paraná* e *O Estado do Paraná*, tendo sido diretor comercial do *Jornal do Estado*. Atuou em grandes agências, como Exclam, RGR, Nova e Elétrica Comunicação. Como consultor executivo, trabalhou com clientes como Coca-Cola Spaipa, Montadora Fiat Betim/MG, O Boticário Aerofarma, Serpro, Receita Federal e Ministério da Fazenda, tendo atuado com professor da Escola Superior de Administração Fazendária (Esaf). É autor de diversos livros nas áreas de comunicação, *marketing* e mídia digital. Atua como professor universitário há mais de 24 anos, sendo coordenador de cursos como Administração, Jornalismo e Publicidade e Propaganda.

Impressão: